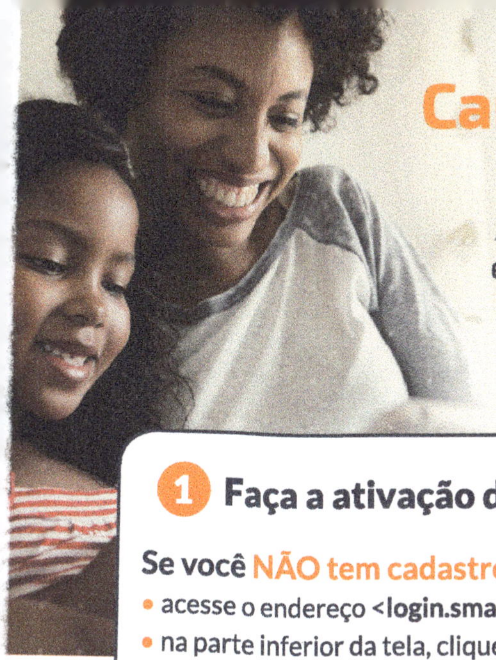

Caro aluno, seja bem-vindo à sua plataforma do conhecimento!

A partir de agora, está à sua disposição uma plataforma que reúne, em um só lugar, recursos educacionais digitais que complementam os livros impressos e foram desenvolvidos especialmente para auxiliar você em seus estudos. Veja como é fácil e rápido acessar os recursos deste projeto.

1 Faça a ativação dos códigos dos seus livros.

Se você NÃO tem cadastro na plataforma:
- acesse o endereço <login.smaprendizagem.com>;
- na parte inferior da tela, clique em "Registre-se" e depois no botão "Alunos";
- escolha o país;
- preencha o formulário com os dados do tutor, do aluno e de acesso.

O seu tutor receberá um *e-mail* para validação da conta. Atenção: sem essa validação, não é possível acessar a plataforma.

Se você JÁ tem cadastro na plataforma:
- em seu computador, acesse a plataforma pelo endereço <login.smaprendizagem.com>;
- em seguida, você visualizará os livros que já estão ativados em seu perfil. Clique no botão "Códigos ou licenças", insira o código abaixo e clique no botão "Validar".

CB076819

Este é o seu código de ativação! → **DEH6J-SVLBR-AGPWP**

2 Acesse os recursos

usando um computador.

No seu navegador de internet, digite o endereço <login.smaprendizagem.com> e acesse sua conta. Você visualizará todos os livros que tem cadastrados. Para escolher um livro, basta clicar na sua capa.

usando um dispositivo móvel.

Instale o aplicativo **SM Aprendizagem**, que está disponível gratuitamente na loja de aplicativos do dispositivo. Utilize o mesmo *login* e a mesma senha que você cadastrou na plataforma.

Importante! Não se esqueça de sempre cadastrar seus livros da SM em seu perfil. Assim, você garante a visualização dos seus conteúdos, seja no computador, seja no dispositivo móvel. Em caso de dúvida, entre em contato com nosso canal de atendimento pelo **telefone 0800 72 54876** ou pelo *e-mail* atendimento@grupo-sm.com.

HISTÓRIA

GERAÇÃO ALPHA

6

DÉBORA YUMI MOTOOKA
Bacharela e licenciada em História pela Faculdade de Filosofia, Letras e Ciências Humanas (FFLCH) da Universidade de São Paulo (USP). Professora de História em escolas da rede particular.

São Paulo, 5ª edição, 2023

Geração Alpha História 6
© SM Educação
Todos os direitos reservados

Direção editorial André Monteiro
Gerência editorial Lia Monguilhott Bezerra
Edição executiva Valéria Vaz
Edição: Andressa Pontinha, Gabriel Careta, Isis Ridão Teixeira, Rodrigo Souza, Marina Farias, Mírian C. M. Garrido
Suporte editorial: Camila Alves Batista, Fernanda de Araújo Fortunato
Coordenação de preparação e revisão Cláudia Rodrigues do Espírito Santo
Preparação: Berenice Baeder, Helaine Albuquerque
Revisão: Berenice Baeder, Camila Durães Torres, Helaine Albuquerque
Apoio de equipe: Camila Lamin Lessa
Coordenação de *design* Gilciane Munhoz
***Design*:** Camila N. Ueki, Lissa Sakajiri, Paula Maestro
Coordenação de arte Vitor Trevelin
Edição de arte: Alexandre Pereira
Assistência de arte: Bruno Cesar Guimarães, Eduardo Sokei, Fernando César Fernandes, João Negreiros
Assistência de produção: Júlia Stacciarini Teixeira
Coordenação de iconografia Josiane Laurentino
Pesquisa iconográfica: Mariana Sampaio
Tratamento de imagem: Marcelo Casaro
Capa Megalo | identidade, comunicação e design
Ilustração da capa: Thiago Limón
Projeto gráfico Megalo | identidade, comunicação e design; Camila N. Ueki, Lissa Sakajiri, Paula Maestro
Ilustrações que acompanham o projeto: Laura Nunes
Editoração eletrônica YAN Projetos Editoriais
Cartografia João Miguel A. Moreira
Pré-impressão Américo Jesus
Fabricação Alexander Maeda
Impressão Gráfica e Editora PifferPrint Ltda.

Dados Internacionais de Catalogação na Publicação (CIP)
(Câmara Brasileira do Livro, SP, Brasil)

Motooka, Débora Yumi
  Geração alpha história, 6 / Débora Yumi Motooka. -- 5. ed. -- São Paulo : Edições SM, 2023.

  ISBN 978-85-418-3066-9 (aluno)
  ISBN 978-85-418-3065-2 (professor)

  1. História (Ensino fundamental) I. Título.

23-154469   CDD-372.89

Índices para catálogo sistemático:
1. História : Ensino fundamental 372.89

Cibele Maria Dias – Bibliotecária – CRB-8/9427

5ª edição, 2023
2ª impressão, dezembro 2023

SM Educação
Avenida Paulista, 1842 – 18º andar, cj. 185, 186 e 187 – Condomínio Cetenco Plaza
Bela Vista 01310-945 São Paulo SP Brasil
Tel. 11 2111-7400
atendimento@grupo-sm.com
www.grupo-sm.com/br

APRESENTAÇÃO

OLÁ, ESTUDANTE!

Ser jovem no século XXI significa estar em contato constante com múltiplas formas de linguagem, uma imensa quantidade de informações e inúmeras ferramentas tecnológicas. Isso ocorre em um cenário mundial de grandes mudanças sociais, econômicas e ambientais.

Diante dessa realidade, esta coleção foi cuidadosamente pensada para ajudar você a enfrentar esses desafios com autonomia e pensamento crítico.

As fotografias, as reproduções de obras de arte, as ilustrações, os textos de diferentes gêneros e épocas e as atividades individuais e coletivas apresentados na coleção vão incentivar você e a turma a refletir sobre cada aprendizado e a compartilhar com a comunidade os conhecimentos construídos por vocês durante os Anos Finais do Ensino Fundamental.

Vinculados aos conhecimentos próprios do componente curricular História, também são explorados os Objetivos de Desenvolvimento Sustentável (ODS), da Organização das Nações Unidas (ONU). Ao longo da coleção, você e a turma vão conhecer cada uma das metas, debater sobre elas e realizar ações específicas que permitirão conscientizar a comunidade escolar e também transformar a realidade local.

Desejamos, assim, que esta coleção contribua para que você se torne um jovem atuante na sociedade do século XXI e seja cada vez mais capaz de questionar a realidade em que vive, buscando respostas e soluções criativas para os desafios do presente e para os que virão.

Bons estudos!

Equipe editorial

O QUE SÃO OS
OBJETIVOS
DE DESENVOLVIMENTO
SUSTENTÁVEL

Em 2015, representantes dos Estados-membros da Organização das Nações Unidas (ONU) se reuniram durante a Cúpula das Nações Unidas sobre o Desenvolvimento Sustentável e adotaram uma agenda socioambiental mundial composta de 17 Objetivos de Desenvolvimento Sustentável (ODS).

Os ODS constituem desafios e metas para erradicar a pobreza, diminuir as desigualdades sociais e proteger o meio ambiente, incorporando uma ampla variedade de tópicos das áreas econômica, social e ambiental. Trata-se de temas humanitários atrelados à sustentabilidade que devem nortear políticas públicas nacionais e internacionais até o ano de 2030.

Nesta coleção, você trabalhará com diferentes aspectos dos ODS e perceberá que, juntos e também como indivíduos, todos podemos contribuir para que esses objetivos sejam alcançados. Conheça aqui cada um dos 17 objetivos e suas metas gerais.

1 ERRADICAÇÃO DA POBREZA

Erradicar a pobreza em todas as formas e em todos os lugares

2 FOME ZERO E AGRICULTURA SUSTENTÁVEL

Erradicar a fome, alcançar a segurança alimentar, melhorar a nutrição e promover a agricultura sustentável

11 CIDADES E COMUNIDADES SUSTENTÁVEIS

Tornar as cidades e comunidades mais inclusivas, seguras, resilientes e sustentáveis

10 REDUÇÃO DAS DESIGUALDADES

Reduzir as desigualdades no interior dos países e entre países

9 INDÚSTRIA, INOVAÇÃO E INFRAESTRUTURA

Construir infraestruturas resilientes, promover a industrialização inclusiva e sustentável e fomentar a inovação

12 CONSUMO E PRODUÇÃO RESPONSÁVEIS

Garantir padrões de consumo e de produção sustentáveis

13 AÇÃO CONTRA A MUDANÇA GLOBAL DO CLIMA

Adotar medidas urgentes para combater as alterações climáticas e os seus impactos

14 VIDA NA ÁGUA

Conservar e usar de forma sustentável os oceanos, mares e os recursos marinhos para o desenvolvimento sustentável

3 SAÚDE E BEM-ESTAR

Garantir o acesso à saúde de qualidade e promover o bem-estar para todos, em todas as idades

4 EDUCAÇÃO DE QUALIDADE

Garantir o acesso à educação inclusiva, de qualidade e equitativa, e promover oportunidades de aprendizagem ao longo da vida para todos

5 IGUALDADE DE GÊNERO

Alcançar a igualdade de gênero e empoderar todas as mulheres e meninas

8 TRABALHO DECENTE E CRESCIMENTO ECONÔMICO

Promover o crescimento econômico inclusivo e sustentável, o emprego pleno e produtivo e o trabalho digno para todos

7 ENERGIA LIMPA E ACESSÍVEL

Garantir o acesso a fontes de energia fiáveis, sustentáveis e modernas para todos

6 ÁGUA POTÁVEL E SANEAMENTO

Garantir a disponibilidade e a gestão sustentável da água potável e do saneamento para todos

15 VIDA TERRESTRE

Proteger, restaurar e promover o uso sustentável dos ecossistemas terrestres, gerir de forma sustentável as florestas, combater a desertificação, travar e reverter a degradação dos solos e travar a perda da biodiversidade

16 PAZ, JUSTIÇA E INSTITUIÇÕES EFICAZES

Promover sociedades pacíficas e inclusivas para o desenvolvimento sustentável, proporcionar o acesso à justiça para todos e construir instituições eficazes, responsáveis e inclusivas a todos os níveis

17 PARCERIAS E MEIOS DE IMPLEMENTAÇÃO

Reforçar os meios de implementação e revitalizar a parceria global para o desenvolvimento sustentável

NAÇÕES UNIDAS BRASIL. Objetivos de Desenvolvimento Sustentável. Disponível em: https://brasil.un.org/pt-br/sdgs. Acesso em: 2 maio 2023.

Abertura da unidade

Nesta unidade, eu vou...
Nessa trilha você conhece os objetivos de aprendizagem da unidade. Eles estão organizados por capítulos e seções e podem ser utilizados como um guia para seus estudos.

Uma imagem vai instigar sua curiosidade.

Primeiras ideias
Esse conjunto de questões vai incentivar você e a turma a compartilhar o que sabem sobre o tema da unidade e a levantar algumas hipóteses sobre ele.

Leitura da imagem
Essas questões orientam a leitura da imagem e permitem estabelecer relações entre o que ela retrata e o que será trabalhado na unidade.

Cidadania Global
Aqui são iniciadas as reflexões sobre um dos Objetivos de Desenvolvimento Sustentável (ODS), sempre de modo relacionado aos conteúdos da unidade. Esse ODS será retomado em diversos momentos do capítulo e ao final da unidade.

Capítulos

Abertura do capítulo e Para começar
Logo abaixo do título, as questões do boxe *Para começar* propõem reflexões introdutórias sobre o tema do capítulo. Textos, imagens, mapas e esquemas podem iniciar os diálogos sobre os conteúdos que você vai estudar.

Contexto – Produção escrita

No final de alguns capítulos, você vai produzir textos de diferentes gêneros, com base em temas estudados na unidade.

Arquivo vivo

Aqui você vai ler, interpretar e analisar diferentes fontes históricas, lembrando sempre que o olhar do historiador parte do contexto no qual ele está inserido.

Atividades

As atividades vão ajudar você a desenvolver diferentes habilidades e competências por meio do aprofundamento dos conteúdos do capítulo.

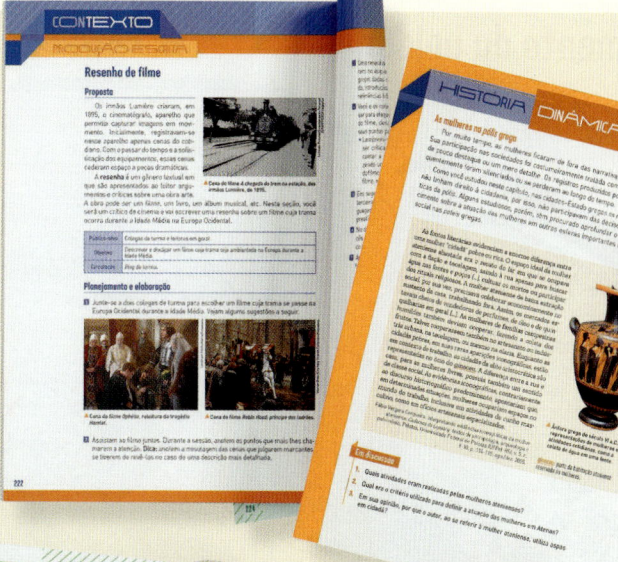

História dinâmica

Nessa seção, você tem contato com textos que apresentam atualizações de debates historiográficos ou analisam interpretações e controvérsias históricas em torno de temas do capítulo.

SABER SER

Esse selo indica momentos oportunos para o desenvolvimento de **competências socioemocionais**, como: tomada de decisão responsável, autogestão, autoconsciência, consciência social e habilidades de relacionamento.

Boxes

Cidadania Global

Apresenta informações e propostas de atividades relacionadas a algum aspecto do ODS trabalhado na unidade. O objetivo é que você e a turma possam refletir e se posicionar sobre a meta abordada desde o início da unidade.

Glossário

Expressões e palavras que talvez você não conheça são explicadas aqui.

Para explorar

Traz sugestões de livros, *sites* e filmes relacionados ao assunto em estudo.

Ampliação

Traz informações complementares sobre os assuntos explorados na página.

Fechamento da unidade

Investigar

Nessa seção, você e os colegas vão experimentar diferentes metodologias de pesquisa, como entrevistas, coleta de dados, etc. Também vão desenvolver diferentes formas de comunicação para compartilhar os resultados de suas investigações.

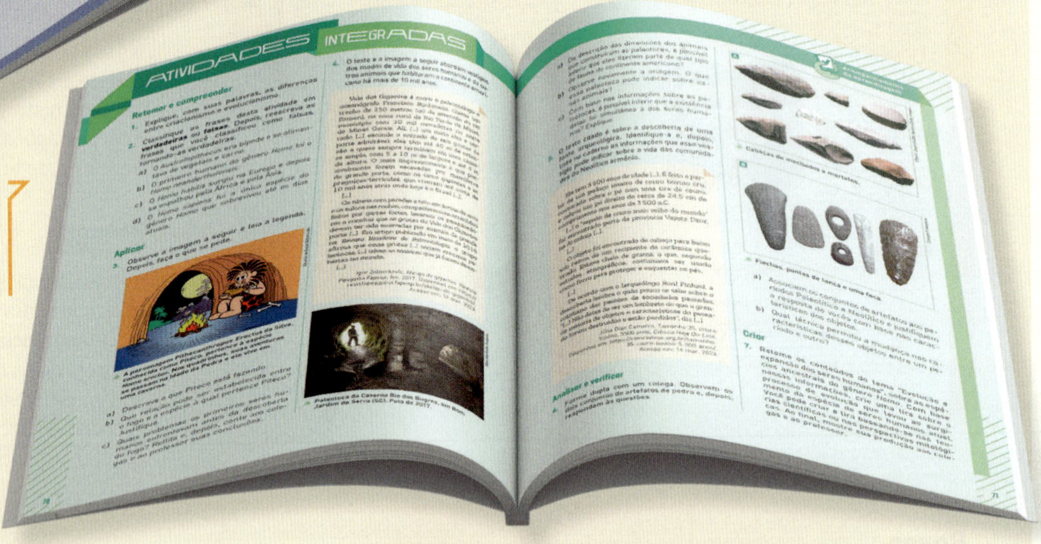

Atividades integradas

Essas atividades relacionam os assuntos da unidade, promovendo ampliações e aprofundamentos de diferentes aspectos dos conteúdos estudados.

Cidadania Global

Ao final da unidade, você e a turma vão realizar uma atividade final sobre o ODS trabalhado ao longo da unidade.
A proposta sempre apresenta duas partes: *Retomando o tema* (parte em que as discussões da unidade são revisitadas e ampliadas) e *Geração da mudança* (momento em que há uma proposta de intervenção que busca contribuir para o desenvolvimento do ODS na comunidade).

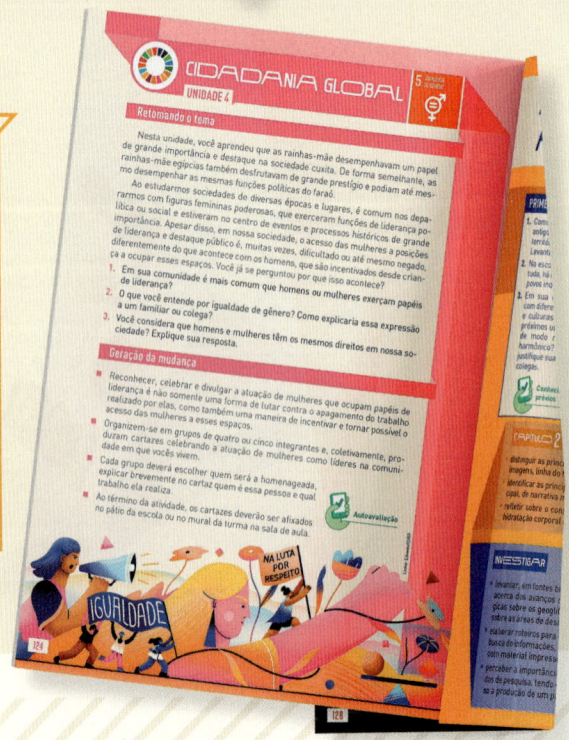

No final do livro você também vai encontrar:

Interação
A seção propõe um projeto coletivo que resultará em um produto que pode ser usufruído pela comunidade escolar e/ou do entorno da escola.

Prepare-se!
Traz dois blocos de questões com formato semelhante ao de provas e exames oficiais como Enem e Saeb para você verificar seus conhecimentos.

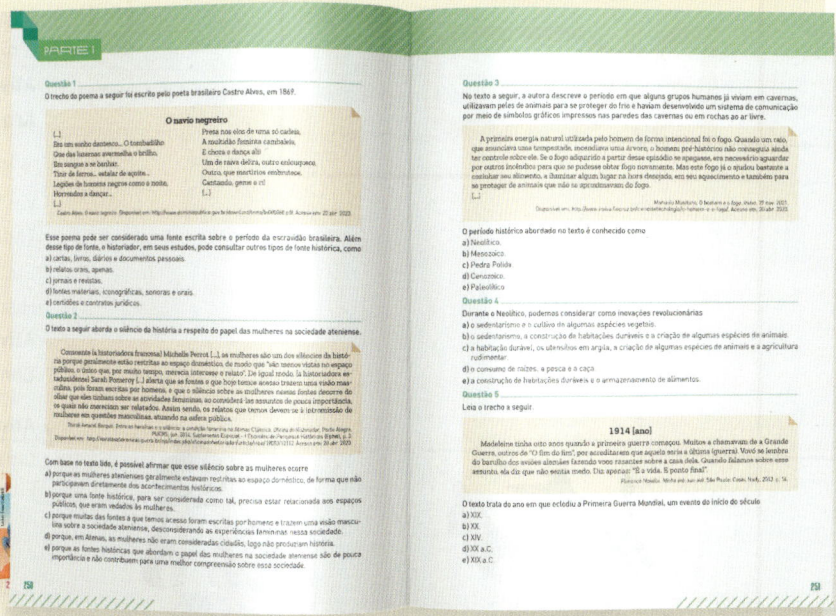

GERAÇÃO ALPHA DIGITAL

O livro digital oferece uma série de recursos para interação e aprendizagem. No livro impresso eles são marcados com os ícones mostrados a seguir.

Atividades interativas
Ao longo da unidade, você será convidado a realizar atividades que compõem um ciclo avaliativo. No início da unidade, poderá verificar seus conhecimentos prévios. Ao final de cada capítulo e da unidade, você encontrará conjuntos de atividades que permitirão o acompanhamento de sua aprendizagem e, por fim, terá a oportunidade de realizar uma autoavaliação.

 Conhecimentos prévios

 Autoavaliação

 Acompanhamento da aprendizagem

Recursos digitais
O livro digital também oferece uma série de recursos para interação e aprendizagem. São imagens, atividades interativas, animações, vídeos, entre outros. Esses recursos estão identificados com esse ícone.

 Veja os **recifes de coral** e explique a importância ambiental dos corais.

SUMÁRIO

UNIDADE 1 — INTRODUÇÃO AOS PRINCIPAIS CONCEITOS ... 13

1. A História e o historiador ... 16
- A relação entre o passado e o presente ... 16
- O trabalho do historiador ... 17
- Diferentes fontes e conceitos da História ... 18
- Muitas histórias ... 20
- Modos de percepção e organização do tempo ... 21
- A contagem dos séculos ... 22
- O tempo e a História ... 23
- **Atividades** ... 24
- **Arquivo vivo** | Narrativas indígenas ... 26

2. A História em nosso cotidiano ... 28
- Vestígios do passado e do presente ... 28
- Todos somos sujeitos da história ... 29
- Cultura, memória e narrativas ... 30
- História local ... 31
- **Atividades** ... 32
- **Contexto – Produção escrita** | Verbete ... 33
- ◢ **Atividades integradas** ... 34
- ◢ **Cidadania Global** | ODS 4 – Educação de qualidade ... 36

UNIDADE 2 — AS ORIGENS DA HUMANIDADE ... 37

1. A origem do ser humano ... 40
- Mitos de origem ... 40
- A teoria evolucionista ... 41
- Quem pesquisa essa história? ... 42
- Periodização da história antes da escrita ... 43
- Evolução e expansão dos seres humanos ... 44
- **Atividades** ... 45
- **História dinâmica** | Discussões sobre a origem do gênero *Homo* ... 46

2. A vida dos primeiros seres humanos ... 48
- Como se estuda essa história? ... 48
- A Idade da Pedra Lascada ... 49
- O domínio do fogo ... 50
- As expressões religiosas mais antigas ... 51
- Os registros rupestres ... 52
- **Atividades** ... 54
- **Arquivo vivo** | O trabalho do arqueólogo ... 55

3. O processo de sedentarização ... 56
- Nomadismo e sedentarização ... 56
- O desenvolvimento da agricultura ... 57
- Novas técnicas e tecnologias ... 58
- A especialização do trabalho ... 59
- O surgimento das cidades e dos Estados ... 60
- O desenvolvimento do comércio ... 61
- O surgimento da escrita ... 61
- **Atividades** ... 62

4. A chegada do ser humano à América ... 64
- Vestígios e teorias ... 64
- A vida nas primeiras ocupações americanas ... 66
- **Atividades** ... 67
- **Contexto – Produção escrita** | Regulamento ... 68
- ◢ **Atividades integradas** ... 70
- ◢ **Cidadania Global** | ODS 11 – Cidades e comunidades sustentáveis ... 72

UNIDADE 3 — OS POVOS ANTIGOS DO ORIENTE MÉDIO ... 73

1. Os mesopotâmicos ... 76
- As sociedades hidráulicas ... 76
- Diferentes povos, mesmo território ... 77
- Alimentação e tecnologias ... 78
- Construção e organização das cidades ... 79
- Escrita suméria ... 80
- O comércio e a tecnologia ... 81
- As expressões religiosas ... 81
- Mulheres poderosas ... 82
- **Atividades** ... 83

2. Os fenícios ... 84
- Quem eram os fenícios ... 84
- As cidades-Estado ... 86
- As colônias fenícias ... 88
- **Atividades** ... 89

3. Os persas ... 90
- A formação do Reino Persa ... 90
- A diversidade cultural do Império Persa ... 91
- Organizando o Império: satrapias e sátrapas ... 92
- Arte e religiosidade persa ... 93
- **Atividades** ... 94
- **Arquivo vivo** | O palácio de Persépolis ... 95

▲ **Atividades integradas** ... 96
▲ **Cidadania Global** | ODS 6 – Água potável e saneamento ... 98

UNIDADE 4 — A ÁFRICA ANTIGA ... 99

1. Culturas ribeirinhas e tradição Nok ... 102
- Mudanças na paisagem ... 102
- Vários rios, muitos povos ... 103
- Cultura Nok e outras descobertas ... 104
- **Atividades** ... 106
- **História dinâmica** | Transformações na historiografia sobre os povos da África Antiga ... 107

2. Povos do Nilo ... 108
- Nilo, o rio deus ... 108
- A formação dos primeiros Estados ... 109
- A unificação do Egito e o Império faraônico ... 110
- Os núbios ... 114
- **Atividades** ... 116

3. O Império de Axum ... 118
- O crescimento de Axum ... 118
- Potência comercial ... 120
- **Atividades** ... 121

▲ **Atividades integradas** ... 122
▲ **Cidadania Global** | ODS 5 – Igualdade de gênero ... 124

UNIDADE 5 — A AMÉRICA ANTIGA ... 125

1. Povos originários no Brasil ... 128
- Diversidade de regiões, diversidade de tradições ... 128
- A formação dos sambaquis ... 130
- Agricultores no Brasil ... 132
- Os indígenas no Brasil de hoje ... 134
- **Atividades** ... 136

2. Povos mesoamericanos e andinos ... 137
- Duas regiões culturais: Mesoamérica e América Andina ... 137
- Os diversos povos antigos da Mesoamérica ... 138
- Vivendo nos Andes ... 141
- **Atividades** ... 143

▲ **Investigar** | Geoglifos: mistério arqueológico e desmatamento da floresta Amazônica ... 144
▲ **Atividades integradas** ... 146
▲ **Cidadania Global** | ODS 3 – Saúde e bem-estar ... 148

UNIDADE 6 — O MUNDO GREGO ... 149

1. A vida na *pólis* ... 152
- Uma Antiguidade Clássica ... 152
- As primeiras comunidades gregas ... 153
- A *pólis* ... 154
- A expansão grega ... 155
- A sociedade ateniense ... 156
- A democracia ateniense ... 157
- **Atividades** ... 158
- **História dinâmica** | As mulheres na *pólis* grega ... 159

2. A cultura grega ... 160
- A arte na Grécia ... 160
- As divindades gregas ... 161
- Jogos olímpicos ... 162
- Filosofia ... 163
- **Atividades** ... 164

3. O período helenístico ... 166
- A conquista macedônica ... 166
- As conquistas de Alexandre ... 167
- A cultura helenística ... 168
- **Atividades** ... 169
- **Contexto – Produção escrita** | História em quadrinhos (HQ) ... 170

▲ **Atividades integradas** ... 172
▲ **Cidadania Global** | ODS 3 – Saúde e bem-estar ... 174

UNIDADE 7 — ROMA: FORMAÇÃO E EXPANSÃO ... 175

1. As origens de Roma ... 178
- A ocupação da península Itálica ... 178
- A sociedade romana ... 179
- A monarquia ... 180
- A instauração da república ... 180
- A expansão militar ... 181
- As lutas plebeias ... 182
- A questão da terra ... 183
- Transição para o Império ... 184
- **Atividades** ... 185
- **Arquivo vivo** | O mito de fundação de Roma ... 186

2. A consolidação do Império Romano ... 188
- O fim da república e o governo imperial ... 188
- A *pax* romana ... 189
- O apogeu das cidades romanas ... 190
- O cristianismo e a origem da Igreja ... 191
- Roma torna-se cristã ... 193
- **Atividades** ... 194
- **História dinâmica** | As imagens femininas nas catacumbas romanas ... 195

▲ **Investigar** | Latim e Língua Portuguesa: ditados populares ... 196
▲ **Atividades integradas** ... 198
▲ **Cidadania Global** | ODS 16 – Paz, justiça e instituições eficazes ... 200

UNIDADE 8 — A FORMAÇÃO DA EUROPA FEUDAL ... 201

1. A desagregação do Império Romano ... 204
- A crise econômica ... 204
- Bárbaros em Roma ... 205
- Hunos ... 206
- Celtas ... 206
- Germânicos ... 207
- A ruralização do Império ... 208
- A fragmentação do Império ... 209
- **Atividades** ... 210

2. O mundo feudal ... 211
- Idade Média, uma invenção ... 211
- Um milênio de transformações na Europa ... 212
- A integração de culturas e povos ... 213
- As relações feudais ... 214
- A sociedade estamental ... 215
- A organização do senhorio ... 216
- Imaginário e religiosidade ... 218
- Hábitos e costumes ... 219
- **Atividades** ... 220
- **Arquivo vivo** | As crianças na Idade Média ... 221
- **Contexto – Produção escrita** | Resenha de filme ... 222

▲ **Atividades integradas** ... 224
▲ **Cidadania Global** | ODS 1 – Erradicação da pobreza ... 226

UNIDADE 9 — TRANSFORMAÇÕES NA EUROPA MEDIEVAL ... 227

1. As mudanças no campo e a formação dos burgos ... 230
- Novas técnicas e instrumentos agrícolas ... 230
- Crescimento demográfico ... 231
- Aumento das áreas cultivadas ... 231
- O desenvolvimento do comércio ... 232
- O poder da Igreja e o advento das Cruzadas ... 233
- Os interesses que estavam em jogo ... 234
- As consequências das Cruzadas ... 235
- **Atividades** ... 236

2. A Baixa Idade Média ... 238
- Características das cidades medievais ... 238
- Corporações e atividades financeiras ... 239
- O tempo das catedrais ... 240
- A queda da produção agrícola e a fome ... 241
- A morte em massa ... 242
- As guerras e as revoltas dos camponeses ... 243
- **Atividades** ... 244
- **Arquivo vivo** | A grande fome ... 245

▲ **Atividades integradas** ... 246
▲ **Cidadania Global** | ODS 2 – Fome zero e agricultura sustentável ... 248

PREPARE-SE! ... 249
INTERAÇÃO
A história contada pelos objetos ... 267
BIBLIOGRAFIA COMENTADA ... 271

INTRODUÇÃO AOS PRINCIPAIS CONCEITOS

UNIDADE 1

PRIMEIRAS IDEIAS

1. Em sua opinião, o que é História? Por que é importante estudar essa área do conhecimento? Levante hipóteses.
2. Você conhece algum historiador? Sabe como é o trabalho dele?
3. Como você costuma acompanhar a passagem do tempo em seu dia a dia? Isso é importante em sua rotina?
4. De que modo você registra as mudanças e os principais acontecimentos de sua vida? Você costuma tirar fotos, fazer anotações em um diário ou em uma agenda, publicar em redes sociais ou contar para os amigos?

Conhecimentos prévios

Nesta unidade, eu vou...

CAPÍTULO 1 — A História e o historiador

- entender o trabalho dos historiadores e as relações que estabelecem entre o presente e o passado, por meio da análise de fontes, identificando diversas maneiras de analisar a História.
- compreender o que são **fontes históricas**, classificá-las e identificar o que cada tipo de fonte pode revelar sobre o passado.
- caracterizar os tempos natural, cronológico e histórico e suas diferentes durações e compreender as periodizações da História.
- refletir sobre a importância da Educação Escolar indígena como forma de garantir a preservação e a valorização de saberes e experiências das comunidades indígenas.

CAPÍTULO 2 — A História em nosso cotidiano

- relacionar os sujeitos históricos, as fontes que produzem e suas respectivas relações com a História e com o cotidiano, por meio da coleta e análise de fontes históricas que podem contar a minha história e a história da minha comunidade.
- conceituar **cultura**, **memória** e **narrativa** no contexto da produção do conhecimento histórico.
- identificar as características da história local e valorizar esse conhecimento histórico, reconhecendo aspectos da história local da minha comunidade.
- compreender a importância do conhecimento histórico e da educação de qualidade para a construção de uma sociedade que respeita e valoriza a diversidade cultural.

CIDADANIA GLOBAL

- refletir sobre a educação de qualidade relacionada ao conhecimento científico.
- reconhecer ações pessoais que colaboram para a minha aprendizagem.

LEITURA DA IMAGEM

1. Por que os arqueólogos retratados estão agachados e curvados? O que eles estão fazendo?
2. Em sua opinião, o que esses pesquisadores estão procurando?
3. Qual é a relação entre a atividade realizada pelos arqueólogos e a preservação dos vestígios encontrados por eles?

CIDADANIA GLOBAL

4 EDUCAÇÃO DE QUALIDADE

O trabalho dos arqueólogos envolve diversas atividades que são feitas em campo, ou seja, que não são realizadas apenas em laboratórios ou em bibliotecas. Esse profissional pode trabalhar em instituições de preservação do patrimônio cultural, museus ou como pesquisador em universidades e institutos, entre outras ocupações. Para a formação de arqueólogos, é fundamental um ensino de qualidade que garanta o acesso a conhecimentos atualizados e a boas estruturas físicas.

1. Você já assistiu a um filme ou desenho animado nos quais havia um arqueólogo? Em caso afirmativo, converse com a turma sobre o que você se lembra dessa experiência: nome da obra, nome da personagem, se o trabalho realizado pelo arqueólogo era semelhante ao que você observa na imagem desta abertura, etc.
2. Em sua opinião, para a escola proporcionar um ensino de qualidade, o que ela deve ter ou como ela deve ser?

Conheça o trabalho dos pesquisadores que buscam **vestígios subaquáticos** e reflita sobre a importância de se preservar esse tipo de patrimônio. Compartilhe sua opinião com os colegas.

Arqueólogos peruanos trabalham em sítio arqueológico descoberto sob a construção de um hospital em Lima, Peru. Foto de 2022.

CAPÍTULO 1
A HISTÓRIA E O HISTORIADOR

PARA COMEÇAR

A História é a ciência que investiga as experiências humanas ao longo do tempo. Mas o que essas experiências significam para nós, que vivemos no século XXI? Por que é importante estudá-las? Como e por que são realizados os estudos históricos?

A RELAÇÃO ENTRE O PASSADO E O PRESENTE

Você já se perguntou por que estudamos História?

Para conhecer nossas origens – pessoais, sociais ou culturais –, precisamos observar o passado e identificar as **mudanças** e as **permanências** ocorridas ao longo do tempo. Esse processo nos ajuda a refletir sobre várias questões, como o momento histórico em que vivemos, nossa participação na dinâmica da sociedade e nossas possíveis contribuições para o futuro.

Dessa forma, o estudo da História nos auxilia a compreender a realidade próxima, enriquece as indagações que fazemos do presente e também nos permite conhecer diferentes povos, sociedades e culturas de outras épocas e de outros lugares.

Ao observarmos as experiências humanas no decorrer do tempo, percebemos que existem muitas culturas e maneiras de viver, de organizar o cotidiano e de ver o mundo. A noção da diversidade cultural nos ajuda a respeitar as singularidades de cada povo, grupo social ou comunidade e as diferenças entre eles.

▼ Vista aérea de Berlim, Alemanha, que evidencia mudanças e permanências históricas. Na imagem, é possível ver as torres da igreja de São Nicolau, construída em 1230 na atual capital da Alemanha, Berlim. Foto de 2021.

O TRABALHO DO HISTORIADOR

A História nos possibilita a compreensão da realidade em que vivemos. Uma das maneiras de alcançar essa compreensão é estabelecer um diálogo entre o presente e o passado, e o historiador é o profissional que se dedica a identificar e a analisar aspectos desse diálogo.

Quando o historiador estuda algum tema que relaciona o presente com o passado, uma das perguntas que faz com frequência é "por quê?".

Para esse profissional, mais importante que um fato em si é saber por que ele ocorreu e quais foram seus impactos. É esse tipo de reflexão que lhe permite conhecer a fundo os modos de vida construídos pelos grupos humanos ao longo do tempo.

Assim, é possível entender as razões que levaram os diferentes povos a viver de uma forma e não de outra. Então, além de "por quê?", o historiador precisa perguntar "como?", "onde?", "quando?" e "quem?". Essas são algumas das perguntas básicas de uma investigação.

Para tentar responder a essas questões, o historiador usa diversos métodos e técnicas de análise de **fontes históricas**. Essa análise o ajuda a compreender, por exemplo, por que alguns povos se estabeleceram em cidades, enquanto outros se mantiveram em áreas rurais; por que uns construíram moradias individuais com determinados materiais, e outros moravam em habitações coletivas e utilizavam materiais diferentes nas construções, etc.

Para compreender melhor os diferentes aspectos da experiência humana em estudo, em muitos momentos, dependendo do enfoque e do tema da pesquisa, o historiador pode recorrer a outras áreas de conhecimento, como as Ciências Sociais.

Saiba mais sobre como os **documentos históricos** são transformados em fonte com base nas perguntas feitas pelo historiador. Em seguida, selecione um documento e analise-o, utilizando as perguntas básicas de uma investigação histórica.

Ciências Sociais: conjunto de disciplinas científicas que estudam os aspectos sociais das diversas comunidades humanas, em diferentes tempos e espaços. Por exemplo, a Sociologia, ciência que se propõe a analisar a organização e o funcionamento das sociedades.

DIFERENTES FONTES E CONCEITOS DA HISTÓRIA

Para investigar e compreender a organização social, o modo de vida e as práticas culturais em tempos e lugares específicos, o historiador utiliza fontes históricas, conhecidas também como **documentos**.

Mas, afinal, o que são fontes históricas?

São todos os vestígios deixados por diversos indivíduos, grupos e sociedades ao longo do tempo, como construções, pinturas, lendas, modos de se fazer algo, entre outros. Tudo o que as pessoas produzem ou expressam pode ser considerado uma fonte para a construção do conhecimento histórico.

Assim, as fontes podem ser classificadas em:

- **fontes escritas**: registros textuais manuscritos ou impressos, como documentos oficiais, jornais, revistas, livros, diários, anotações, etc.;
- **fontes sonoras**: registros musicais e gravações em discos de vinil, fitas cassete, CDs ou em meios digitais;
- **fontes visuais**: fotografias, pinturas, gravuras, charges, caricaturas, etc.;
- **fontes audiovisuais**: filmes e vídeos;
- **fontes orais**: relatos, depoimentos e entrevistas;
- **fontes materiais**: artesanato, esculturas, construções, ferramentas, armas, roupas, etc.

Essas categorias variam conforme a escola historiográfica e os objetivos de pesquisa do historiador. Observe, nesta e na página seguinte, as imagens de diferentes fontes históricas. Já pensou nas fontes históricas produzidas por você?

A FONTE COMO REPRESENTAÇÃO

Todo vestígio histórico é uma representação da experiência histórica dos indivíduos ou grupos sociais que o produziram, e não um registro fiel e objetivo da realidade. Isso significa que todas as fontes são representações da realidade e expressam o ponto de vista e as intenções dos indivíduos ou dos grupos sociais que as produziram.

Portanto, ao analisar uma fonte, o historiador deve considerar quem a produziu, a qual grupo social pertencia, quais eram os possíveis interesses de quem a produziu, suas experiências, seu modo de viver, etc. Além disso, para a produção do conhecimento histórico, o historiador deve estudá-la sob diferentes pontos de vista.

historiográfico: relativo à historiografia, que significa, literalmente, a escrita da História. Refere-se ao modo como a História é analisada e descrita pelos historiadores.

▲ Miniatura de loja de açougue, brinquedo de cerca de 1880.

Cerâmicas produzidas por indígenas do povo Kadiwéu, ▶ expostas em aldeia localizada em Campo Grande (MS).

A RELAÇÃO DO HISTORIADOR COM AS FONTES

O modo como o historiador se relaciona com as fontes históricas também mudou ao longo do tempo.

A História tornou-se uma disciplina escolar e um campo de conhecimento considerado científico há cerca de duzentos anos. Foi quando os historiadores da Escola Metódica, também chamados de positivistas, elaboraram métodos e procedimentos para a condução do trabalho de pesquisa. Para os historiadores dessa corrente, só era possível estudar a História pelos documentos escritos, sobretudo os produzidos por instituições oficiais do Estado, como as certidões, os registros, etc.

Essa concepção mudou com o surgimento, a partir de 1929, de uma nova corrente historiográfica, a Escola dos Annales, que ampliou o conceito de fontes históricas. De acordo com essa corrente, as fontes históricas são diversas, e seu papel depende do olhar do historiador e das perguntas que ele faz em sua abordagem.

Essa ampliação deu ao ofício do historiador uma grande quantidade de novos temas, personagens e pontos de vista que enriqueceram seu trabalho. Os vestígios humanos não revelam por si mesmos o passado tal como ele aconteceu. Eles devem ser tratados como representações que precisam ser interpretadas para que o historiador possa extrair delas as informações.

Assim, as profundas mudanças na concepção de conhecimento histórico nos mostram que a **História também tem história** e é pensada de diferentes maneiras ao longo do tempo.

Todas essas transformações no campo do conhecimento histórico estimularam a pesquisa de muitos temas até então pouco estudados, como a história do Brasil na perspectiva dos escravizados e dos indígenas, a história da América Latina segundo os povos nativos, a história da África baseada em fontes historiográficas do continente africano, entre outros.

PARA EXPLORAR

Biblioteca Nacional Digital

A Biblioteca Digital da Fundação Biblioteca Nacional disponibiliza diversas fontes históricas. São documentos digitalizados, como manuscritos, livros, revistas, jornais, ilustrações, entre outros.

Disponível em: http://bndigital.bn.gov.br/. Acesso em: 14 mar. 2023.

Acervo da Fundação Biblioteca Nacional, Rio de Janeiro. Fac-símile: ID/BR

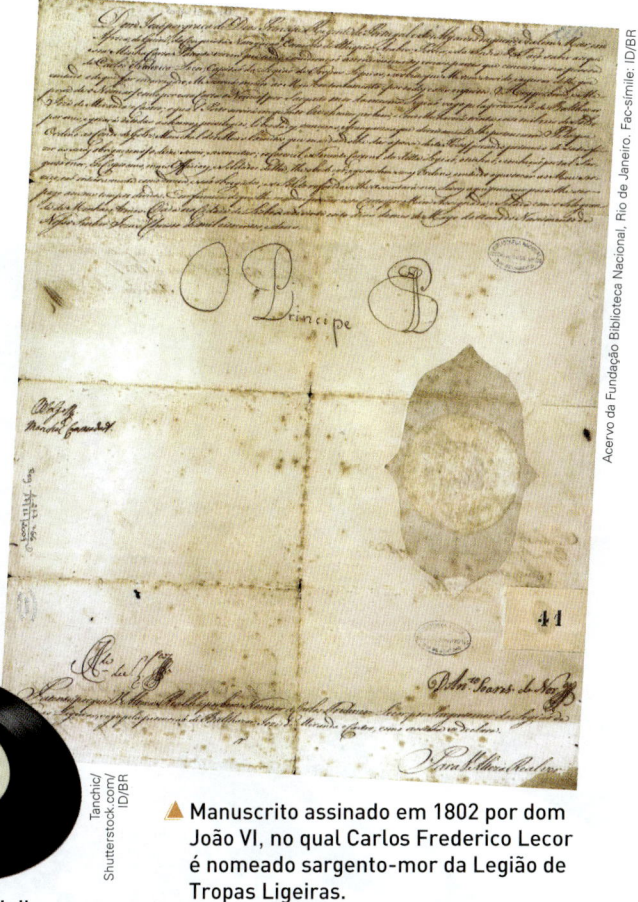

▲ Manuscrito assinado em 1802 por dom João VI, no qual Carlos Frederico Lecor é nomeado sargento-mor da Legião de Tropas Ligeiras.

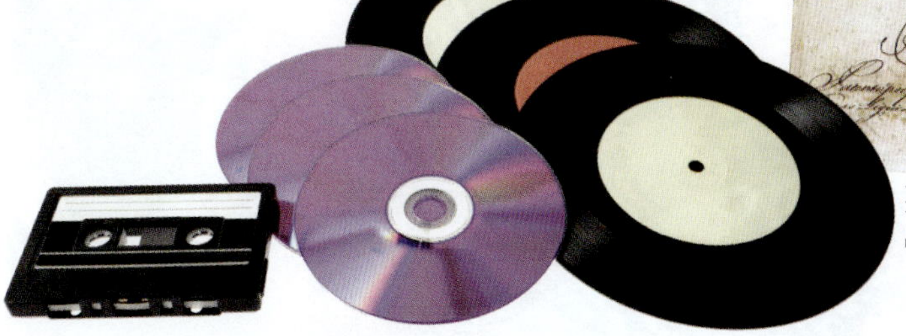

Tanchic/ Shutterstock.com/ ID/BR

▲ Da esquerda para a direita: fita cassete, CDs e discos de vinil.

MUITAS HISTÓRIAS

Depois das transformações historiográficas do século XX, um bom exemplo de casos de experiências humanas que passaram a ser estudadas com outro olhar são as histórias dos povos indígenas do Brasil, pois, por um longo tempo, estudou-se a história desses povos somente pela perspectiva dos colonizadores.

Os portugueses que chegaram aqui, em 1500, tinham o objetivo de expandir as terras de Portugal e de levar a fé católica a todos os povos. Ao chegarem à costa do território que hoje é o Brasil, esses europeus encontraram indígenas que falavam línguas do tronco linguístico tupi, povos muito diferentes dos europeus. Uma dessas diferenças era a opção dos povos europeus pelos registros escritos.

A maioria dos povos indígenas, por outro lado, não organizava seus conhecimentos por meio da escrita. Por isso, durante muito tempo, os indígenas foram vistos como povos sem história, incapazes de narrar as próprias experiências ou mesmo sistematizar seus conhecimentos.

Assim, durante os séculos de colonização, a manutenção da hegemonia da cultura europeia sobre os povos colonizados é verificada também nas tentativas de "apagamento" da participação dos povos nativos na construção da história do Brasil. Atualmente, porém, a historiografia busca reconstruir a história dos povos originários, estudando as populações que sobreviveram e os vestígios encontrados nas escavações arqueológicas. Essas fontes de informação possibilitam ao historiador compreender os impactos culturais decorrentes do encontro dos europeus com os indígenas, assim como as origens dos povos indígenas.

CIDADANIA GLOBAL

ESCOLA INDÍGENA

A Educação Escolar indígena é uma modalidade da educação básica que garante aos povos indígenas a reafirmação de suas identidades étnicas e a valorização de suas línguas e conhecimentos.

1. Elabore hipóteses sobre quais seriam as semelhanças e as diferenças entre as escolas indígenas e as não indígenas.
2. **SABER SER** Em sua opinião, como seria uma escola indígena de qualidade?

---

tronco linguístico: grupo de línguas de mesma origem.

Mulheres indígenas da aldeia Maracanã, etnia Guajajara, produzindo colares. A produção de adornos é uma das manifestações da cultura material dos Guajajara, sendo uma das possíveis fontes para o estudo de sua história. Rio de Janeiro (RJ). Foto de 2021.

MODOS DE PERCEPÇÃO E ORGANIZAÇÃO DO TEMPO

Podemos perceber a passagem do tempo, por exemplo, pelas transformações ocorridas no ambiente, como o florescimento das árvores, ou por coisas que fazemos, como quando terminamos de ler um livro, ou, ainda, por transformações em nosso corpo, como o crescimento das unhas e dos cabelos. Também podemos notar a passagem do tempo pelas alterações na paisagem, quando comparamos imagens atuais e antigas de um mesmo lugar.

Entre as formas de pensar e organizar o tempo estão a observação e a marcação de eventos naturais, como as estações do ano, as fases da lua, a posição das estrelas no céu, a dinâmica de seca e chuvas, de cheia e vazante dos rios, de plantio e colheita nos campos, etc. Esse tempo é conhecido como **tempo da natureza**.

Já o tempo linear, que podemos medir e organizar sequencialmente, é conhecido como **tempo cronológico**. Esse tempo é organizado em unidades de medida, como horas, dias, meses, anos, séculos, etc. Para calculá-lo, utilizamos instrumentos de medição de tempo, como o relógio, que assinala as horas, e o calendário, que demarca os dias, as semanas, os meses e os anos.

▲ Relógio de sol de cerca de 1500 a.C. encontrado no vale dos Reis, nas proximidades de Luxor, Egito. O relógio de sol é considerado um dos instrumentos de medição do tempo mais antigos de que se tem conhecimento.

CALENDÁRIOS

Existem diversos tipos de calendário. Apesar de serem organizados de forma cronológica, eles levam em consideração os ciclos naturais, como o lunar e o solar, e eventos históricos considerados importantes.

O **calendário islâmico** (ou hegírico), por exemplo, é um calendário lunar, baseado nos movimentos da Lua ao redor da Terra.

Já o adotado no Brasil e na maior parte do mundo ocidental é o **calendário gregoriano**; um calendário solar que se baseia no tempo que a Terra leva para completar seu ciclo ao redor do Sol. O marco para o início da contagem desse calendário, ou seja, o ano 1, é o nascimento de Jesus Cristo. Os períodos anteriores a esse ano são contados de forma decrescente e classificados como a.C. (antes de Cristo), e os posteriores são contados de forma crescente e classificados como d.C. (depois de Cristo).

Também há os calendários mistos, que levam em conta o ciclo solar e o lunar, caso do **calendário chinês**, por exemplo. Esses são os chamados calendários lunissolares.

hegírico: relativo à Hégira, a fuga do profeta islâmico Maomé de Meca para Medina. Esse evento é considerado o marco inicial do calendário islâmico.

▶ O calendário que se popularizou e vigora até hoje na maioria dos países foi elaborado na Europa, com base nos costumes do cristianismo. Imagem de calendário medieval de janeiro, na página de um manuscrito francês do século XV.

A CONTAGEM DOS SÉCULOS

Para facilitar o estudo de períodos mais longos da História, utilizamos o **século** e o **milênio** como unidades de medida de tempo. Um século corresponde a cem anos, e dez séculos, isto é, mil anos, compõem um milênio.

É comum adotar algarismos romanos para representar os séculos numericamente. Nesse sistema de numeração, as letras I, V, X, L, C, D e M representam, respectivamente, 1, 5, 10, 50, 100, 500 e 1000. No dia a dia, pode-se observar o uso frequente de algarismos romanos em inúmeros exemplos, como os que aparecem nas imagens desta página. Observe-os.

O século I corresponde ao período que vai do ano 1 até o ano 100, e o século seguinte, de 101 até 200. O século III começa em 201 e termina em 300 e assim por diante.

As regras a seguir ajudam na identificação do século a que pertence um determinado ano. Acompanhe.

REGRA 1 → Quando os dois últimos algarismos do ano forem iguais a zero → **Exclua os zeros. Os algarismos que restarem indicarão o século.** → Exemplos:

- ano 3~~00~~ — século III
- ano 18~~00~~ — século XVIII
- ano 20~~00~~ — século XX

ID/BR

REGRA 2 → Quando os dois últimos algarismos do ano não forem iguais a zero → **Exclua os dois últimos algarismos e adicione 1 ao número que restou.** → Exemplos:

- ano 5~~13~~ — 5 + 1 = século VI
- ano 19~~99~~ — 19 + 1 = século XX
- ano 20~~25~~ — 20 + 1 = século XXI

ID/BR

Edvaldo Santos/Fotoarena

Gerson Gerloff/Pulsar Imagens

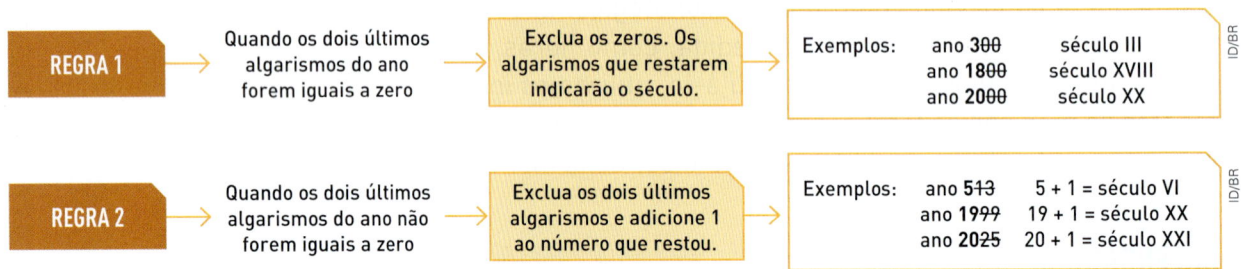

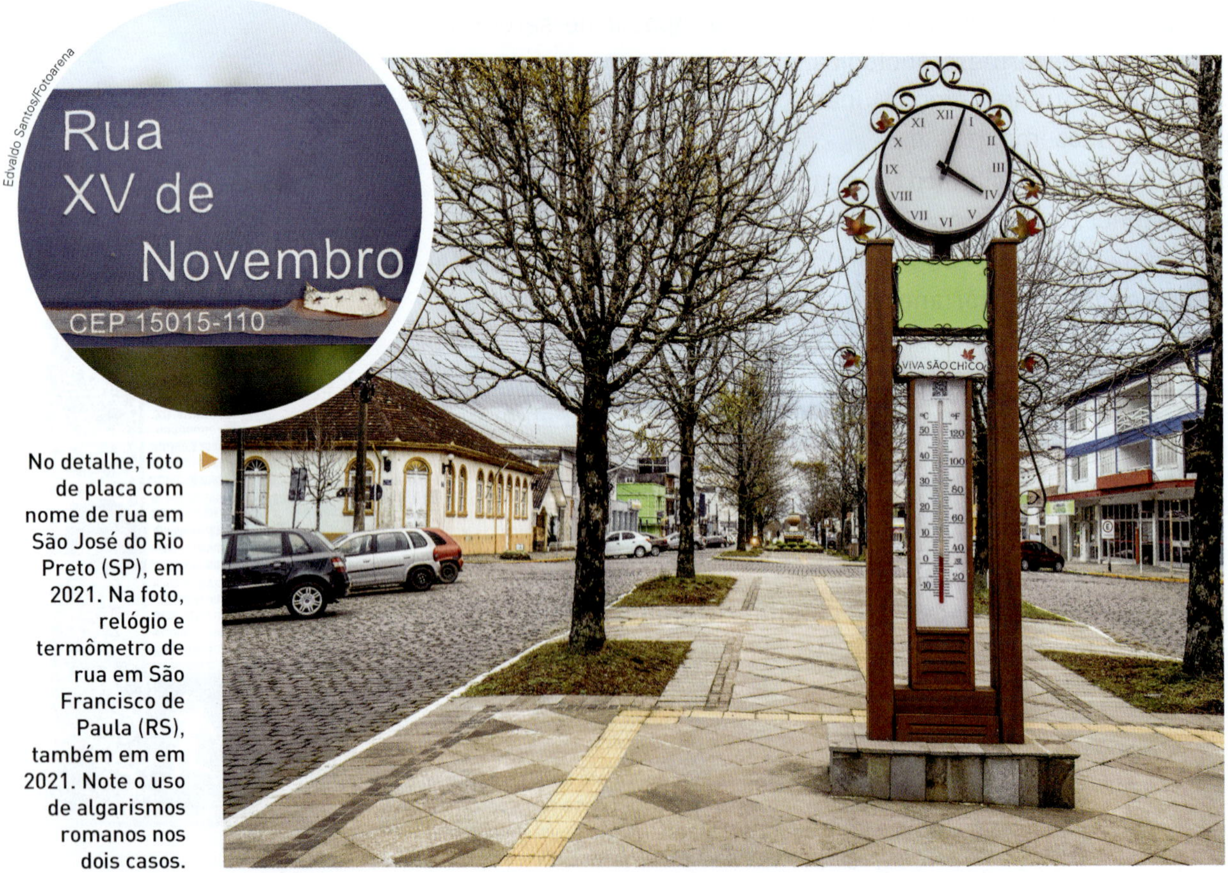

No detalhe, foto de placa com nome de rua em São José do Rio Preto (SP), em 2021. Na foto, relógio e termômetro de rua em São Francisco de Paula (RS), também em em 2021. Note o uso de algarismos romanos nos dois casos.

O TEMPO E A HISTÓRIA

Todo fato histórico acontece em local e tempo específicos. O **tempo histórico**, no entanto, organiza-se de forma diferente daquela como são estruturados o tempo cronológico e o tempo natural. Isso ocorre porque esse tempo é pensado segundo as experiências dos diversos grupos humanos.

O tempo histórico é assinalado por **rupturas** e **permanências**. As rupturas são as mudanças significativas que afetam uma sociedade ou um grupo inteiro, como o surgimento da internet, por exemplo. Já as permanências são as estruturas que podem ou não sofrer alterações, mas que persistem ao longo do tempo, como a religião católica, por exemplo.

Além disso, o tempo histórico pode ser dividido em temporalidades de **curta**, **média** e **longa duração**. As temporalidades de curta duração referem-se a eventos breves, que podem ocorrer em dias ou meses. Nesse caso, as transformações históricas acontecem mais rapidamente. As temporalidades de média duração referem-se a eventos um pouco mais longos, que acontecem no decorrer de anos ou décadas, mas, ainda assim, podem ser percebidos no curso de uma vida. As temporalidades de longa duração, por outro lado, referem-se a eventos que se estendem por séculos e são caracterizados por lentas transformações.

▲ Fernand Braudel (1902-1985), um dos mais proeminentes historiadores da Escola dos Annales. Na obra *O Mediterrâneo e o mundo mediterrâneo na época de Filipe II*, Braudel propõe a organização do tempo histórico em temporalidades de curta, média e longa duração. Foto de cerca de 1980.

PERIODIZAÇÃO DA HISTÓRIA

Muitos historiadores costumam classificar os períodos da História em idades (**Pré-História**, **Antiga**, **Média**, **Moderna** e **Contemporânea**). Essa periodização, no entanto, é bastante criticada na atualidade, pois toma como referência as experiências de povos europeus e, portanto, desconsidera processos, experiências e acontecimentos importantes vivenciados por povos de outros continentes. Atualmente, esses conceitos de periodização são retomados, porém ressignificados, buscando contemplar as especificidades de cada povo, em cada época e território. Observe a periodização tradicional na linha do tempo.

LINHA DO TEMPO

Para organizar e representar fatos históricos em sequência cronológica, é comum o uso de um recurso chamado linha do tempo. Ela pode ser construída com qualquer unidade de medida de tempo (anos, décadas, séculos, milênios, etc.).

■ **A periodização tradicional da história ocidental**

2 milhões de anos Aparecimento do gênero *Homo*	cerca de 3500 a.C. Invenção da escrita	476 Queda do Império Romano	1453 Tomada de Constantinopla pelos turcos	1789 Revolução Francesa
PRÉ-HISTÓRIA	IDADE ANTIGA	IDADE MÉDIA	IDADE MODERNA	IDADE CONTEMPORÂNEA

ano 1 Nascimento de Cristo

622 Hégira

▲ Linha do tempo sem escala temporal.

ATIVIDADES

Retomar e compreender

1. O que são fontes históricas? Qual é o papel dessas fontes no trabalho de pesquisa do historiador?

2. Por que a ampliação da noção de fontes contribuiu para que o conhecimento histórico se tornasse mais abrangente?

3. O que é tempo histórico e como ele é organizado?

Aplicar

4. Leia o texto e observe a fotografia desta atividade.

[...]
O álbum de fotos por muito tempo foi objeto comum nas mais diversas famílias, cultivado e montado com muito esmero por algum membro, que dedicava seu tempo a guardar essas lembranças de momentos vividos em conjunto para a eternidade. [...]

O álbum era montado por alguém que criava alguma lógica narrativa para aquelas imagens, fosse aproximando as fotos por ordem cronológica (por exemplo, um álbum sobre as férias e todos os lugares pelos quais a família viajou na ordem dos dias ou cidades por onde se passou), por evento (aniversário de fulano, casamento de sicrano) ou mesmo um álbum que mostrasse como foi determinado ano para a família com os registros mensais.

Sendo assim, além das fotografias em papel, era muito comum encontrar anotações próximas às fotografias, fossem elas fazendo referência à data em que a foto foi tirada, ao nome das pessoas que apareciam na imagem, e ao lugar onde a foto foi clicada. Isso reforça a ideia de que o álbum de família servia como um objeto de memória, que deveria ter o máximo de informações possíveis sobre determinado momento para que "o instante feliz" não caísse no esquecimento e pudesse ser rememorado em detalhes.
[...]

Mariana F. Musse. Do álbum de família ao álbum afetivo: as narrativas da memória que transitam entre a fotografia analógica e a digital. *Lumina*, Juiz de Fora, v. 13, n. 1, p. 77-90, jan./abr. 2019. Disponível em: https://periodicos.ufjf.br/index.php/lumina/article/view/26079. Acesso em: 19 abr. 2023.

◀ Família de imigrantes judeus, São Paulo (SP). Foto de cerca de 1920.

Acompanhamento da aprendizagem

a) Observe a fotografia novamente e identifique informações como: data, local, quem são as pessoas retratadas, suas características físicas, suas vestimentas, sua postura, entre outras.

b) De acordo com a autora, qual era a intenção das pessoas que montavam um álbum de fotografias no passado?

c) Atualmente, como costuma ser o processo de tirar fotos? Quais são as intenções de quem faz isso? Que permanências e rupturas você identifica nesse costume?

5. Em que século você nasceu? Escreva-o, no caderno, utilizando algarismos romanos.

6. Observe, a seguir, imagens que retratam diferentes fontes históricas.

▲ Capa do disco de vinil *Pixinguinha e sua banda*, lançado em 1957.

▲ Vincent Van Gogh, *A noite estrelada*, 1889. Óleo sobre tela.

▲ Conjunto de objetos pessoais do século XX.

▲ Oca da aldeia Uyapiyuku, da etnia Mehinako, em Gaúcha do Norte (MT). Foto de 2022.

a) Identifique o tipo de fonte histórica representado em cada foto.

b) Que aspectos sobre as experiências do passado você poderia conhecer tendo como base as fontes históricas retratadas?

7. Se você fosse fazer uma pesquisa e escrever sobre a história de vida de alguém que mora em sua casa, quais fontes históricas utilizaria? Por quê?

ARQUIVO VIVO

Narrativas indígenas

Os relatos orais são fontes históricas que nos ajudam a conhecer as experiências, as memórias, o cotidiano, a cultura e os pontos de vista de diversas pessoas, principalmente daquelas que tiveram pouco espaço nos meios oficiais de registro e de transmissão dos saberes produzidos.

Para conhecer mais profundamente, por exemplo, a história dos indígenas ou dos africanos escravizados no Brasil, temos de empregar recursos variados e utilizar fontes que vão além dos registros escritos, como objetos, materiais arqueológicos, tradições, músicas, festividades, histórias e memórias narradas, etc. Nesta seção, você vai aprender alguns passos necessários para realizar uma pesquisa histórica baseada em fontes audiovisuais.

Vamos trabalhar com relatos registrados em audiovisual por comunidades indígenas. O projeto de registro, intitulado **Vídeo nas Aldeias**, é realizado por cineastas indígenas de diferentes etnias. Ele procura dar voz e visibilidade às experiências desses povos.

Para iniciar a pesquisa e orientar o trabalho a ser realizado, sugerimos alguns filmes do projeto **Vídeo nas Aldeias**, produzidos com o intuito de registrar o modo de ver o mundo e os costumes dos povos indígenas. Esses filmes revelam os pontos de vista dos indígenas sobre história e cultura, sobre as transformações que ocorreram com o passar do tempo e sobre a importância da preservação de suas memórias e de seus costumes.

Indígena com uma câmera filmadora durante atividades do projeto Vídeo nas Aldeias, que busca apoiar a luta dos povos indígenas para fortalecer suas identidades e seus patrimônios territoriais e culturais. Foto do evento ocorrido em 2008.

Acesse o *site* do projeto Vídeo nas Aldeias, disponível em http://www.videonasaldeias.org.br/2009/ (acesso em: 30 mar. 2023). Depois, escolha um dos filmes sugeridos a seguir e analise-o para conhecer um pouco mais a história dos povos indígenas. Durante a seleção, procure pensar no assunto trabalhado em cada filme, pois essa temática conduzirá a análise dos relatos orais.

- **Filme 1**: *Índios no Brasil 9: do outro lado do céu*. Direção: Vincent Carelli. Brasil, 2000 (18 min). Disponível em: http://www.videonasaldeias.org.br/2009/video.php?c=40.

  O filme faz parte da série *Índios no Brasil*, produzida pela TV Escola. Ele apresenta, por meio de relatos, o universo místico e religioso dos indígenas Yanomami, Pankararu e Maxacali.

- **Filme 2**: *Índios no Brasil 7: nossas terras*. Direção: Vincent Carelli. Brasil, 2000 (20 min). Disponível em: http://www.videonasaldeias.org.br/2009/video.php?c=52.

  Apesar de não ter sido dirigido por um cineasta indígena, o filme traz relatos que apresentam uma visão bastante reflexiva desses povos em relação à própria história e realidade.

- **Filme 3**: *No tempo do verão: um dia na aldeia Ashaninka*. Direção: Wewito Piyãko. Brasil, 2012 (22 min). Disponível em: http://www.videonasaldeias.org.br/2009/video.php?c=108.

  O filme retrata a vida dos Ashaninka, em uma aldeia localizada no Acre, identificando costumes dessa etnia e observando o cotidiano de adultos e crianças dessa comunidade.

  Acessos em: 30 mar. 2023.

Assista ao filme escolhido e registre, no caderno, as informações, palavras, expressões e o modo de ver o mundo das pessoas nos relatos. Selecione um ou mais temas abordados no filme e reflita sobre a visão dos indígenas acerca desses temas. Você pode escolher, por exemplo, um costume, um objeto, uma forma de falar, entre muitos outros aspectos, de acordo com seu interesse. Lembre-se sempre de que as fontes expressam perspectivas, pessoais ou de grupos, sobre aspectos da realidade.

Complemente sua análise buscando informações sobre a vida do povo indígena que realizou o filme. O *site* Povos Indígenas no Brasil Mirim, disponível em https://mirim.org/ (acesso em: 30 mar. 2023), que faz parte do portal do Instituto Socioambiental (ISA), fornece muitas informações sobre diferentes povos.

Por fim, em sala de aula, compartilhe sua análise com os colegas e compare-a com os trabalhos realizados pela turma.

Organizar ideias

1. Qual é o nome do povo ao qual o vídeo se refere?
2. Quais aspectos da vida desse povo são apresentados no vídeo?
3. Em sua opinião, as narrativas indígenas contribuem para a ampliação de nosso conhecimento sobre a história do Brasil? Explique.

CAPÍTULO 2
A HISTÓRIA EM NOSSO COTIDIANO

PARA COMEÇAR

Geralmente, quando pensamos em História, lembramos apenas de datas e nomes de pessoas consideradas ilustres e poderosas em certa época. Mas será que somente essas personagens fazem parte do estudo da História? A escola onde você estuda tem uma história? Que história é essa? Você faz parte dela?

VESTÍGIOS DO PASSADO E DO PRESENTE

Os vestígios das ações que os seres humanos realizaram no passado estão presentes em tudo o que vemos todos os dias. Em muitas casas brasileiras, por exemplo, há objetos de outras épocas (como móveis, louças, roupas, entre outros) que registram experiências e vivências de pessoas daqueles períodos. Da análise desses objetos, é possível inferir o modo de vida dessas pessoas, seus hábitos alimentares, vestuários, gostos, etc.

Os objetos do passado dividem espaço com diversos objetos contemporâneos, como *notebooks*, *smartphones*, *tablets*, etc. Esses objetos também registram nossas experiências e vivências no presente; portanto, são documentos históricos e poderão ser utilizados por pesquisadores para a construção do conhecimento histórico sobre a nossa sociedade.

Tudo aquilo que é produzido por nós é registro de nossas experiências individuais e coletivas e é importante para que possamos compreender a sociedade em que vivemos.

▼ Em Belo Horizonte (MG), em meio a prédios atuais, encontra-se o Museu de Artes e Ofícios, instalado no conjunto histórico da antiga Estrada de Ferro Central do Brasil, cuja construção teve início em 1855. Foto de 2021.

TODOS SOMOS SUJEITOS DA HISTÓRIA

Até o século XIX, apenas as pessoas consideradas ilustres ou poderosas despertavam o interesse dos historiadores. Os diversos indivíduos e as coletividades humanas não eram vistos como sujeitos da história, apesar de participarem da vida social e serem capazes de narrar acontecimentos vividos ou testemunhados.

Ainda no século XIX, os materialistas históricos introduziram o trabalhador como **agente** e **sujeito** privilegiado das análises históricas. Depois, os historiadores da Escola dos Annales, no final da década de 1920, e da Nova História, na década de 1970, iniciaram o trabalho com a história cultural e a história do cotidiano, buscando o conhecimento sobre os costumes e as ações rotineiras dos indivíduos.

Com essa mudança nos conceitos, os historiadores passaram a questionar seu papel como pesquisadores, atentando para seu ponto de vista sempre **parcial**, já que são eles que constroem uma narrativa sobre as sociedades humanas no decorrer dos anos e, ao mesmo tempo, estão inseridos na história como sujeitos.

A ampliação da noção de sujeitos históricos possibilitou a análise de muitas experiências antes desconsideradas, inclusive as dos chamados "excluídos" da história, como pessoas pobres, operários, crianças, mulheres, entre outros, evidenciando a nova concepção de que todas as pessoas são sujeitos e agentes da história.

Segundo essa nova concepção, as pessoas não apenas sofrem interferência dos processos históricos, mas também interferem neles. Assim, conforme essa nova maneira de construir o conhecimento histórico, todos somos sujeitos e agentes históricos, e não só as pessoas famosas ou que exercem funções de poder político ou econômico em nossas comunidades.

PARA EXPLORAR

Museu da Pessoa
O acervo do Museu da Pessoa apresenta a história de vida de várias pessoas que, voluntariamente, fazem relatos sobre suas experiências pessoais e coletivas. Esses relatos são registrados em áudios, vídeos e transcrições. Todo esse conteúdo pode ser consultado no *site* desse museu.
Disponível em: https://museudapessoa.org/. Acesso em: 19 abr. 2023.

CULTURA, MEMÓRIA E NARRATIVAS

A palavra **cultura** pode ter diferentes significados. Geralmente, relacionamos o significado dessa palavra com o universo artístico e intelectual. Alguns estudiosos, no entanto, ressaltam que o termo apresenta sentido mais amplo: o conjunto de conhecimentos, ideias, crenças e também de práticas e valores, que se constituíram ao longo do tempo na vida cotidiana de uma sociedade.

São entendidas como cultura todas as dimensões da experiência humana, como as habilidades, as produções materiais e os modos de compreender o mundo, incorporados socialmente e transmitidos pelas diferentes gerações a seus descendentes.

A **memória** está intimamente ligada às transmissões culturais, já que conserva, seleciona e atualiza as informações do passado, reinterpretando-as no presente. Portanto, a memória não é um apanhado de todas as experiências e de todos os conhecimentos do passado. Ela sempre será estruturada por lembranças e esquecimentos, por recortes, impressões e fragmentos. Além disso, ela se refaz constantemente, restabelecendo com o presente as conexões com o passado e as experiências vividas.

Além da memória individual, existe a memória coletiva. Por isso, as pesquisas de História costumam fazer uso das **narrativas**, para compreender o modo de viver e de ver o mundo, os costumes, as formas de organização e as experiências de um grupo social.

> **PARA EXPLORAR**
>
> *Do pó da terra*. Direção: Maurício Nahas. Brasil, 2016 (77 min).
> Documentário que apresenta depoimentos de diversos moradores e artesãos do Vale do Jequitinhonha. As narrativas tratam de histórias pessoais e revelam como transformar a miséria em arte pela utilização do barro como matéria-prima.

 Conheça alguns locais e manifestações culturais brasileiros que integram o **patrimônio cultural nacional**. Em seguida, comente com os colegas se você conhece alguma dessas manifestações ou se já participou ou ouviu falar delas.

Em muitas sociedades africanas, os griôs são responsáveis por transmitir oralmente os saberes, as memórias e as histórias de seu povo, para que não sejam esquecidos pelas sucessivas gerações. Na foto, Noura Mint Seymali, griô originária de uma família de griôs da Mauritânia, durante apresentação em Amarante, Portugal. Foto de 2018.

HISTÓRIA LOCAL

A história local ou regional passou a ser estudada por muitos historiadores principalmente a partir da década de 1980. O estudo de história local possibilitou a aproximação dessa área do conhecimento com a realidade das pessoas, permitindo que elas percebessem com mais facilidade a dimensão histórica de suas experiências.

Os estudos de história local partem de um recorte espacial bem delimitado, como um bairro, uma cidade, um município ou uma região. Ao estudar um espaço determinado, o pesquisador pode conhecer as singularidades das experiências, das memórias e das práticas culturais das pessoas que ali vivem e que têm uma identidade em comum.

Geralmente, o que muda nesse tipo de estudo é que o historiador passa a focalizar mais detalhadamente a vida cotidiana e as experiências dos sujeitos históricos, enquanto na história nacional ou universal os acontecimentos, as experiências e os sujeitos são estudados de maneira ampla e distanciada.

Esse tipo de estudo significou a descentralização da história, vista no âmbito global ou nacional. As comunidades começaram a ser observadas em suas particularidades, o que permitiu que diferentes experiências fossem investigadas.

Assim, as comunidades rurais, as periferias urbanas, os bairros, as cidades e as pequenas comunidades passaram a ser estudados com base nas memórias, nos relatos, nas manifestações culturais e em outros registros produzidos por seus habitantes.

CIDADANIA GLOBAL

HISTÓRIA LOCAL E EDUCAÇÃO

Durante muito tempo, a história de várias comunidades foi ignorada. Isso ocorria porque prevalecia a ideia de que determinadas populações eram mais importantes, corretas e interessantes do que outras. Contudo, sabemos que cada cultura guarda seu valor, e nenhuma vale mais ou menos que outra. Todas devem ser igualmente respeitadas.

1. Em sua opinião, como uma educação de qualidade pode garantir o respeito às diferenças culturais?
2. Dê um exemplo de como a escola pode combater o preconceito contra determinada cultura.

Estátua construída no Trevo da Rasa, Armação dos Búzios (RJ), para registrar a importância histórica do Quilombo da Rasa. Foto de 2018.

ATIVIDADES

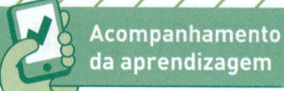
Acompanhamento da aprendizagem

Retomar e compreender

1. Os historiadores da Escola dos Annales, no início do século XX, começaram a trabalhar com uma grande diversidade de sujeitos históricos e com as especificidades culturais e cotidianas das pessoas e dos grupos sociais. No caderno, escreva um parágrafo sobre o significado dessa mudança de perspectiva para os estudos históricos.

2. Com base no que você estudou, classifique as afirmativas a seguir em verdadeiras ou falsas. No caderno, reescreva as afirmativas que considerou falsas, corrigindo-as.

   a) Os vestígios dos atos dos seres humanos no passado são importantes para a construção do conhecimento histórico.

   b) Foi com a Escola dos Annales e a Nova História que teve início o trabalho com a história cultural e a história do cotidiano. Antes delas, as análises históricas consideravam apenas pessoas ilustres ou poderosas.

   c) O conceito de cultura é bastante restrito. Ele diz respeito apenas à língua, às crenças e às habilidades elaboradas por uma comunidade.

   d) A memória se refaz constantemente. Ela está relacionada tanto às experiências e aos conhecimentos do passado quanto às experiências vividas no presente.

   e) A investigação da história local ou regional permitiu a aproximação dessa área do conhecimento com a realidade das pessoas.

Aplicar

3. Faça uma linha do tempo de sua vida e registre nela alguns acontecimentos que você gostaria de destacar. Depois, com base nessa reflexão, faça o que se pede.

   a) Por que você também é um agente e sujeito da história?

   b) Em sua opinião, como seus atos podem interferir na história de outras pessoas com as quais você convive?

   c) Agora, escolha uma pessoa de sua escola, de seu bairro ou de sua família e proponha a ela que complemente a linha do tempo com você. Registrem nessa linha os acontecimentos que essa pessoa gostaria de destacar sobre a vida dela e também algumas experiências que vocês compartilharam em algum momento da vida.

4. O trecho a seguir é parte de um relato concedido por Célia Vanda Alves Marinho para um estudo de história local. Ela narra suas experiências no bairro da Maré, no Rio de Janeiro (RJ).

> Minha mãe veio em 1952 pra aqui. Minha infância lá na Bahia era brincar com as crianças, boneca, comidinha, cozido, coisas de crianças. Minha mãe era doida para conhecer o Rio. E aí, minha mãe veio e nós viemos no Comandante Capela, navio, e levamos quatro dias de viagem, da Bahia para cá. [...]
>
> Isso aqui tudo era mangue, maré, ali era mangue... Nessa hora que enchia a maré, a gente lavava barraco com água da maré... A maré ia até quase na Avenida Brasil. [...]
>
> A gente carregava água de rola-rola, balança, com lata-d'água na cabeça, amanhecia o dia carregando água [...]. [...] E não tinha passarela e a gente atravessava as pistas com lata de água na cabeça. Ali tinha uma bica no muro e eram duas latas-d'água pra cada uma pessoa. [...]
>
> O que eu tenho a dizer é isso... Tudo isso aqui, aterrei, carreguei muito aterro, sabe? Acordava às três horas da manhã para esperar o caminhão de aterro passar na Avenida Brasil para carregar de carrinho de mão, e de lá, da Avenida Brasil, vir para aterrar aqui, a Maré.
>
> [...]
>
> A gente já sofreu muito aqui, mas hoje em dia, quem chegou por último mora numa cidade. [...]
>
> Edson Diniz; Marcelo Castro Belfort; Paula Ribeiro [org.]. *Memória e identidade dos moradores do morro do Timbau e parque proletário da Maré*. Rio de Janeiro: Redes da Maré, 2013. p. 126-127.

   a) Onde Célia morava antes de ir para o bairro da Maré?

   b) Como Célia e seus familiares foram para o Rio de Janeiro? Em que ano isso ocorreu?

   c) Como ela descreve o bairro da Maré no passado e no presente?

   d) Elabore um relato sobre suas experiências no bairro em que você mora.

CONTEXTO

PRODUÇÃO ESCRITA

Verbete

Proposta

Com base nas informações apresentadas neste capítulo a respeito da construção do saber histórico, você e os colegas vão elaborar um minidicionário de conceitos importantes para a área de História.

O verbete é um gênero textual que pode ser encontrado em dicionários, glossários e enciclopédias.

Público-alvo	Estudantes da turma.
Objetivo	Ler e compreender verbetes de dicionário, identificando a estrutura e as informações gramaticais e semânticas. Elaborar um minidicionário.
Circulação	Sala de aula.

Planejamento e elaboração

1. Com os colegas, formem um grupo de até cinco integrantes e leiam os exemplos de verbetes abaixo.

> **história** ⟨his.tó.ria⟩ s.f. **1** Conjunto de acontecimentos passados. **2** Ciência ou disciplina que estudam esses acontecimentos. **3** Narração de fatos reais ou inventados: *Ninguém acreditou na história que ele contou.* **4** *informal* Conjunto de relatos sem fundamento: *Deixe de história e me diga de verdade por que fez isso.* **5** Conjunto de dados relacionados a uma pessoa ou coisa: *Antes de medicar, o médico deve saber a história do paciente.* □ SIN. histórico. ‖ **(história em) quadrinhos** Aquela em que o assunto é desenvolvido por meio de desenhos e diálogos em balões, geralmente em revistas. ‖ **história natural** Estudo dos reinos animal, vegetal e mineral.
> **historiador, -a** ⟨his.to.ri.a.dor, do.ra⟩ (Pron. [historiadôr], [historiadôra]) s. **1** Pessoa que se dedica ao estudo da história. **2** Pessoa que se dedica a escrever sobre história, especialmente como profissão.
> **historiar** ⟨his.to.ri.ar⟩ v.t.d./v.t.d.i. Escrever, narrar ou relatar (um acontecimento real ou inventado) de maneira ordenada ou detalhada [a alguém]: *Historiou a vinda da família real portuguesa ao Brasil.*

Dicionário didático. São Paulo: Edições SM, 2009. p. 427. Fac-símile/ID/BR

2. O grupo deve reler o trecho observando algumas características do verbete:
   - divisão silábica e indicação da sílaba tônica: "⟨his.tó.ria⟩";
   - as entradas do dicionário em questão respeitam a ordem alfabética;
   - os adjetivos e os substantivos são apresentados no masculino e no correspondente feminino: "(historiador,-a)".

3. Agora, o grupo fará a releitura da unidade e cada estudante deve selecionar três ou quatro palavras para compor o minidicionário do grupo.

4. Com o auxílio de dicionários ou *sites* da internet, anotem os significados encontrados para cada uma delas.

Revisão e reescrita

1. Releiam e analisem o minidicionário que criaram, observando os elementos a seguir:
   - Vocês optaram por um modelo simples ou complexo para elaborar o verbete? Comentem.
   - Os verbetes apresentam informações pertinentes que auxiliam na compreensão do que foi estudado na unidade?
   - Vocês verificaram algum tipo de diferença entre as definições encontradas em dicionários diversos?

2. Se necessário, façam ajustes e melhorias ao redigirem a versão finalizada do minidicionário.

Circulação

1. Combinem com o professor um dia para vocês compartilharem as anotações feitas. Um representante de cada grupo deve ler os verbetes selecionados.

2. Ao final, a turma deve reunir todos os verbetes em um único documento, que será entregue ao professor e ficará disponível para consultas posteriores. Se houver verbetes pesquisados por mais de um grupo, os significados devem ser unificados em uma única entrada.

ATIVIDADES INTEGRADAS

Retomar e compreender

1. Observe as fotografias e, em seguida, responda às questões.

▲ Escola feminina, Itália, em 1953.

▲ Mobiliário escolar, cerca de 1950.

a) As imagens podem ajudar a contar a história da escola à qual as fotografias pertencem? Justifique sua resposta.
b) Os objetos retratados nas fotografias podem ser considerados vestígios da história? Explique.
c) Como um historiador poderia classificar esses vestígios?

Aplicar

2. O texto a seguir aborda a relação entre cultura e memória. Leia-o e, depois, responda às questões.

> A criança recebe do passado não só os dados da história escrita; mergulha suas raízes na história vivida, ou melhor, sobrevivida, das pessoas de idade que tomaram parte na sua socialização. [...]
>
> [...]
>
> É a essência da cultura que atinge a criança através da fidelidade da memória. Ao lado da história escrita, das datas, da descrição de períodos, há correntes do passado que só desapareceram na aparência. E que podem reviver numa rua, numa sala, em certas pessoas, como ilhas [...] de um estilo, de uma maneira de pensar, sentir, falar, que são resquícios de outras épocas. Há maneiras de tratar um doente, de arrumar as camas, de cultivar um jardim, de executar um trabalho de agulha, de preparar um alimento que obedecem fielmente aos ditames de outrora.
>
> Ecléa Bosi. *Memória e sociedade*: lembranças de velhos. 3. ed. São Paulo: Companhia das Letras, 1994. p. 73 e 75.

a) Segundo a autora do texto, a criança recebe os dados do passado não apenas por meio da história escrita, mas também da história vivida, que as pessoas mais velhas transmitem em suas relações. Você já passou por uma experiência parecida? Explique.
b) Para a autora, qual é a relação entre cultura e memória?
c) Em sua opinião, qual é a importância da memória e dos relatos de histórias vividas para a formação cultural das pessoas em uma sociedade?

3. Para muitos historiadores da Escola dos Annales, a compreensão do passado estaria sempre condicionada às experiências e às necessidades no presente. Assim, ao estudar História, selecionamos os acontecimentos e as questões que nos parecem relevantes na atualidade.

- Observe o sumário do livro e faça uma relação de temas, de períodos ou de acontecimentos que você gostaria de estudar. Registre também algumas perguntas que podem ser feitas a respeito deles. Depois, ao longo do ano, observe se todas as suas perguntas foram respondidas e se outras ainda podem ser feitas para ampliar seus conhecimentos.

Acompanhamento da aprendizagem

Analisar e verificar

4. Observe a imagem a seguir, produzida no século XVIII por Carlos Julião. O artista registrou algumas cenas do cotidiano da América portuguesa nesse período.

Carlos Julião. *Coroação de uma rainha negra na Festa de Reis*, cerca de 1776. Aquarela.

a) Com base nessa representação feita de uma Festa de Reis, descreva como, em sua opinião, era essa manifestação cultural no século XVIII. Comente aspectos visuais, sonoros e outros que você julgar relevantes.

b) Quais aspectos das culturas material e imaterial estão representados nessa obra? Explique.

c) Você já viu em imagens ou presenciou essa manifestação cultural? Em caso afirmativo, compartilhe sua experiência com os colegas e explique a eles o que você sabe sobre ela.

d) Com a orientação do professor, procure na internet imagens e informações sobre essa manifestação cultural na atualidade. Comente as permanências e as mudanças ocorridas ao longo do tempo.

Criar

5. Em uma folha de papel avulsa, desenhe uma cena relacionada a algum tema estudado nesta unidade. Para isso, siga as orientações.
   - Você pode representar no desenho uma cena do passado ou do presente.
   - Na criação dos elementos que compõem a cena, não se esqueça de representar objetos, móveis, utensílios de trabalho, roupas das personagens, etc., de acordo com a época escolhida.
   - Dê um título ao desenho.
   - Apresente sua produção aos colegas e veja os desenhos feitos por eles.

6. **SABER SER** No início deste estudo, refletimos sobre a importância da preservação ambiental ao pesquisar os vestígios humanos no passado. Agora, faça uma lista de elementos das culturas imaterial e material do município em que você mora. Em seguida, responda: Se um pesquisador decidisse analisar os vestígios desses elementos culturais, a busca dele poderia trazer impactos para a fauna e/ou flora da região? Explique.

35

CIDADANIA GLOBAL
UNIDADE 1

4 EDUCAÇÃO DE QUALIDADE

Retomando o tema

Ao longo desta unidade, estudamos diversas formas de pesquisa que contribuem para o desenvolvimento das Ciências Humanas, em especial da História. A produção e a aplicação de conhecimentos dessas pesquisas em sala de aula são um importante passo para uma educação de qualidade.

Por isso, é importante superar a imagem equivocada da prática de pesquisa científica como um conjunto de verdades resultantes de uma observação que não leva em consideração o contexto social e comumente é realizada por grandes intelectuais. Essa visão pode trazer riscos tanto para o próprio desenvolvimento científico quanto para a qualidade do ensino, por não explorar as potencialidades dos estudantes e dos professores, desassociando-os, assim, da produção científica.

Com base no trabalho desenvolvido nesta unidade, converse com os colegas de turma acerca dos seguintes temas:

1. Qual é a relação que se pode estabelecer entre a produção científica e um ensino de qualidade?
2. Que ações podem contribuir para que o ensino dê um salto de qualidade?

Geração da mudança

- Agora, junte-se a dois colegas para elaborar um cartaz que indique ações necessárias para a promoção de uma educação de qualidade.
- Ao final, combinem uma data e um local com o professor para a exposição dos cartazes da turma. Escolham um lugar adequado, ao qual toda a comunidade escolar tenha acesso.

Autoavaliação

AS ORIGENS DA HUMANIDADE

UNIDADE 2

PRIMEIRAS IDEIAS

1. Você conhece algum mito sobre o surgimento dos seres humanos? Em caso afirmativo, compartilhe o que sabe com os colegas.
2. Você já ouviu falar de alguma teoria científica a respeito do surgimento da humanidade? Qual?
3. Como você imagina que era a vida dos primeiros seres humanos? Quais atividades eles realizavam? Levante hipóteses.
4. Várias produções cinematográficas retratam a vida dos primeiros seres humanos. Você já assistiu a alguma delas? Em caso afirmativo, descreva-a para os colegas.

Conhecimentos prévios

Nesta unidade, eu vou...

CAPÍTULO 1 — A origem do ser humano

- compreender a importância dos mitos de origem e sua ligação com a cultura de cada povo.
- entender a teoria evolucionista, identificando suas bases científicas.
- caracterizar o processo de evolução da humanidade por meio do estudo dos hominíneos.

CAPÍTULO 2 — A vida dos primeiros seres humanos

- caracterizar o período Paleolítico, as mudanças trazidas pelo domínio do fogo e as tecnologias desenvolvidas nesse período.
- entender o uso dos recursos naturais no período Paleolítico.

CAPÍTULO 3 — O processo de sedentarização

- conceituar **nomadismo** e **sedentarização**.
- compreender que o processo de sedentarização humana foi diverso quanto à forma e ao momento em que ocorreu no mundo.

CAPÍTULO 4 — A chegada do ser humano à América

- entender as teorias que explicam a chegada dos seres humanos à América.
- identificar os principais vestígios pré-históricos na América e entender como eles possibilitam a formulação de hipóteses.

CIDADANIA GLOBAL

- relacionar o conceito de sustentabilidade a ações individuais e coletivas.
- reconhecer ações praticadas pela comunidade que podem ser consideradas sustentáveis.

Alessandra Fratus/Acervo da fotógrafa

LEITURA DA IMAGEM

1. O que mais chamou sua atenção nessa imagem?
2. Quais materiais foram utilizados nessa construção? Levante hipóteses com base na sua observação.
3. Em sua opinião, como esse lugar teria sido utilizado pelas comunidades que o construíram?

CIDADANIA GLOBAL
11 CIDADES E COMUNIDADES SUSTENTÁVEIS

O conjunto de estruturas de pedra que compõem o sítio arqueológico no município de Calçoene está localizado em uma área de 120 hectares. Há um megálito (bloco grande de pedra) maior, em formato circular, e outros cinco megálitos menores ao redor dele. Isso pode indicar que, ao longo do tempo, diferentes grupos de indivíduos cooperaram na construção do monumento.

1. No município onde você mora, há espaços que foram construídos de modo cooperativo?
2. Como a cooperação entre diferentes grupos pode tornar as cidades mais sustentáveis?

Na Inglaterra, há uma construção semelhante a essa, feita por comunidades que viveram na região de **Stonehenge**. Observe-a e converse com a turma sobre as semelhanças e as diferenças entre a construção de Stonehenge e o sítio arqueológico de Calçoene.

Monumento de pedra feito por volta do século X por antigos habitantes da floresta Amazônica. Ele está em uma área chamada atualmente de Parque Arqueológico do Solstício, em Calçoene (AP). Foto de 2020.

CAPÍTULO 1
A ORIGEM DO SER HUMANO

PARA COMEÇAR

Os primeiros seres vivos surgiram na Terra há bilhões de anos, em um processo bastante lento. Os ancestrais dos seres humanos apareceram há poucos milhões de anos. Como explicar esses fenômenos? Quais teorias existem sobre esse assunto?

▼ Detalhe de afresco de Michelangelo, do início do século XVI, pintado no teto da capela Sistina, no Vaticano, sede da Igreja católica. Ele retrata a criação de Adão (à esquerda) por Deus (à direita).

MITOS DE ORIGEM

Os mitos são representações da realidade que, por meio de uma linguagem simbólica, expressam os valores culturais de uma comunidade. Assim, eles não são uma tentativa de explicar os fenômenos naturais ou histórias fantasiosas inventadas pelos povos.

A criação do Universo e dos seres vivos é um tema comum em diversas mitologias, e a análise desses mitos pode revelar importantes informações sobre os valores e as crenças que orientam as ações das pessoas de uma comunidade. Geralmente, os mitos apresentam deuses e heróis que seriam responsáveis pela organização do mundo.

A imagem desta página, por exemplo, é uma representação do mito do cristianismo sobre a origem dos seres humanos. De acordo com essa tradição, o homem teria sido criado por Deus à sua imagem e semelhança. Dessa crença, surgiu a teoria **criacionista**, que vigorou por séculos, principalmente no Ocidente.

Porém, a partir do século XIX, foram propostas explicações científicas que divergiam das ideias criacionistas. Com o tempo, o pensamento científico tornou-se cada vez mais corrente e, atualmente, o criacionismo não é a teoria mais aceita pelos cientistas, apesar de existirem pensadores e religiosos que defendam esse modo de explicar o surgimento da humanidade.

A TEORIA EVOLUCIONISTA

O **evolucionismo** é uma das principais teorias científicas desenvolvidas no século XIX e ela foi elaborada com base nas pesquisas de diferentes cientistas, como o francês Jean-Baptiste de Lamarck (1744-1829) e os britânicos Charles Robert Darwin (1809-1882) e Alfred Russel Wallace (1823-1913). Eles elaboraram diferentes hipóteses sobre a origem dos seres vivos, e Wallace e Darwin chegaram a conclusões semelhantes.

Em 1859, Darwin publicou a obra *A origem das espécies*, livro que o tornou reconhecido, sendo chamado de "pai da teoria da evolução". No entanto, ele não foi o primeiro a apresentar essa ideia. Antes dele, outros cientistas já haviam proposto que, ao longo das eras, os seres vivos passavam por transformações.

Em sua obra, Darwin propôs uma teoria baseada no conceito da **seleção natural**. De acordo com esse conceito, os indivíduos que estiverem mais adaptados ao ambiente terão mais chances de sobreviver. À medida que os mais aptos sobrevivem, eles se reproduzem e transmitem suas características genéticas aos descendentes, fazendo que elas se perpetuem e, consequentemente, perpetuem sua espécie. Assim, os seres vivos, incluindo os humanos, teriam evoluído de outras espécies, contrariando o mito bíblico. Na mesma época de Darwin, Wallace propôs teorias que tinham princípios semelhantes aos explicados por Darwin. Trata-se de um caso em que dois cientistas chegaram a conclusões semelhantes sem que um conhecesse profundamente as teorias elaboradas pelo outro. Por isso, a comunidade científica considera que Wallace também é criador da teoria da evolução.

No início do século XX, com a redescoberta dos trabalhos do austríaco Gregor Mendel (1822-1884) sobre a transmissão das características hereditárias, os cientistas uniram os conceitos de genética à teoria da evolução, que ficou conhecida como **teoria sintética da evolução** ou **neodarwinismo**.

TEORIAS CIENTÍFICAS

As teorias e hipóteses científicas são elaboradas com base em métodos científicos de pesquisa. Cada área do conhecimento tem metodologias específicas para isso.

O ponto de partida para a elaboração das hipóteses é uma questão que precisa ser respondida. É comum que, para uma mesma questão, existam diferentes hipóteses. Elas são testadas exaustivamente pelos cientistas e, quando comprovadas, tornam-se premissas sobre as quais a comunidade científica trabalha, surgindo as teorias científicas. Assim, as teorias são baseadas em hipóteses cientificamente comprovadas. Sempre que surgem novos indícios ou descobertas, as teorias são questionadas e podem ser derrubadas ou reelaboradas.

Conheça mais a **trajetória da vida na Terra**. Depois, comente com os colegas o que mais chamou sua atenção sobre o tema.

QUEM PESQUISA ESSA HISTÓRIA?

Como estudamos na unidade anterior, o historiador é o profissional que propõe análises sobre o passado, com base no estudo das fontes históricas. Dependendo do enfoque e do tema da pesquisa, o historiador precisa recorrer a outras áreas de conhecimento científico para compreender melhor os diferentes aspectos da experiência humana em estudo.

No caso da análise sobre os modos de vida dos primeiros grupos de seres humanos, essa relação com as outras áreas de conhecimento é evidente e muito necessária para o andamento das pesquisas. Conheça algumas dessas áreas a seguir.

A PALEONTOLOGIA

A paleontologia é a ciência que estuda os seres vivos de eras passadas. Para isso, os paleontólogos analisam os **fósseis**. O conceito de fóssil está em constante discussão entre esses estudiosos e, atualmente, a definição mais aceita pela comunidade científica é a que os fósseis são vestígios de organismos do passado, conservados pela ação da natureza, e não pela ação humana. Veja um exemplo de fóssil nesta página.

O trabalho dos paleontólogos é essencial para a compreensão da evolução das espécies, uma vez que possibilita identificar diferentes espécies de seres vivos que existiram no passado, incluindo as relacionadas à espécie humana.

O vestígio de uma libélula, encontrado em rocha da região da chapada do Araripe, que fica entre Ceará, Piauí e Pernambuco, é considerado um fóssil. Ele faz parte do acervo do Museu de Paleontologia de Santana do Cariri (CE).

A ARQUEOLOGIA

A arqueologia é a ciência que se dedica ao estudo de grupos humanos que viveram no passado. Esse estudo é feito com base nos materiais encontrados em escavações. O local em que os vestígios são encontrados é chamado de **sítio arqueológico**. Os materiais descobertos nos sítios permitem desvendar a cultura desses grupos humanos e trazem muitas contribuições para a construção dos conhecimentos históricos.

Arqueólogo durante escavação em um sítio arqueológico de São José dos Campos (SP). Foto de 2021.

A ANTROPOLOGIA

A antropologia é a ciência que estuda os seres humanos em vários aspectos de seu desenvolvimento, como o biológico, o cultural e o social.

Os conhecimentos produzidos por essa ciência contribuem para o desenvolvimento de muitas pesquisas históricas, já que permitem ao historiador conhecer melhor as técnicas, os costumes, a organização e os modos de vida de diversas sociedades.

PERIODIZAÇÃO DA HISTÓRIA ANTES DA ESCRITA

Como abordado na unidade anterior, até o início do século XX, vigorava entre os historiadores a ideia de que o conhecimento histórico só poderia ser construído pela análise de documentos escritos. Para esses profissionais, não poderia haver história sem fontes escritas. Por isso, o período anterior à escrita foi chamado de Pré-História.

Com a ampliação dos registros considerados fontes históricas, passou-se a questionar o uso desse termo, visto que os registros deixados pelos primeiros seres humanos (como objetos de cerâmica e pinturas rupestres) também começaram a ser considerados históricos. Esses questionamentos se refletiram nas propostas de periodização. Até então, a época anterior ao surgimento da escrita era dividida em dois grandes períodos, que se subdividiam: a Idade da Pedra, que compreendia o Paleolítico e o Neolítico; e a Idade dos Metais, que, por sua vez, era subdividida em Idade do Bronze e Idade do Ferro.

Essas periodizações e as datas às quais elas se referiam diziam respeito à história de alguns povos do continente europeu, do norte da África e de parte do Oriente Médio. Essa cronologia desprezava o desenvolvimento tecnológico ocorrido no restante do mundo em outras temporalidades. Além disso, esse modo de classificar os períodos da história sugeria que havia uma evolução entre os povos, como ocorre na Biologia.

Existem sociedades atuais, por exemplo, que não têm sistema de escrita nem vivem em cidades. No entanto, sabemos que isso não significa que elas sejam atrasadas em relação a outras culturas ou que não tenham história.

Cada grupo apresenta movimentos próprios de desenvolvimento, e isso não o torna superior ou inferior. Dessa forma, as periodizações foram sendo adaptadas de acordo com a região abordada, já que, em cada parte do mundo, o desenvolvimento de tecnologias ocorreu em ocasiões diferentes. Assim, evita-se criar um julgamento que conceba a história como um processo evolutivo "rumo ao progresso".

> **PARA EXPLORAR**
>
> **Museu de História Natural de Mato Grosso**
> Conheça alguns fósseis analisados por diversos arqueólogos, biólogos, geólogos e historiadores brasileiros e também os principais equipamentos utilizados por eles, por meio de uma visita virtual no *site* do museu.
> Disponível em: https://museuhistorianaturalmt.com.br/museu360/. Acesso em: 15 mar. 2023.

◀ Artefatos de pedra do período Neolítico encontrados no deserto do Saara, no continente africano. O Neolítico saariano compreende um período estabelecido entre 9 mil e 6 mil anos atrás.

EVOLUÇÃO E EXPANSÃO DOS SERES HUMANOS

Apoiada na análise de fósseis e de outros vestígios e na teoria da evolução por seleção natural, a comunidade científica aponta que as diversas espécies de primatas que existem atualmente, incluindo os seres humanos, apresentam um ancestral em comum, mas não descendem uma da outra. Por isso, é um equívoco pensar, por exemplo, que os seres humanos descendam do macaco.

OS HOMINÍNEOS

Os primatas que, ao longo de milênios, foram se diferenciando daqueles que deram origem aos macacos modernos e, posteriormente, originaram os seres humanos são chamados de **hominíneos**. Especula-se que eles teriam surgido há aproximadamente 7 milhões de anos no continente africano. Os mais antigos hominíneos de que se tem registro são os do gênero *Australopithecus*. Segundo estudos, esses hominíneos já tinham algumas características semelhantes às dos seres humanos modernos, como andar apoiado sobre duas pernas.

O GÊNERO *HOMO*

O gênero *Homo*, ao qual pertencemos, surgiu há aproximadamente 2 milhões de anos. No decorrer do tempo, diferentes espécies desse gênero surgiram, algumas até coexistiram, e quase todas foram extintas, restando apenas a espécie à qual pertencemos: *Homo sapiens*, que é a espécie mais recente e a única a ocupar os cinco continentes. Além dessa, havia muitas outras, como o *Homo habilis* e o *Homo erectus*. Conheça os nomes de outras espécies de hominíneos na linha do tempo.

▲ Detalhes de esculturas representando um *Homo habilis* (**A**) e um *Homo erectus* (**B**). O *Homo habilis* surgiu na África, há cerca de 2,4 milhões de anos, e foi chamado assim porque confeccionava instrumentos simples de pedra. O *Homo erectus* surgiu há cerca de 1,8 milhão de anos e, provavelmente, foi o primeiro a sair do continente africano e a dominar o fogo.

■ Principais antepassados dos seres humanos atuais

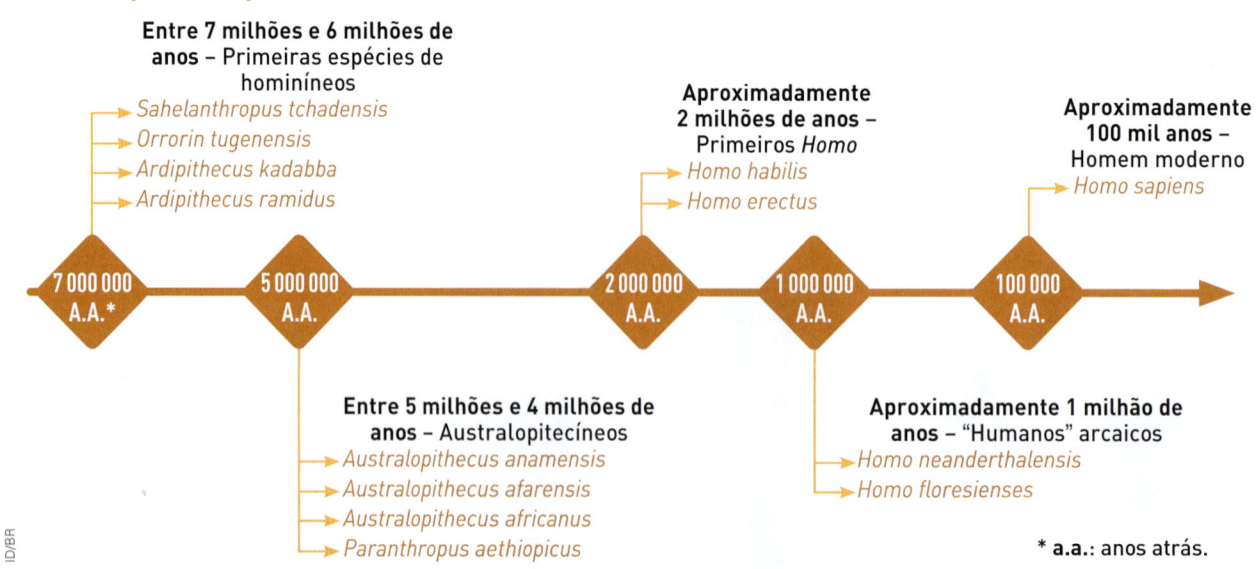

Entre 7 milhões e 6 milhões de anos – Primeiras espécies de hominíneos
- *Sahelanthropus tchadensis*
- *Orrorin tugenensis*
- *Ardipithecus kadabba*
- *Ardipithecus ramidus*

Entre 5 milhões e 4 milhões de anos – Australopitecíneos
- *Australopithecus anamensis*
- *Australopithecus afarensis*
- *Australopithecus africanus*
- *Paranthropus aethiopicus*

Aproximadamente 2 milhões de anos – Primeiros *Homo*
- *Homo habilis*
- *Homo erectus*

Aproximadamente 1 milhão de anos – "Humanos" arcaicos
- *Homo neanderthalensis*
- *Homo floresienses*

Aproximadamente 100 mil anos – Homem moderno
- *Homo sapiens*

Linha do tempo: 7 000 000 a.a.* — 5 000 000 a.a. — 2 000 000 a.a. — 1 000 000 a.a. — 100 000 a.a.

* a.a.: anos atrás.

Fonte de pesquisa: National Museum of Natural History. *What does it mean to be human?* (O que significa ser humano?, tradução nossa). Disponível em: http://humanorigins.si.edu/evidence/human-fossils/species. Acesso em: 15 mar. 2023.

ATIVIDADES

Acompanhamento da aprendizagem

Retomar e compreender

1. Escreva um parágrafo explicando por que o tradicional conceito de Pré-História é considerado problemático para o estudo da História.

2. Copie este quadro no caderno e, depois, complete-o de acordo com o que você estudou neste capítulo sobre a origem dos seres humanos.

Nome da teoria ou explicação	Proposta da teoria ou explicação	Tipo de teoria ou explicação	Embasada em:
Criacionismo		Religiosa	
Evolucionismo		Científica	

Aplicar

3. O texto desta atividade é uma versão do mito de origem segundo os chineses antigos. Os registros mais remotos desse mito datam de cerca de mais 3 mil anos. Leia-o e, depois, responda.

> A gigante divindade [Pan Ku] teria crescido e se desenvolvido no interior [...] de um enorme ovo [...], aí permanecendo por cerca de 18 mil anos. Um dia acordou, espreguiçou-se partindo o ovo em dois [...]. Dos pedaços originados pela cisão, aqueles que eram puros, e luziam, rapidamente formaram os céus (Yang), enquanto as partes impuras que caíram formaram a terra (Yin). [...] Pan Ku manteve-se como um pilar sustentando o céu e a terra [...].
>
> Pan Ku, tendo cumprido a sua primeira missão criadora, falece, acontecendo [...] no seu corpo transformações que resultam em criações [...]: a sua respiração transforma-se nos ventos e nas nuvens; [...]; o seu olho esquerdo no Sol e o direito na Lua; os quatro membros e as cinco extremidades nos quatro pontos cardeais e nas cinco montanhas; o seu sangue [...] na água e nos rios [...]. Os diversos insetos (pulgas e piolhos) fixados no seu corpo foram espalhados pelo vento, transformando-se nos diferentes povos do mundo [...].
>
> Fernando Sales Lopes. Os mitos da criação na cultura chinesa. Revista *Macau*, 19 ago. 2015. Disponível em: http://www.revistamacau.com/2015/08/19/os-mitos-da-criacao-na-cultura-chinesa/. Acesso em: 30 jan. 2023.

   a) De acordo com o mito, como teriam se originado o mundo e os seres humanos?

   b) **Chinês** e **China** são palavras criadas por estrangeiros para denominar, respectivamente, esse povo e a região que ele habita, mas não é desse modo que os chineses chamam a si mesmos. No século III a.C., o antigo Império Chinês foi fundado e chamado de **Zhōngguó**, que significa país do meio (*guó*: país; *zhōng*: meio). Esse também é o nome como a China atual é chamada por seus habitantes. Como esse nome pode ser relacionado ao mito de Pan Ku? Qual seria a importância do mito de Pan Ku para a cultura chinesa?

4. Observe a imagem desta atividade. Apesar de ter se popularizado ao longo dos séculos XIX e XX, esse modelo de explicação sobre a evolução humana não é mais considerado correto. Explique quais são os erros dessa representação.

▶ Representação da evolução humana elaborada principalmente com base em ideias do século XIX.

45

HISTÓRIA DINÂMICA

Discussões sobre a origem do gênero *Homo*

Entre os cientistas dos diversos ramos do conhecimento, há uma longa discussão sobre a origem do gênero *Homo*. A polêmica gira em torno dos locais onde surgiu a espécie *Homo sapiens*. Embora essa questão pareça ser meramente científica, foi com base em uma dessas explicações que certas teorias racistas foram desenvolvidas, especialmente no século XX. Leia, a seguir, um trecho do texto do biólogo e professor da Universidade Federal de Minas Gerais (UFMG), Fabrício R. Santos, no qual ele apresenta as duas principais teorias científicas sobre os locais de origem da espécie humana.

[...] a origem do homem moderno, ou seja, a transição de *Homo erectus* para *Homo sapiens*, é questão mais debatida nesses estudos multidisciplinares. Há dois modelos diferentes que interpretam as evidências disponíveis de formas distintas quanto à origem da espécie humana, embora ambas considerem a África o berço da humanidade. O modelo Multirregional (ou fora da África antiga) indica que a espécie *H. sapiens* se originou dos vários *H. erectus* e dos seus descendentes, que já estavam na Ásia e Europa há até 1,8 milhão de anos. O modelo Fora da África Recente (ou da substituição) considera que o homem moderno se originou há apenas 200 mil anos, na África, exclusivamente do *H. erectus* africano [...].

O modelo Multirregional enuncia que esses homens anatomicamente modernos teriam surgido paralelamente em distintos pontos do planeta, originados das populações de *Homo erectus*, que desde 1,8 Maa, teriam dispersado da África para Ásia e Europa [...]. Nesse modelo, a anatomia moderna também surgiu ao redor de 190 Kaa na África, mas isso não marcaria a origem de nossa espécie, que seria mais antiga, ao redor de 1,8 Maa, quando os fósseis desses hominídeos eram conhecidos como *Homo erectus*. [...]

O *Homo sapiens* aparece no registro fóssil ao redor de 190 Kaa na Etiópia, nordeste da África. Esses ossos fósseis, principalmente crânios, são identificados por uma série de características anatômicas que, para a maioria dos paleoantropólogos, indica o aparecimento do homem anatomicamente moderno, e, por isso, nossa espécie é considerada muito recente em termos evolutivos.

Esse modelo enuncia que migrações de homens anatomicamente modernos saídos da África ocorreram a partir de 60 Kaa, culminando com o aparecimento do homem moderno na Europa [...] (homem de Cro-Magnon) ao redor de 40 Kaa, quando foi contemporâneo do homem de Neandertal. Portanto, no modelo "Fora da África Recente", os homens modernos substituem as populações dos descendentes de *H. erectus* que já habitavam também a Europa e a Ásia, tal como o Neandertal.

Fabrício R. Santos. A grande árvore genealógica humana. *Revista UFMG*, Belo Horizonte, v. 21, n. 1/2, p. 100-102, jan./dez. 2014. Disponível em: https://periodicos.ufmg.br/index.php/revistadaufmg/article/view/2643/1510. Acesso em: 25 nov. 2022.

Kaa: mil anos atrás.

Maa: milhão de anos atrás.

A ideia de que o ser humano, tal como ele é hoje, surgiu na África não foi muito bem-aceita, especialmente por alguns europeus. Ainda no século XVIII, o naturalista sueco Carl Linnaeus (1707-1778) apresentou uma classificação da espécie humana separada em raças e as qualificou segundo o que alegava ser as características próprias das raças. Leia, a seguir, um trecho da classificação proposta por Linnaeus, apresentado pelo médico-geneticista e professor da Universidade Federal de Minas Gerais (UFMG), Sergio Danilo Pena.

> [...]
> *Homo sapiens europaeus*: Branco, sério, forte
> *Homo sapiens asiaticus*: Amarelo, melancólico, avaro
> *Homo sapiens afer* [africanus]: Negro, impassível, preguiçoso
> *Homo sapiens americanus*: Vermelho, mal-humorado, violento
> [...]
>
> Sergio Danilo Pena. O DNA do racismo. Revista *Ciência Hoje*, 11 jul. 2008. Disponível em: http://cienciahoje.org.br/coluna/o-dna-do-racismo/. Acesso em: 25 nov. 2022.

Os argumentos da teoria criada por Linnaeus serviram de base para outras teorias racistas ao longo dos séculos XIX e XX. A ideia de raça serviu de argumento para o extermínio de diversas populações ao longo da história e para a discriminação que ainda persiste, especialmente contra os afrodescendentes. A ciência atual reconhece que não existem raças humanas, já que todos os seres humanos pertencem a uma única espécie: o *Homo sapiens*.

Reconstruções de fósseis de crânios das seguintes espécies do gênero *Homo*.

Em discussão

1. Converse com os colegas sobre as principais características dos dois modelos sobre a origem do gênero *Homo*.

2. Por que o modelo científico que localizou a origem dos seres humanos na África gerou controvérsias entre alguns estudiosos europeus?

3. **SABER SER** Você considera correto classificar os seres humanos em raças, como fez Linnaeus? Reflita e conte sua opinião aos colegas.

CAPÍTULO 2
A VIDA DOS PRIMEIROS SERES HUMANOS

PARA COMEÇAR

Os vestígios mais antigos da nossa espécie, *Homo sapiens*, remontam a cerca de 130 mil anos atrás. Porém, sua existência pode chegar a 200 mil anos. O que você sabe a respeito dos primeiros seres humanos? Quais vestígios nos permitem obter informações sobre essas pessoas, que viveram há tanto tempo?

COMO SE ESTUDA ESSA HISTÓRIA?

O estudo dos modos de vida das primeiras comunidades humanas é bastante complexo e trabalhoso. Como vimos no capítulo anterior, os vestígios deixados por essas comunidades são muito diferentes dos vestígios das sociedades atuais ou mesmo daquelas que viveram há cerca de 3 mil anos. Os primeiros seres humanos habitaram o planeta há milênios, e os vestígios deixados por eles, em geral, foram recobertos por várias camadas de diferentes materiais que se acumularam ao longo de anos, como geleiras e subsolos.

As principais fontes históricas são os fósseis e os objetos confeccionados pelos diferentes grupos, utilizados para caça de animais, coleta de alimentos vegetais, armazenamento de água, entre outras atividades. Esses objetos indicam o desenvolvimento de técnicas e tecnologias importantes para a sobrevivência das primeiras comunidades humanas.

Neste capítulo, vamos conhecer algumas dessas técnicas e tecnologias. Elas também são utilizadas por muitos historiadores como marcos históricos para a periodização desse passado distante.

▼ Sítio arqueológico com vestígios do Império Romano e de comunidades paleolíticas que se estabeleceram próximo à atual região de Algarve, em Portugal. Foto de 2021.

A IDADE DA PEDRA LASCADA

Atribui-se ao *Homo habilis* a elaboração dos primeiros utensílios e ferramentas de pedra, confeccionados pela fricção de uma pedra na outra. Essa técnica dá nome ao período chamado de **Paleolítico**, que significa Idade da Pedra. Dessa época, há também vestígios de objetos feitos de madeira, mas estes são a minoria.

A garantia de sobrevivência no Paleolítico dependia de muito trabalho, e nesse período houve intenso desenvolvimento de grande variedade de objetos. As imagens desta página mostram as etapas de uma das técnicas que, provavelmente, eram utilizadas na confecção desses objetos de pedra lascada.

Tudo começava com a seleção da melhor pedra: ela deveria ser dura, porém capaz de fragmentar-se em lascas (**1**). O tipo de pedra mais utilizado pelos hominíneos era o sílex. Após a escolha, iniciava-se o lascamento, ou seja, a quebra da pedra em fragmentos ou em lascas (**2**). Para isso, eles utilizavam pedras mais pesadas. Por último, era preciso moldar as diversas formas das ferramentas (**3**), que poderiam ser facas, raspadores ou pontas de flechas e de lanças (**4**). As duas últimas permitiam acertar a caça de uma distância maior e, portanto, mais segura.

VIDA NÔMADE

No Paleolítico, predominava o **nomadismo**, modo de vida que se caracteriza pela constante procura por um novo lugar para habitar; ou seja, os grupos humanos desse período não tinham habitação fixa.

São comuns os vestígios humanos em grutas e cavernas, sugerindo que eram utilizadas como moradias, cemitérios ou locais religiosos. Outros vestígios dessa época indicam o uso de cabanas feitas de madeira, folhas e fibras de plantas, peles e ossos de animais.

A alimentação dos diversos grupos humanos era baseada no que estava disponível no local onde viviam. Era comum a coleta de frutos, raízes e plantas, assim como a caça de animais de vários tamanhos. Destes, tudo era aproveitado: couro para vestimentas e abrigo, ossos para ferramentas e objetos, carne para consumo, entre outros usos.

Onde havia rios e lagos ou no litoral praticavam-se a pesca e a coleta de moluscos e de outros frutos do mar. Conforme os gêneros alimentícios se extinguiam, era necessário buscar novos lugares, nos quais a comida fosse abundante.

Além disso, os diferentes tipos de clima em nosso planeta apresentavam temperaturas alguns graus mais baixas que as atuais. Isso ocasionava invernos bem rigorosos em diversas regiões, motivando migrações em busca de localidades com temperaturas amenas.

▲ Reconstituição experimental de produção de ferramentas de pedra.

O DOMÍNIO DO FOGO

Não há consenso entre os cientistas sobre quando se deu o domínio do **fogo**. Os vestígios e as respectivas análises indicam um período que varia entre 1 milhão e 400 mil anos atrás. Para alguns grupos de pesquisadores, o *Homo erectus* teria sido o primeiro hominíneo a dominar o fogo; já outros grupos de pesquisadores acreditam que esse domínio foi realizado pelo *Homo sapiens*.

Uma das dificuldades para identificar com precisão o período em que o fogo foi dominado é que, antes disso, já havia o uso de fogueiras formadas naturalmente, a partir de raios que causavam incêndios na vegetação, por exemplo. Parte do trabalho dos cientistas consiste em analisar os vestígios das fogueiras paleolíticas para descobrir se o uso delas era cotidiano (indicando o domínio) ou se foram feitas por determinado período e depois cessaram (indicando o uso do fogo, mas não a maestria de produzi-lo).

Porém os cientistas concordam e reconhecem que o domínio do fogo é um dos marcos na história da humanidade, relacionado diretamente ao desenvolvimento das primeiras comunidades.

O fogo possibilitou a cocção de alimentos, a iluminação durante a noite e a defesa contra eventuais predadores. O cozimento dos alimentos melhorou a qualidade da alimentação, o que fortaleceu a saúde de nossos ancestrais e, consequentemente, favoreceu o surgimento de grupos maiores. Além disso, vestígios de fogueiras paleolíticas revelam que os grupos humanos passaram a ter o costume de se reunir à noite, ao redor do fogo. Esse tipo de contato possibilitou o uso de códigos de linguagem cada vez mais elaborados, além de fortalecer os vínculos da comunidade.

O fogo também propiciou o desenvolvimento de técnicas de olaria, que se constitui no cozimento de objetos de barro, conferindo maior durabilidade às peças produzidas.

▲ Ilustração em cores-fantasia que mostra duas pessoas do período Paleolítico tentando produzir fogo.

CIDADANIA GLOBAL

RECURSOS E SUSTENTABILIDADE

A escassez de recursos levou diversas comunidades ao nomadismo. Já a descoberta e o domínio do fogo trouxeram inúmeras melhorias à qualidade de vida das primeiras comunidades humanas.

1. Atualmente, quais recursos oferecidos por seu município colaboram para que as pessoas tenham mais qualidade de vida?
2. Algum deles é considerado **sustentável**?

Busque informações sobre o tema e, em dupla, produzam um áudio com a explicação de vocês.

AS EXPRESSÕES RELIGIOSAS MAIS ANTIGAS

As técnicas desenvolvidas na produção de utensílios a partir da pedra lascada e da manipulação da argila não resultaram apenas em armas para a caça ou em ferramentas para a coleta de alimentos vegetais. Essas técnicas também possibilitaram aos primeiros grupos humanos criar objetos que indicam sua relação com aquilo que consideravam sagrado, sendo, portanto, vestígios das expressões religiosas mais antigas da humanidade.

Existem indícios de práticas religiosas de comunidades paleolíticas em várias partes do mundo. Os tipos de vestígio, nesse sentido, são diversificados: desenhos feitos em rochas (pinturas rupestres), estatuetas e túmulos.

Há pinturas rupestres, por exemplo, que representam caçadas. Para alguns especialistas, isso indica que as caçadas e as representações delas eram um tipo de ritual, e o registro dessas atividades não estaria relacionado a algo que foi realizado, mas ao que ainda estava para acontecer. Ao retratar as caçadas, os membros das comunidades paleolíticas acreditavam que elas ocorreriam da maneira como desejavam.

Algumas estatuetas, feitas de cerâmica ou esculpidas em pedra, representam temas relacionados à alimentação e à proteção. Elas datam de períodos paleolíticos diferentes e têm formas femininas estilizadas, por isso foram chamadas, genericamente, de vênus. No entanto, essa nomenclatura é questionada, atualmente, por alguns grupos de cientistas, já que, na época em que foram criadas, essas estatuetas não eram assim denominadas.

Nos vestígios paleolíticos que sugerem o sepultamento dos mortos, foram encontrados, com certa constância, diferentes objetos, como colares, urnas funerárias e estatuetas, além de corpos cuidadosamente posicionados. De acordo com os especialistas, esse tipo de vestígio evidencia a crença de que haveria vida após a morte. Mostra, também, o desenvolvimento da capacidade humana de conferir significados a objetos, para além de seu uso ou de seu formato, e de compreender símbolos.

▲ Vênus de Willendorf. Estatueta paleolítica, de cerca de 25 mil anos atrás, encontrada na Áustria em 1908. A função dessa escultura permanece desconhecida. Por representar uma figura feminina, é provável que tenha sido utilizada em rituais de fertilidade.

▶ Reconstituição de vestígios de sepultamento, de cerca de 5000 a.C., encontrados na ilha Teviec, França. Foto de 2015. Note os colares e a posição dos esqueletos. Essas características podem evidenciar o caráter ritualístico do sepultamento.

OS REGISTROS RUPESTRES

Os **registros rupestres** estão entre os principais vestígios gráficos das comunidades do Paleolítico e eram utilizados como meio de comunicação e de expressão. Trata-se de imagens gravadas em grandes rochas, em paredões de pedra e nas paredes internas e externas de grutas ou de cavernas. Essas imagens foram encontradas em todos os continentes, exceto na Antártida.

Há várias teorias sobre as funções desses registros. A função religiosa, que você conheceu na página anterior, é uma delas. Outra hipótese é que esses registros possibilitavam trocas culturais, já que foram encontrados em diferentes regiões. Quando passava por determinado local, um grupo de pessoas gravava imagens sobre sua passagem, as quais seriam vistas pelos novos ocupantes desse lugar. Do mesmo modo, ao chegar a um novo local, esse grupo também poderia encontrar registros deixados por outros que haviam estado ali antes.

As imagens gravadas representam cenas de momentos em grupo e do cotidiano, além de caçadas, alimentos vegetais e símbolos que poderiam servir para fazer a contagem de algo, como calendários ou representações astronômicas.

Entre as técnicas utilizadas para fazer as gravuras estavam as de abrasão e as de incisão: primeiro, era feita uma raspagem (abrasão) na superfície rochosa; depois, essa superfície recebia pequenos cortes (incisões) com um instrumento cortante, formando grafismos chamados petróglifos. Em alguns casos, também era empregada a técnica da picotagem, que consistia em bater uma pedra sobre a rocha na qual se desejava marcar os grafismos.

> **PARA EXPLORAR**
>
> *Arte rupestre*, de Hildegard Feist. São Paulo: Moderna, 2010.
>
> Muitos registros rupestres sobreviveram ao tempo e podem ser vistos em diversas partes do mundo, até mesmo aqui no Brasil. Esse livro apresenta alguns desses importantes registros do universo simbólico das primeiras comunidades humanas.
>
> **Parque Nacional Serra da Capivara**
>
> Esse parque é um sítio arqueológico localizado no Piauí, no Nordeste brasileiro. No *site* oficial do parque, há fotos de diversas pinturas e gravuras rupestres produzidas pelos primeiros grupos que habitaram a região há milhares de anos.
>
> Disponível em: http://www.fumdham.org.br/. Acesso em: 30 jan. 2023.

▲ Grafismos em rocha datados de cerca de 77 mil anos atrás. Essa peça foi descoberta em uma caverna na África do Sul.

▲ Gravuras rupestres feitas em bloco rochoso em Ingá (PB). As datações podem chegar a 6 mil anos atrás. Foto de 2018.

PRODUÇÃO PICTÓRICA

Há indícios de que as primeiras pinturas rupestres tenham sido feitas há mais de 30 mil anos.

Geralmente, essas pinturas eram produzidas com corantes extraídos de plantas, de carvão vegetal ou de rochas. Muitas vezes, esses corantes eram diluídos, usando-se água, sangue ou gordura animal ou vegetal. As técnicas de pintura podiam ser realizadas com as mãos (carimbos), com pincéis feitos de pontas de ossos ou de pedras ou, ainda, com uma espécie de canudo utilizado para soprar pigmentos. As produções incluíam grafismos ou representações de animais e de seres humanos em cenas diárias.

▲ As pinturas encontradas na gruta de Altamira, na Espanha, podem ter até 16 mil anos e impressionam pelo realismo dos animais representados. As pessoas que os pintaram utilizaram as saliências das rochas para produzir um efeito que dá a impressão de volume. Foto de 2019.

A representação cartográfica mais antiga da Europa

Estudos apontam que um pedaço de laje, conhecido como Laje de Saint-Bélec, seja uma produção do período entre 1900 a.C. e 1650 a.C., período conhecido como Idade do Bronze.

A peça foi descoberta em 1900, durante escavações em um sítio arqueológico em Finistère, na Bretanha, pelo arqueólogo Paul du Châtellier. Mas a laje ficou guardada por décadas em um fosso no Château de Kernuz, castelo onde vivia Châtellier. Em 2014, pesquisadores que buscavam pelo objeto o encontraram no porão do castelo.

Depois de analisar marcas e gravuras esculpidas na pedra, os arqueólogos suspeitaram que pudesse se tratar de um mapa, pois os recortes são uma representação em 3-D do Vale do Rio Odet, e as linhas parecem representar a rede de rios existentes na região.

Um trabalho de geolocalização revelou que o território representado na laje tem exatidão de 80% em relação a um trecho de 29 km do rio.

Essa descoberta histórica indica que os nossos ancestrais tinham ferramentas de localização muito sofisticadas, evidenciando importantes conhecimentos cartográficos.

Conheça a **Caverna de Chauvet**, na França, com pinturas produzidas há mais de 30 mil anos. Compare-as com outras pinturas rupestres e aponte diferenças e semelhanças entre elas. Em seguida, em uma folha de papel avulsa, faça sua versão de uma pintura rupestre.

▶ A Laje de Saint-Bélec é considerada o mapa mais antigo conhecido na Europa e tem por volta de 4 mil anos. Museu Nacional de Arqueologia, França, 2021.

ATIVIDADES

Acompanhamento da aprendizagem

Retomar e compreender

1. O que caracteriza o modo de vida conhecido como nomadismo?
2. Que tipos de vestígio fornecem indícios de práticas religiosas entre os agrupamentos humanos do Paleolítico?

Aplicar

3. O texto a seguir aborda um mito que faz parte da tradição oral dos Kaiapó-Gorotire, povo indígena distribuído entre os estados de Mato Grosso e Pará. Leia-o e, depois, responda às questões.

> [...] No mito Kaiapó-Gorotire da origem do fogo, um homem é abandonado pelo cunhado no alto de uma rocha porque foram juntos apanhar ninhos de arara, e quando o que subiu atira os ovos ao de baixo, estes se transformam em pedras. O que fica preso passa sede e fome, até ser salvo por uma onça-pintada (macho). O onça o leva e lhe serve carne assada, que o homem não conhecia, pois a humanidade não tinha fogo. A mulher do onça, com o tempo, tenta devorar o rapaz, que um dia a mata e foge, levando a carne assada para sua aldeia. Os homens organizam uma expedição à casa das onças para roubar o fogo.
> [...]
>
> Betty Mindlin. O fogo e as chamas dos mitos. *Estudos Avançados*, v. 16, n. 44, p. 153, jan./abr. 2002. Disponível em: http://dx.doi.org/10.1590/S0103-40142002000100009. Acesso em: 25 nov. 2022.

   a) O mito narra o domínio dos Kaiapó-Gorotire sobre qual elemento da natureza?

   b) O mito apresenta qual benefício em relação ao domínio desse elemento natural?

   c) Qual foi a importância do domínio do fogo para os povos do Paleolítico? Essa importância pode ser relacionada à mensagem do mito dos Kaiapó-Gorotire? Conte suas hipóteses aos colegas.

4. Observe as imagens desta atividade e, em seguida, responda às questões.

Grafite de Ananda Santana. A pintura foi realizada na escola Carlos Mariguela, em Salvador (BA), Foto de 2021.

Detalhe de pinturas rupestres da gruta de Altamira, Espanha, de cerca de 16 mil anos atrás. Por sua grande extensão e seu valor histórico, foi declarada Patrimônio da Humanidade em 1985. Foto de 2019.

   a) Quais são as semelhanças e as diferenças entre as duas representações retratadas nas fotos?

   b) Que diferenças você consegue identificar entre as sociedades que produziram cada um desses registros?

   c) Em sua opinião, por que as pessoas têm necessidade de se expressar por meio de pinturas?

ARQUIVO VIVO

O trabalho do arqueólogo

A arqueologia – palavra de origem grega (*arkhaíos*: antigo; *logia*: conhecimento) – é a ciência que estuda as diversas sociedades por meio da investigação dos vestígios deixados pelas pessoas dessas comunidades e que resistiram à ação do tempo. Ao analisar esses vestígios, como seus usos, suas marcas e os materiais dos quais são feitos, os arqueólogos conseguem inferir traços sobre os costumes e as tecnologias das sociedades que os produziram.

Para realizar suas análises, o arqueólogo mobiliza conhecimentos de diversas áreas, como a Antropologia, a Geografia, a Química, a Biologia e a História. Por isso, ele é considerado um profissional multidisciplinar.

Atualmente, as pesquisas dividem-se entre áreas geográficas – como a arqueologia do Mediterrâneo, a amazônica, etc. – e áreas temáticas – como a subaquática, a indígena, etc.

A seguir, leia a opinião do pesquisador Pedro Paulo Funari sobre o ofício do arqueólogo.

▲ Cartaz do II Simpósio de Arqueologia do Amapá, ocorrido em 2018. O evento contou com a participação de dezenas de arqueólogos brasileiros e estrangeiros.

> Segundo um ponto de vista tradicional, o objeto de estudo da arqueologia seria apenas as "coisas", particularmente os objetos criados pelo trabalho humano (os "artefatos"), que constituiriam os "fatos" arqueológicos reconstituíveis pelo trabalho de escavação e restauração por parte do arqueólogo. Essa concepção encontra-se ainda muito difundida entre aqueles que consideram ser a tarefa do arqueólogo simplesmente fazer buracos no solo e recuperar objetos antigos. [...]
>
> [...] Seria, entretanto, possível tratar só das coisas, limitar-se a produzir "fatos" objetivos para que sejam "interpretados" por outros estudiosos? Para isso, seria preciso separar os artefatos dos homens que os produzem e os usam, o que não me parece fazer muito sentido. De fato, como a cultura refere-se, a um só tempo, ao mundo material e espiritual, não existe uma oposição entre os dois que justifique o estudo das "coisas".
>
> Pedro Paulo Funari. *Arqueologia*. São Paulo: Contexto, 2010. p. 13.

Organizar ideias

1. O que a arqueologia estuda?
2. É possível tratar artefatos arqueológicos apenas como "coisas"? Explique.
3. Por que a arqueologia é considerada uma ciência multidisciplinar?
4. Em sua opinião, de que modo os estudos arqueológicos e históricos podem contribuir para a construção do conhecimento sobre um povo do passado?

CAPÍTULO 3
O PROCESSO DE SEDENTARIZAÇÃO

PARA COMEÇAR

Há cerca de 12 mil anos, iniciou-se um processo de aumento contínuo da temperatura global. Essa mudança causou muitas transformações físicas no planeta. Como você imagina que essas transformações impactaram as comunidades humanas?

▼ Pedras de Callanish, sítio arqueológico da ilha de Lewis, na Escócia. Estima-se que os blocos de pedra foram erguidos no local por volta de 2000 a.C. e teriam funções religiosas. Trata-se de um importante vestígio arqueológico que indica a sedentarização de comunidades europeias. Foto de 2020.

NOMADISMO E SEDENTARIZAÇÃO

Para a maioria dos pesquisadores, a transformação do modo de vida **nômade** para o modo de vida **sedentário** foi uma das principais revoluções humanas. Isso porque o processo de fixação da moradia foi acompanhado do intenso desenvolvimento de tecnologias voltadas para a caça, a agricultura e a pecuária. Além disso, o sedentarismo favoreceu o surgimento de expressões religiosas e artísticas particulares de cada comunidade humana.

No entanto, esse processo não foi uniforme. Diferentes povos, espalhados pelos continentes, tornaram-se sedentários em temporalidades também distintas. E ainda hoje há povos nômades ou seminômades, sendo esse um aspecto cultural.

Além das inovações tecnológicas, a sedentarização trouxe novas dificuldades para as comunidades humanas. O contato permanente com animais e dejetos, assim como com água e vegetais contaminados, aumentou a proliferação de doenças como a tuberculose e a malária.

Neste capítulo, vamos analisar as transformações dessa revolução histórica.

O DESENVOLVIMENTO DA AGRICULTURA

Em várias partes do mundo e em diferentes momentos ao longo do tempo, os seres humanos desenvolveram técnicas e atividades para garantir a alimentação mesmo em condições climáticas adversas. Uma dessas atividades é a **agricultura**.

Uma das hipóteses para o desenvolvimento dessa prática é de que ela tenha sido criada por mulheres que estavam amamentando e, por isso, precisavam se fixar por mais tempo em determinado abrigo. Essas mulheres teriam observado que, quando as sementes caíam na terra, novas plantas germinavam no local, e assim teriam dado início às atividades agrícolas.

Supõe-se também que um fator climático tenha contribuído para o avanço da prática de cultivo de alimentos: o aumento da temperatura do planeta, que acabava de sair da última glaciação, há cerca de 10 mil anos. Os invernos mais amenos permitiam a manutenção das plantações e a existência de vegetação em diferentes regiões da Terra durante a maior parte do ano.

Uma das principais regiões em que a agricultura prosperou foi a do chamado **Crescente Fértil**, localizado entre o norte da África e o Oriente Médio. Apesar do clima desértico, nessa região correm três grandes rios que nunca secam: o Nilo, na África, e o Tigre e o Eufrates, no atual Iraque (veja o mapa nesta página).

Acredita-se que as primeiras plantações tenham sido de cereais, como linhaça, trigo e cevada. Posteriormente, foram cultivados também tubérculos, frutas e hortaliças. A **domesticação de animais**, iniciada há cerca de 10 mil anos, proporcionou aos grupos humanos fontes regulares de carne e leite, além de couro e peles, utilizados na confecção de vestimentas.

▲ O linho foi uma das primeiras espécies vegetais domesticadas pela humanidade no Crescente Fértil, há cerca de 8 500 anos. Dessa planta, aproveitam-se as fibras, das quais se faz o tecido conhecido como linho, e a semente, chamada de linhaça.

glaciação: período em que a temperatura da Terra sofreu uma diminuição extrema.

O CONCEITO DE NEOLÍTICO

Neolítico é uma palavra de origem grega que significa "pedra nova". Esse período, que se seguiu ao Paleolítico, foi assim denominado porque, no decorrer dele, ocorreram importantes mudanças tecnológicas na forma de produzir utensílios e instrumentos de pedra, que passou a ser polida em vez de lascada.

Veja quando e onde ocorreu a **domesticação de plantas e animais** durante o Neolítico em diversas partes do planeta. Quais itens apresentados fazem parte do seu cotidiano? Comente com a turma.

África e Ásia: Área do Crescente Fértil

Fonte de pesquisa: José Jobson de A. Arruda. *Atlas histórico básico*. São Paulo: Ática, 2002. p. 6.

CIDADANIA GLOBAL

EXPLORAÇÃO DA NATUREZA

Ao longo do tempo, o ser humano desenvolveu habilidades físicas e intelectuais que lhe permitiram criar formas de extrair recursos naturais e viver no mundo de modo seguro e planejado. Porém, após explorar a natureza por tanto tempo, são muitos os problemas ambientais, como a destruição das florestas e a poluição do ar e da água, que representam ameaças reais à vida humana na Terra.

- Em sua opinião, é possível melhorar ou reverter essa situação? Converse com os colegas e o professor sobre medidas que podem ser tomadas para isso.

NOVAS TÉCNICAS E TECNOLOGIAS

Por centenas de anos, houve o aperfeiçoamento da produção de ferramentas, que passaram a ser feitas de pedras polidas e, mais tarde, de metais, tornando-se mais úteis e resistentes.

O desenvolvimento da **metalurgia** representou uma grande transformação no uso de metais para a produção de ferramentas, armas e outros objetos. Há evidências de uso do cobre cerca de 8 mil anos atrás e de uso do bronze há aproximadamente 6 mil anos, em regiões da África Central e da Ásia. Na Europa, contudo, a metalurgia só começou a ser desenvolvida por volta de 4,5 mil anos atrás.

Por décadas, supôs-se que o desenvolvimento da metalurgia havia marcado o final do Neolítico e o início da Idade dos Metais. No entanto, essa periodização é questionada por alguns pesquisadores, já que nem sempre a metalurgia foi acompanhada de transformações culturais que caracterizariam uma nova era.

Outra tecnologia desenvolvida pelos povos do Neolítico, em diferentes localidades, foi a **olaria**, que consiste na confecção de objetos com a argila. Indiretamente, a olaria influenciou a alimentação das comunidades, pois, com essa técnica, eram fabricados utensílios para armazenar alimentos e água. Ao longo dos milênios de Neolítico, foram criados diversos tipos de vaso, com uma variedade de ornamentos e significados. A olaria também servia para a construção de moradias, que eram feitas de estruturas de madeira, pedra e argila colocadas para secar ao sol.

Já a técnica de **tecelagem**, ou trançamento de fios, foi desenvolvida primeiramente com fios de fibras vegetais, como cipós e ervas secas. Depois, começaram a ser utilizados o algodão e a lã. Até então, era comum que pessoas de diversas localidades usassem as peças feitas do couro e da pele de animais.

▶ Arado com tração animal, figura pintada na parede da tumba de um artesão egípcio, Sennedjem. Essa pintura remonta à época de Ramsés II, faraó egípcio que reinou entre aproximadamente 1279 a.C. e 1213 a.C. Os arados revolviam o solo e abriam buracos, nos quais as sementes seriam lançadas.

A ESPECIALIZAÇÃO DO TRABALHO

As mudanças climáticas e o desenvolvimento de técnicas que dependiam da presença constante de pessoas na produção de alimentos foram processos que, ao longo de milênios, levaram à sedentarização das comunidades humanas.

O crescimento das populações, em diversas regiões, como Europa, Ásia e África, foi favorecido pela facilidade de acesso aos alimentos. Esse acesso se intensificou conforme se desenvolveram as técnicas de fabricação de utensílios e ferramentas de metal e de cerâmica, além das técnicas de tecelagem, as quais possibilitaram diversificar as vestimentas para proteção contra o frio. Criava-se, assim, um ciclo de crescimento populacional. À medida que os grupos humanos aumentavam, era ampliada a quantidade de pessoas disponíveis para a produção de mais alimentos e utensílios. Com o passar do tempo, foram surgindo, em diferentes comunidades, especialistas em cada função, isto é, indivíduos que realizavam determinadas atividades com maior regularidade, aprimorando-se nelas. Geralmente, a divisão do trabalho nas comunidades neolíticas levava em consideração o gênero e a idade de seus integrantes.

A invenção de ferramentas, como o arado, e de técnicas agrícolas, como os canais de irrigação, provocou grande aumento na produção de alimentos. Isso, por sua vez, facilitou o surgimento de novas ocupações, já que não era mais necessário empregar no campo toda a mão de obra disponível na comunidade. Assim, alguns se tornaram artesãos, outros se tornaram sacerdotes, passando a servir aos deuses, os quais protegiam a todos, etc.

Essa divisão do trabalho permitia maior especialização, pois, com o tempo, as pessoas responsáveis por determinadas tarefas aprimoravam-se em seus ofícios e, dessa forma, promoviam melhorias e faziam descobertas.

É importante ter em mente que essas transformações nos costumes ocorreram em diversos períodos, de acordo com a região e a comunidade humana estudadas. Assim, por exemplo, pode haver diferenças entre as datas de início do Neolítico entre as comunidades asiáticas e as comunidades americanas.

▲ Vestígios funerários de cerca de 6 mil anos atrás, encontrados na Dinamarca. Os instrumentos foram feitos de pedra e de ossos de animais. Todos esses objetos são fontes históricas do Neolítico europeu.

◄ Vasos de cerâmica com idade aproximada entre 9 e 5 mil anos. Eles foram encontrados, respectivamente, na Macedônia e na Suécia, e também são fontes históricas do Neolítico europeu.

CIDADANIA GLOBAL

CIDADES PROJETADAS

Atualmente, existem cidades projetadas com infraestrutura e políticas públicas que garantem o desenvolvimento sustentável das cidades.

- Forme grupo com três colegas e façam um levantamento de informações sobre o tema. Com base na investigação, escolham duas ações voltadas para a sustentabilidade nas cidades e elaborem uma apresentação digital sobre elas. Depois, compartilhem a apresentação de vocês com a turma.

O SURGIMENTO DAS CIDADES E DOS ESTADOS

A sedentarização das populações ocasionou o surgimento de pequenas aldeias, isto é, aglomerações de pessoas que se organizavam para produzir os alimentos e os objetos de que necessitavam para viver. Em geral, essas aldeias eram formadas por indivíduos com algum grau de parentesco.

Por centenas de anos, aldeias vizinhas foram se unindo, o que tornou possível a realização de atividades que beneficiavam a comunidade, como a construção de diques e de canais de irrigação. Esses tipos de construções requeriam a mão de obra de grandes grupos de pessoas.

Conforme as comunidades cresciam, era possível preparar terrenos cada vez maiores para a plantação e a colheita ficava mais eficiente. Simultaneamente, outros aspectos do cotidiano iam se transformando, com a edificação de moradias, o surgimento dos primeiros templos e maneiras de realizar cultos, a organização das formas de distribuir alimentos e a criação de poderes políticos, representados pelas lideranças das comunidades. Surgiam, assim, as primeiras cidades.

Segundo muitos especialistas, a organização da produção de alimentos e da administração das cidades e a formação de conselhos para definir as obras públicas e planejar a defesa das regiões contra os ataques de outros povos foram marcos importantes para o estabelecimento das primeiras cidades.

Com essas atividades, surgiram também as hierarquias sociais, ou seja, algumas funções passaram a deter mais poderes do que outras. Os setores mais altos dessas hierarquias começaram a controlar as atividades da população e a cobrar tributos, dando origem, assim, ao **Estado**. As cidades mais antigas de que se tem registro são **Jericó**, na atual Palestina, e **Çatalhöyük** (pronuncia-se "cha-tal-ruy-uqui"), na atual Turquia. Estima-se que essas cidades tenham surgido há cerca de 10 mil e 8 mil anos, respectivamente.

◀ Ilustração da antiga cidade de Çatalhöyük, feita com base em vestígios arqueológicos. Representação em cores-fantasia e sem proporção de escala.

O DESENVOLVIMENTO DO COMÉRCIO

As novas técnicas agrícolas e de organização da distribuição de alimentos permitiram que se produzisse mais do que o necessário para o consumo interno das cidades, levando ao surgimento de **excedentes**. Da mesma forma, alguns setores da população, especializados em atividades como a produção de ferramentas de pedra, madeira e metais ou de objetos de cerâmica, também passaram a produzir excedentes, que eram utilizados na troca por alimentos com os agricultores, por exemplo. A troca de excedentes entre os diversos setores da sociedade deu origem à prática do **comércio**.

Inicialmente, o comércio ocorria apenas dentro de uma mesma cidade. Com o tempo, porém, as atividades comerciais foram se expandindo e as trocas passaram a ser realizadas entre comunidades distantes umas das outras. Esse processo se intensificou também pelo fato de algumas regiões produzirem itens que não eram produzidos em outras, tanto em função de diferenças climáticas quanto em função de costumes locais.

> **PARA EXPLORAR**
>
> *Pequena história da escrita*, de Sylvie Baussier. São Paulo: SM, 2005.
>
> Por meio dos registros escritos, conhecemos a história de antigas sociedades, o modo de vida dos nossos antepassados, os aspectos culturais de um povo, etc. Esse livro mostra a importância da escrita para a história da humanidade, abordando desde os hieróglifos até as formas atuais de comunicação escrita.

O SURGIMENTO DA ESCRITA

A **escrita** surgiu devido a uma conjunção de fatores ligados ao desenvolvimento das sociedades. Entre os principais motivos para seu surgimento, podemos citar a necessidade administrativa dos Estados de controlar a produção e a sociedade, bem como a necessidade do comércio de contabilizar e registrar suas atividades.

Diversos sistemas de escrita surgiram em diferentes partes do mundo, em temporalidades também variadas. Estima-se que um dos primeiros vestígios de escrita, encontrado na região do Oriente Médio, seja do ano 6 mil a.C.

Os primeiros registros não eram como os da escrita atual, mas feitos com ideogramas. Por volta de 3200 a.C., apareceram os sistemas sumérios de escrita fonética. Já em aproximadamente 3150 a.C., surgiram os hieróglifos egípcios, que misturavam os ideogramas e os sons fonéticos das sílabas. Em um processo que se estendeu por milênios, chegamos ao alfabeto latino, utilizado pela maioria dos países ocidentais, entre eles o Brasil. Porém, ele não é o único: há muitos outros alfabetos em uso no mundo atualmente.

▲ Escritos cuneiformes, datados do ano 2500 a.C., aproximadamente, e esculpidos em um mural de pedra encontrado no palácio da sociedade aquemênida Apadana, em Takhte Jamshid, também conhecida como Persépolis, onde hoje se localiza o Irã.

escrita fonética: sistema de escrita que transcreve os sons da fala.

ideograma: símbolo gráfico que representa objetos, ideias e, até mesmo, conceitos.

ATIVIDADES

Retomar e compreender

1. Classifique as frases desta atividade em **verdadeiras** ou **falsas**. Em seguida, corrija as frases que você classificou como falsas.
   a) A agricultura proporcionou o aumento da produção de alimentos e, como consequência, o aumento da população.
   b) A cerâmica foi desenvolvida e utilizada apenas para permitir a manifestação artística das sociedades do período Neolítico.
   c) A água era fundamental para a agricultura; por isso, a região formada pelos rios Nilo, Jordão, Tigre e Eufrates, conhecida como Crescente Fértil, foi uma das que mais prosperaram no Neolítico.
   d) A prática do comércio teve início, primeiramente, em uma mesma cidade, mas, com o tempo, foi se expandindo e atingindo regiões cada vez mais distantes.
   e) No processo de aperfeiçoamento das técnicas agrícolas, passaram a ser utilizados alguns metais, como o cobre, que era muito resistente.
   f) As datações dos períodos conhecidos como Neolítico e Paleolítico variam de acordo com a comunidade estudada, usando parâmetros que levam em consideração o desenvolvimento de técnicas e tecnologias específicas.

2. Retome o mapa "África e Ásia: Área do Crescente Fértil" e faça o que se pede.
   a) Identifique as regiões onde estão localizados os principais rios.
   b) Qual foi a importância do Crescente Fértil para o desenvolvimento agrícola e para a formação das primeiras aldeias e cidades do mundo?
   c) No caderno, produza um mapa atual da área do Crescente Fértil e localize nele a bacia dos rios Tigre e Eufrates, no Oriente Médio. É importante que você evidencie a divisão política da região.

3. Leia o texto a seguir e, depois, responda às questões.

> A transição do homem caçador para o homem agricultor pode não ter sido tão abrupta e rápida quanto acreditavam os arqueólogos. É o que mostra a análise de resquícios de comida em panelas e potes de cerâmica encontrados no mar Báltico, no norte da Europa, datados de 6 mil anos, quando a agricultura já tinha começado a ser praticada.
>
> A análise química de 133 potes recuperados em 15 sítios arqueológicos da região, entre Dinamarca e Alemanha, revelou que metade dos potes encontrados era usada para cozinhar frutos do mar e peixes de água doce e salgada, mesmo quando já existiam as plantações e a criação de animais.
>
> O resultado do estudo, conduzido por pesquisadores de universidades dinamarquesas e inglesas [...], vai contra as teorias mais aceitas sobre o surgimento e a expansão da agricultura. Segundo a ideia dominante, depois que o homem aprendeu a plantar e a domesticar animais, há cerca de 10 mil anos, teria rapidamente abandonado suas práticas alimentares anteriores, baseadas na caça, na pesca e na coleta.
> [...]
> No entanto, os pesquisadores não sabem dizer quem eram os donos dos utensílios encontrados. Tanto podiam ser agricultores do interior que migraram para as regiões mais próximas à costa e começaram a explorar os recursos marinhos quanto ser moradores do litoral adeptos da pesca, mas que, pelo contato com produtores, começaram a domesticar plantas e animais.
>
> Sofia Moutinho. Transição gradual. *Ciência Hoje On-Line*, 25 out. 2011. Disponível em: http://cienciahoje.org.br/transicao-gradual. Acesso em: 16 mar. 2023.

a) Por que os cientistas que conduziram esse estudo acreditam que a mudança do ser humano de caçador e coletor para agricultor não foi abrupta?

b) Encontre no texto lido indícios de que nem todos os grupos humanos do Neolítico praticavam a agricultura.

Aplicar

4. Em dupla, conversem sobre os motivos que teriam levado os grupos humanos do passado a se instalar em áreas próximas aos rios. Em seguida, respondam às questões.

    a) Que vantagens a proximidade de um rio pode trazer para as pessoas?

    b) Nos dias atuais, as cidades também estão localizadas próximas a rios?

    c) **SABER SER** Há rios próximos à escola em que vocês estudam? Em caso afirmativo, quais são as condições desses rios?

5. Ainda em dupla, levantem hipóteses sobre o surgimento das primeiras cidades do período Neolítico. Para isso, respondam às questões a seguir. Depois, compartilhem as hipóteses de vocês com os colegas de outras duplas.

    a) Qual seria a relação entre o surgimento dos primeiros aglomerados urbanos e a criação dos primeiros sistemas de escrita?

    b) Por que essa nova organização social exigiu mudanças, como a organização de exércitos?

6. Observe as duas imagens de registros escritos do período Neolítico. Depois, responda às questões.

    ◀ Tábua de argila com escritos pictográficos arcaicos. Essa foi uma das primeiras formas de escrita. A tábua, originária da Mesopotâmia, é de cerca de 4000 a.C.

    ◀ Tábua de argila em que está gravado um alfabeto. Esta peça pertence à cultura fenícia e data do século XIV a.C.

    a) Quando surgiram os primeiros registros escritos?

    b) Qual é a principal diferença entre os sinais gráficos que aparecem nas imagens?

    c) Qual dessas imagens representa sinais gráficos mais parecidos com os que utilizamos em nosso sistema de escrita? Justifique sua resposta.

    d) Atualmente, há diversos sistemas de escrita. Entre eles, o mais utilizado pelos povos ocidentais é o alfabético. Contudo, há povos que vivem no Oriente e na África, por exemplo, que adotam outros sistemas de escrita. Utilizando publicações digitais ou impressas, busque informações sobre esses povos que adotam um sistema de escrita diferente do alfabético. Depois, escolha um deles e anote as seguintes informações: o nome do povo, o nome do sistema de escrita utilizado e quando esse sistema surgiu. Por fim, apresente suas descobertas aos colegas e veja as deles.

CAPÍTULO 4
A CHEGADA DO SER HUMANO À AMÉRICA

PARA COMEÇAR

Embora não haja consenso sobre quando e como os primeiros grupos humanos chegaram ao continente americano, muitos pesquisadores afirmam que ele foi o último a ser povoado. Como você imagina que os primeiros humanos a ocupar a América chegaram até aqui?

▼ Ilustração artística feita com base em imagem de satélite mostrando o estreito de Bering, fornecida pela Nasa (sigla, em inglês, para Administração Nacional da Aeronáutica e Espaço, agência espacial estadunidense). À esquerda, vê-se parte do território da Rússia; à direita, visualiza-se parte do Alasca (Estados Unidos).

VESTÍGIOS E TEORIAS

O estudo dos modos de vida das primeiras comunidades humanas envolve a realização de pesquisas por diversos profissionais, que, com base nelas, elaboram teorias científicas. A chegada da espécie humana ao continente americano é uma das questões científicas que continuam em debate entre os especialistas. Há diversas teorias sobre isso e, a cada descoberta arqueológica, elas podem ser revistas, reelaboradas, corrigidas ou até mesmo abandonadas.

O vestígio humano mais antigo encontrado no continente americano foi descoberto no Brasil, em Lagoa Santa, Minas Gerais, em 1975. Trata-se de um crânio feminino que data de mais de 11 mil anos atrás. A mulher a que esse crânio correspondia foi nomeada **Luzia** pelos cientistas.

Em 1998, pesquisadores de uma universidade inglesa fizeram a reconstituição da cabeça de Luzia a partir do crânio encontrado. A reconstrução mostrou feições que lembram as de povos originários da Austrália, chamados atualmente de aborígines, e as de povos originários do continente africano: lábios grossos e nariz largo. Portanto, Luzia tinha traços bem diferentes das feições dos indígenas encontrados no continente americano no século XV. Assim, concluiu-se que ela não teria parentesco com os ancestrais das populações nativas brasileiras.

Dessa percepção, surgiram teorias sobre o povoamento da América, supondo a vinda de diferentes fluxos populacionais, de diversas origens e em épocas distintas.

Este mapa traz algumas rotas que fazem parte dessas teorias.

Possíveis rotas de ocupação da América

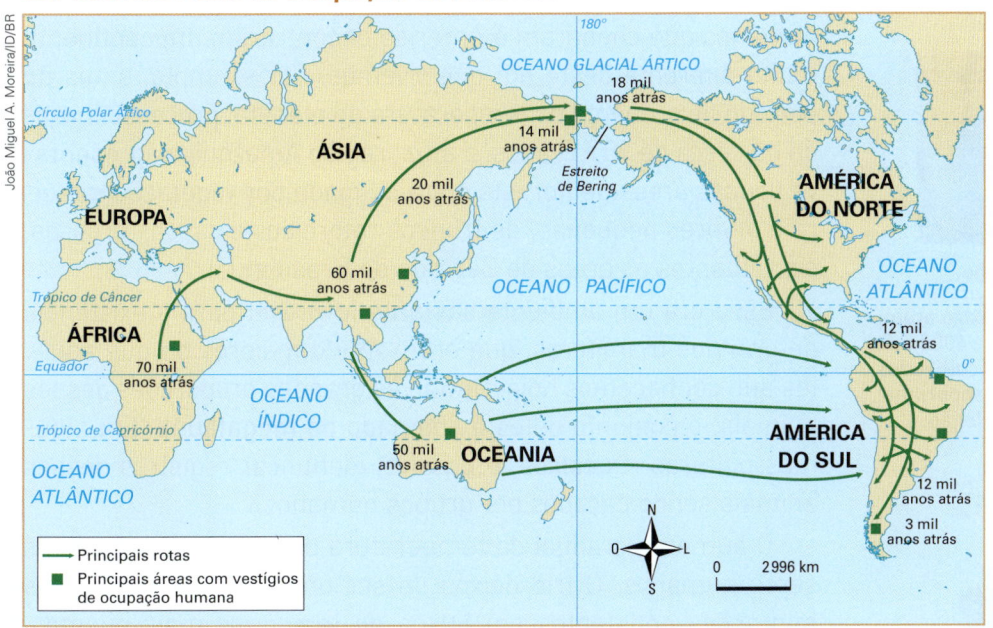

Fontes de pesquisa: Walter Neves; Mark Hubbe. Os primeiros das Américas. Revista *Nossa História*, Rio de Janeiro, n. 22, ago. 2005; Marcos Pivetta. Como os nossos pais. Revista *Pesquisa Fapesp*, São Paulo, n. 182, abr. 2011; Pierre Vidal-Naquet; Jacques Bertin. *Atlas histórico*: da Pré-História aos nossos dias. Lisboa: Círculo de Leitores, 1987. p. 18; *Atlas histórico escolar*. Rio de Janeiro: FAE, 1991. p. 50.

A teoria mais aceita sobre a chegada de grupos humanos à América é a de que eles teriam vindo do continente asiático pelo **estreito de Bering**. Na época da travessia, havia sobre o oceano grandes plataformas de gelo que possibilitaram a passagem de diversos grupos da Ásia para a América. Essa teoria é reforçada pelas semelhanças entre os povos asiáticos e os povos indígenas americanos. Porém, a análise de vestígios como o fóssil de Luzia e os estudos genéticos desenvolvidos pelos cientistas mostraram que os primeiros ancestrais americanos não têm uma origem única.

Descobertas como a de Luzia ensejaram o surgimento de teorias sobre outras rotas. Uma delas é a de que grupos humanos vindos da Oceania e da Polinésia teriam navegado pelo **oceano Pacífico** até a América do Sul. Contudo, os críticos dessa teoria ressaltam que não há vestígios materiais, como meios de transporte marítimos, que comprovem esse tipo de viagem.

▲ Crânio e rosto reconstituído de Luzia. Esse crânio é o fóssil humano mais antigo já encontrado no continente americano.

Práticas agrícolas do Neolítico americano

América Central

▲ Milho.

Teve início no sul do México atual, entre os anos 9000 a.C. e 4000 a.C. Os principais alimentos cultivados eram: milho, abóbora, abobrinha e, posteriormente, feijão.

América do Sul

▲ Feijão-de-lima.

Teve início nos Andes do Peru ou do Equador atuais, em aproximadamente 5000 a.C. Os principais alimentos cultivados eram: feijão-de-lima, quinoa e tremoço.

América do Norte

▲ Abóbora.

Teve início na bacia do rio Mississípi, nos Estados Unidos atuais, entre os anos 4000 a.C. e 3000 a.C. Os principais alimentos cultivados eram: abóbora, sabugueiro-dos-pântanos, girassol e cevadilha.

Esqueleto de um mastodonte, ▶ animal extinto que fazia parte da megafauna. O fóssil pertence ao acervo do Museu La Brea Tar Pits, Los Angeles, Califórnia, Estados Unidos. Foto de 2020.

A VIDA NAS PRIMEIRAS OCUPAÇÕES AMERICANAS

De acordo com os vestígios analisados, os primeiros seres humanos que chegaram à América encontraram um continente muito diferente deste em que vivemos. Por exemplo, antes do período de aumento da temperatura do planeta, processo iniciado há cerca de 10 mil anos, a atual região Amazônica apresentava poucas áreas de floresta e era ocupada por vegetação rasteira e árvores pequenas, de troncos retorcidos e cascas grossas, semelhantes às áreas de Cerrado do Brasil atual.

Esse era um ambiente bastante favorável para a existência de grandes mamíferos, que eram muito maiores do que aqueles que conhecemos hoje. Devido às grandes proporções desses animais, o conjunto deles é chamado de **megafauna**. Em algumas pinturas rupestres, é possível identificar registros desses animais sendo caçados por grupos humanos.

O aumento gradual da temperatura do planeta favoreceu os seres humanos. O frio deixou de ser um fator que forçava as migrações constantes em busca de territórios mais quentes. As chances de sobreviver aumentaram; portanto, a população humana também cresceu e, em grupos maiores, passou a caçar os grandes animais com mais facilidade.

Uma das hipóteses levantadas para explicar a extinção da megafauna é a de que os grupos humanos teriam caçado quase todos esses animais. Outra é a de que o aumento da umidade e da temperatura modificou as paisagens, tornando inviável a sobrevivência da megafauna.

Essas transformações também favoreceram o aumento das populações americanas e o povoamento do continente, originando os antigos povos indígenas desses territórios. Veja, no esquema ao lado, os principais vegetais domesticados no Neolítico americano.

ATIVIDADES

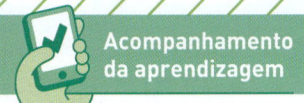

Acompanhamento da aprendizagem

Retomar e compreender

1. As pesquisas arqueológicas sobre a chegada dos primeiros seres humanos à América apontam para duas teorias científicas principais.

   a) Quais são essas teorias?

   b) Forme um trio com dois colegas e converse com eles sobre as teorias de ocupação da América. Na opinião de vocês, uma teoria exclui ou não a outra? Expliquem.

   c) Como seria possível pensar a ocupação do continente americano considerando essas duas teorias?

Aplicar

2. Leia o texto a seguir e responda às questões.

   ### Walter Neves: O pai de Luzia

   Ele é o pai de Luzia, um crânio humano de 11 mil anos, o mais antigo até agora encontrado nas Américas [...]. O arqueólogo e antropólogo Walter Neves, coordenador do Laboratório de Estudos Evolutivos Humanos do Instituto de Biociências da Universidade de São Paulo (USP), não foi o responsável por ter resgatado esse antigo esqueleto de um sítio pré-histórico, mas foi graças a seus estudos que Luzia, assim batizada por ele, tornou-se o símbolo de sua polêmica teoria de povoamento das Américas: o modelo dos dois componentes biológicos.

   Formulada há mais de [três] décadas, a teoria advoga que nosso continente foi colonizado por duas levas de *Homo sapiens* vindas da Ásia. [...]

   Marcos Pivetta; Ricardo Zorzetto. Walter Neves: o pai de Luzia. Revista *Pesquisa Fapesp*, São Paulo, n. 195, maio 2012. Disponível em: https://revistapesquisa.fapesp.br/walter-neves-o-pai-de-luzia/. Acesso em: 16 mar. 2023.

   a) Quem é Luzia?

   b) Por que o pesquisador Walter Neves é considerado o "pai de Luzia"?

   c) Qual é o impacto da descoberta e do estudo do fóssil de Luzia para as teorias de povoamento do continente americano?

3. Observe a imagem e leia a legenda. Depois, responda às questões a seguir.

   a) Que relação pode ser estabelecida entre o alimento retratado na foto e os primeiros habitantes do continente americano?

   b) Você já experimentou esse alimento? Em caso afirmativo, conte à turma como foi sua experiência, informando o modo como ele foi preparado e se você gostou.

   Espigas de milho de diferentes espécies cultivadas pelos indígenas do povo Guarani Mbya em Santo Antônio do Pinhal (SP). Foto de 2021.

   Fabio Colombini/Acervo do fotógrafo

67

CONTEXTO

PRODUÇÃO ESCRITA

Regulamento

Proposta

Ao longo deste capítulo, você e os colegas estudaram os processos de evolução da humanidade e de sedentarização humana, refletindo sobre a função dos registros rupestres e identificando as informações que podem ser extraídas desse tipo de vestígio. Agora, vocês criarão um regulamento relacionado a algum local de preservação de patrimônio histórico de seu município ou do estado onde vivem.

O regulamento de visitação é um documento que estabelece os direitos e deveres das pessoas em um estabelecimento ou local. Trata-se de um gênero textual que determina o que é permitido ou não em uma organização ou espaço.

Público-alvo	Comunidade escolar e outros leitores interessados no tema.
Objetivo	Divulgar bens culturais de importância histórica, visando à conscientização sobre a preservação, à valorização e à proteção do patrimônio histórico local.
Circulação	Espaços comuns da comunidade escolar.

Planejamento e elaboração

1 Reúna-se com os colegas em um grupo de até cinco integrantes e leiam o trecho da legislação que estabelece normas e procedimentos para visitação ao Parque Nacional Serra da Capivara, no estado do Piauí.

Art. 8º O visitante deverá respeitar a sinalização, locais autorizados para visitação e normas internas do Parque Nacional da Serra da Capivara, sem prejuízo das demais restrições previstas em lei ou seus regulamentos:

I - As pinturas rupestres e gravuras não devem ser tocadas, devendo ser respeitados os limites para circulação do visitante.

II - Nos sítios arqueológicos com passarelas de madeira suspensas fica restrito o máximo de nove pessoas por vez sobre a mesma estrutura.

III - Para contemplação de pouso de aves no Baixão das Andorinhas, deve-se prezar pelo silêncio e pouca movimentação do visitante.

IV - Todo lixo ou dejeto gerado nas atividades deverá ser acondicionado e levado para locais definidos para sua deposição.

V - O visitante deve assinar o Termo de Conhecimento de Riscos aos Visitantes [...] declarando ter ciência quanto aos riscos existentes em atividades em ambientes naturais.

VI - Não é permitido o uso do fogo em áreas de uso público do Parque, incluindo fogueiras, churrasqueiras e fogos de artifício, entre outros.

▲ Pedra furada, no Parque Nacional Serra da Capivara que apresenta formações rochosas diversificadas, vasto conjunto de pinturas rupestres e outros vestígios arqueológicos. Foto de 2021.

VII - Não é permitido o uso de equipamentos sonoros coletivos, sem autorização da administração da unidade.

VIII - Não é permitido o acesso de visitantes, condutores e guias portando armas de fogo de qualquer natureza, sendo permitido e recomendado ao condutor o porte de facão e/ou canivete;

IX - Não é permitido o acesso de animais domésticos;

X - É permitido fumar apenas em áreas destinadas para esta finalidade.

XI - Fica proibida a circulação de visitantes fora do horário de funcionamento das guaritas de acesso ou em desacordo com autorizações especiais emitidas pelo Parque Nacional da Serra da Capivara.

Diário Oficial da União – Ministério do Meio Ambiente, Instituto Chico Mendes de conservação e biodiversidade. Portaria n. 8, de 5 de fevereiro de 2014. Disponível em: https://documentacao.socioambiental.org/ato_normativo/UC/1440_20140207_141519.pdf. Acesso em: 16 mar. 2023.

2 Depois da leitura do trecho de lei que estabelece as normas e os procedimentos para visitação do Parque Nacional Serra da Capivara, identifiquem as seguintes informações e anotem-nas separadamente: horário de visitação; agendamento de visitas; recomendações; reconhecimento de eventuais riscos do passeio no local; proibições e permissões.

Observe as imagens do **Parque Nacional Serra da Capivara**. Descreva e faça anotações sobre o tipo de vegetação e a paisagem do local.

3 Em seguida, com base no roteiro da coleta de informações sobre as normas do Parque Nacional Serra da Capivara, vocês vão criar um regulamento interno para visitação a um local de preservação de patrimônio histórico do município ou do estado onde vivem. Assim, o grupo deve pesquisar e escolher qual será o patrimônio.

4 Depois, em uma folha de papel avulsa, façam um rascunho para que todos possam opinar e estabelecer diretrizes para o regulamento.

5 Redijam a versão final do texto, levando em consideração que o regulamento deve ser dividido em tópicos e conter informações que tratem de regras e orientações.

Revisão e reescrita

1. Releiam e avaliem o regulamento que criaram, observando os seguintes elementos:
   - O regulamento apresenta em destaque o nome do local ou patrimônio ao qual se refere?
   - O texto do regulamento dá informações pertinentes que auxiliam na experiência da visitação?
   - Caso tenham consultado alguma fonte de informação, ela é confiável e está devidamente identificada?
2. Façam os ajustes e as melhorias que considerarem necessários e redijam a versão final do regulamento.

Circulação

1. Combinem com o professor o compartilhamento das regras criadas pelos diferentes grupos de estudantes da turma.
2. Reproduzam os regulamentos em folhetos e distribuam na comunidade escolar, com o objetivo de promover a visitação a diferentes patrimônios históricos do município ou do estado onde vocês vivem.

ATIVIDADES INTEGRADAS

Retomar e compreender

1. Explique, com suas palavras, as diferenças entre criacionismo e evolucionismo.

2. Classifique as frases desta atividade em **verdadeiras** ou **falsas**. Depois, reescreva as frases que você classificou como falsas, tornando-as verdadeiras.

   a) O *Australopithecus* era bípede e se alimentava de vegetais e carne.
   b) O primeiro humano do gênero *Homo* foi o *Homo neanderthalensis*.
   c) O *Homo habilis* surgiu na Europa e depois se espalhou pela África e pela Ásia.
   d) O *Homo sapiens* foi a única espécie do gênero *Homo* que sobreviveu até os dias atuais.

Aplicar

3. Observe a imagem a seguir e leia a legenda. Depois, faça o que se pede.

▲ A personagem Pithecanthropus Erectus da Silva, conhecida como Piteco, pertence à espécie *Homo erectus*. Nos quadrinhos, suas aventuras se passam na Idade da Pedra e ele vive em uma caverna.

   a) Descreva o que Piteco está fazendo.
   b) Que relação pode ser estabelecida entre o fogo e a espécie à qual pertence Piteco? Justifique.
   c) Quais problemas os primeiros seres humanos enfrentavam antes da descoberta do fogo? Reflita e, depois, conte aos colegas e ao professor suas conclusões.

4. O texto e a imagem a seguir abordam vestígios dos modos de vida dos seres humanos e de outros animais que habitaram o continente americano há mais de 10 mil anos.

Vale dos Gigantes é como o paleontólogo e oceanógrafo Francisco Buchmann chama um trecho de 250 metros (m) de extensão do rio Esmeril, na zona rural de Rio Pardo de Minas, município com 30 mil moradores no norte de Minas Gerais. Ali, [...] um mato alto e cerrado [...] esconde a entrada de seis grutas de porte admirável: elas têm até 40 m de extensão e quase sempre terminam em uma câmara ampla, com 5 a 10 m de largura e até 4 m de altura. O mais impressionante é que possivelmente foram escavadas por mamíferos de grande porte, como os tatus gigantes e as preguiças-terrícolas, que viveram até cerca de 10 mil anos atrás onde hoje é o Brasil [...].

[...]

Os túneis com paredes e teto em forma de arco e os sulcos nas rochas, compatíveis com arranhões feitos por garras fortes, levaram os pesquisadores a concluir que as grutas do Vale dos Gigantes devem ter sido escavadas por animais de grande porte [...]. Em artigo publicado em maio de 2016 na *Revista Brasileira de Paleontologia*, o grupo afirma que essas grutas [...] seriam enormes paleotocas, [...] talvez as maiores que já foram descobertas no mundo.

[...]

Igor Zolnerkevic. Abrigo de gigantes. Revista *Pesquisa Fapesp*, fev. 2017. Disponível em: https://revistapesquisa.fapesp.br/abrigo-de-gigantes/. Acesso em: 16 mar. 2023.

▲ Paleotoca da Caverna Rio dos Bugres, em Bom Jardim da Serra (SC). Foto de 2017.

a) Da descrição das dimensões dos animais que construíram as paleotocas, é possível inferir que eles fizeram parte de qual tipo de fauna do continente americano?

b) Observe novamente a imagem. O que essa paleotoca pode indicar sobre esses animais?

c) Com base nas informações sobre as paleotocas, é possível inferir que a existência delas foi simultânea à dos seres humanos? Explique.

5. O texto citado é sobre a descoberta de uma fonte arqueológica. Identifique-a e, depois, liste no caderno as informações que esse vestígio pode indicar sobre a vida das comunidades do Neolítico armênio.

> Ele tem 5 500 anos de idade [...]. É feito a partir de um pedaço inteiro de couro bovino cru, costurado sobre o pé com uma tira de couro, e calçou um pé direito de cerca de 24,5 cm de comprimento nos anos de 3 500 a.C.
>
> [...] o "sapato de couro mais velho do mundo" foi encontrado perto da província Vayotz Dzor, na Armênia [...].
>
> [...]
>
> O objeto foi encontrado de cabeça para baixo sob restos de um recipiente de cerâmica quebrado. Estava cheio de grama, o que, segundo estudos etnográficos, costumava ser usado como forro para proteger e esquentar os pés.
>
> [...]
>
> De acordo com o [arqueólogo Ron] Pinhasi, a descoberta lembra o quão pouco se sabe sobre o cotidiano das pessoas de sociedades passadas. "[...] Não deixa de ser um lembrete de que a grande maioria de objetos e características do passado foram destruídos e estão perdidos", diz [...].
>
> Júlia Dias Carneiro. Tamanho 35, couro bovino, 5500 anos. *Ciência Hoje On-Line*. Disponível em: https://cienciahoje.org.br/tamanho-35-couro-bovino-5-500-anos/. Acesso em: 16 mar. 2023.

Analisar e verificar

6. Forme dupla com um colega. Observem os dois conjuntos de artefatos de pedra e, depois, respondam às questões.

A

▲ Cabeças de machados e martelos.

B

▲ Flechas, pontas de lança e uma faca.

a) Associem os conjuntos de artefatos aos períodos Paleolítico e Neolítico e justifiquem a resposta de vocês com base nas características dos objetos.

b) Qual técnica permitiu a mudança nas características desses objetos entre um período e outro?

Criar

7. Retome os conteúdos do tema "Evolução e expansão dos seres humanos", sobre as espécies ancestrais do gênero *Homo*. Com base nessas informações, crie uma tira sobre o processo de evolução que levou ao surgimento da espécie de seres humanos atual. Você pode criar a tira baseando-se nas teorias científicas ou nas perspectivas mitológicas. Ao final, mostre sua produção aos colegas e ao professor.

CIDADANIA GLOBAL
UNIDADE 2

11 CIDADES E COMUNIDADES SUSTENTÁVEIS

Retomando o tema

Ao longo da unidade, estudamos diversos exemplos de como as diferentes comunidades humanas que viveram há milênios modificaram o meio ambiente em busca de melhores condições de vida. A transformação da natureza faz parte do cotidiano das sociedades humanas até hoje.

Especialmente nas cidades, porém, essas transformações podem não ser percebidas, e os impactos delas são terríveis para a natureza e para o futuro do planeta. Por isso, muitas comunidades e cidades têm buscado práticas sustentáveis.

Com base nas buscas de informações e nas reflexões feitas por você desde o início do estudo desta unidade, responda às seguintes perguntas e dialogue com a turma sobre os temas nelas levantados:

1. Quais costumes de sua comunidade podem ser considerados sustentáveis? Por quê?

2. Que ações podem contribuir para que sua comunidade se torne mais sustentável?

Geração da mudança

- Agora, você e os colegas vão elaborar duas listas de ações, classificadas em:

    a) ações individuais.

    b) ações coletivas.

- Ao final, compartilhem as listas de vocês com a comunidade escolar. Busquem conscientizar as famílias e também a direção da escola para que, em conjunto, vocês possam planejar e colocar essas ações em prática.

Autoavaliação

UNIDADE 3
OS POVOS ANTIGOS DO ORIENTE MÉDIO

PRIMEIRAS IDEIAS

1. Em sua opinião, quais aspectos de um território podem favorecer o estabelecimento de uma comunidade?
2. Pense nas cidades que você conhece. O que há de semelhante entre elas?
3. Que diferenças você identifica entre a área urbana e a área rural do município onde você mora?
4. Como você imagina o aspecto das primeiras cidades do mundo?

Conhecimentos prévios

Nesta unidade, eu vou...

CAPÍTULO 1 · Os mesopotâmicos

- relacionar os aspectos geográficos da Mesopotâmia às sociedades que se desenvolveram nessa região durante a Antiguidade.
- identificar a importância da agricultura e de outras técnicas e tecnologias desenvolvidas pelos povos mesopotâmicos.
- caracterizar aspectos culturais dos povos da Mesopotâmia, como o desenvolvimento da escrita, o comércio e a religião.

CAPÍTULO 2 · Os fenícios

- reconhecer a cultura, o comércio e a navegação como importantes aspectos da sociedade fenícia.
- identificar o alfabeto como um dos legados do povo fenício para a contemporaneidade.
- compreender e diferenciar o papel das cidades-Estado e das colônias fenícias.

CAPÍTULO 3 · Os persas

- identificar as origens do povo persa, localizando-o temporal e geograficamente.
- caracterizar a economia, a política e a cultura dos persas, com foco no multiculturalismo.
- compreender como se deu a expansão territorial dos persas, identificando as principais características de seu domínio, como a organização político-administrativa.

CIDADANIA GLOBAL

- identificar a importância da água para a realização de atividades cotidianas.
- refletir sobre o uso consciente da água e promover a conscientização da comunidade sobre medidas que viabilizem esse uso.

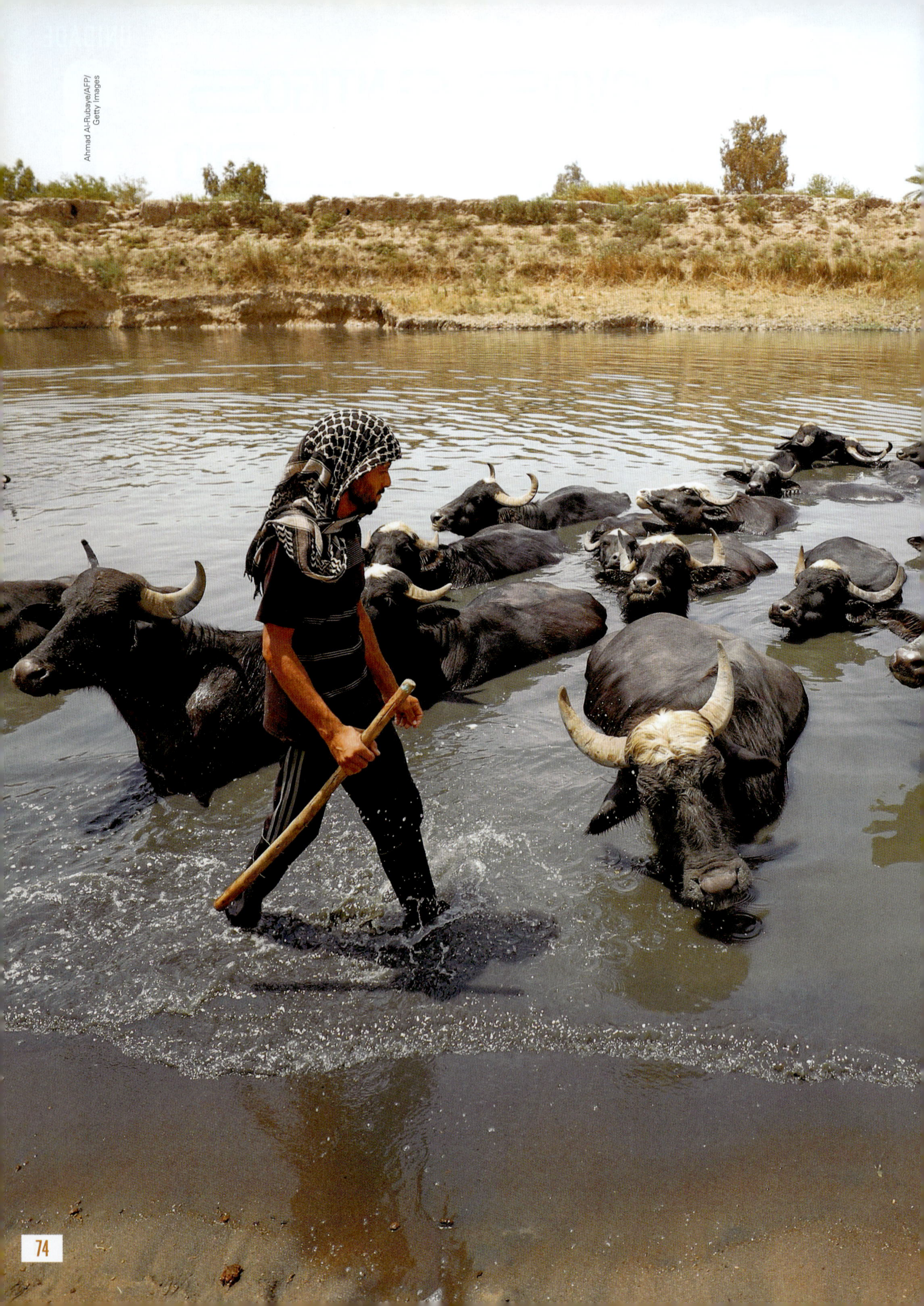

Ahmad Al-Rubaye/AFP/
Getty Images

LEITURA DA IMAGEM

1. De que forma a pessoa retratada nesta foto está utilizando as águas de um afluente do rio Tigre?
2. Quais outros usos você imagina que as comunidades que vivem às margens desse rio fazem de suas águas?
3. Quais usos você e as pessoas de sua comunidade costumam fazer dos recursos hídricos, isto é, da água, no dia a dia?

CIDADANIA GLOBAL

6 ÁGUA POTÁVEL E SANEAMENTO

As águas dos rios Tigre e Eufrates tiveram grande importância na organização das cidades mesopotâmicas, as primeiras a serem estabelecidas no Oriente Médio. Além do abastecimento das cidades, as águas desses rios também favoreceram as práticas agrícolas locais e até hoje são utilizadas de diferentes maneiras pelas populações que vivem em regiões banhadas por esses rios.

1. Quais são as fontes de água disponíveis na região onde você vive?
2. Em sua opinião, o acesso a **recursos hídricos** é igualitário a todas as pessoas? Por quê?

As **norias** são rodas de água feitas de madeira e utilizadas por comunidades que vivem nas proximidades do rio Eufrates para captar a água do rio. Observe o funcionamento desse dispositivo no vídeo e converse com os colegas sobre as formas que vocês conhecem de captação da água de rios.

Homem pastoreia búfalos-d'água no rio Diala, um afluente do rio Tigre, em Fadiliyah, Iraque atual. Foto de 2021.

CAPÍTULO 1
OS MESOPOTÂMICOS

PARA COMEÇAR

A palavra **mesopotâmia** tem origem grega e significa "entre rios". Na região mesopotâmica, que corresponde atualmente ao Iraque, à Síria, à Turquia e ao Kuwait, foram construídas as primeiras cidades do Oriente Médio. Você sabe dizer quais fatores contribuíram para o desenvolvimento dessas cidades?

AS SOCIEDADES HIDRÁULICAS

Como já estudamos, o domínio sobre o fogo e a domesticação de plantas e animais, além da invenção de utensílios de pedra, cerâmica e metais, favoreceram a sedentarização de diversas comunidades, em diferentes momentos da História.

Um dos lugares em que esses grupos se fixaram, por volta de 4000 a.C., foi a região da Mesopotâmia – localizada na Ásia, mas bastante próxima da África e da Europa –, considerada um importante entreposto de contato entre as culturas desses continentes. As primeiras cidades desenvolveram-se próximo aos **rios Tigre** e **Eufrates**, que fertilizavam as terras entre eles.

É possível identificar a região da Mesopotâmia, parte da área chamada de Crescente Fértil, no mapa "África e Ásia: Área do Crescente Fértil", da unidade 2. Durante muito tempo, a historiografia tradicional considerou apenas a Mesopotâmia parte do Crescente Fértil, pois acreditava-se que ali teriam surgido as primeiras cidades. Atualmente, porém, no contexto histórico dessa região, é possível aproximar o desenvolvimento dos povos mesopotâmicos ao dos povos do norte da África, ao longo do rio Nilo. As sociedades dessas duas áreas integram, portanto, o Crescente Fértil, caracterizando-se como **sociedades hidráulicas**, ou seja, povos que surgiram e se desenvolveram em áreas próximas de rios.

▼ Vista do rio Tigre na cidade de Hasankeyf, na Turquia. Há vestígios de que a ocupação humana nessa região começou por volta de 8000 a.C. Foto de 2020.

DIFERENTES POVOS, MESMO TERRITÓRIO

Sumérios, acádios, babilônicos, assírios e caldeus foram os principais povos a se estabelecer na região da Mesopotâmia. Durante séculos, eles ocuparam sucessivamente o território, e alguns deles chegaram a conviver.

O contato entre os povos mesopotâmicos nem sempre foi pacífico, mas marcado por guerras cujo objetivo principal era obter a hegemonia sobre as áreas férteis e os pontos estratégicos para o comércio. Apesar disso, os contatos favoreceram tanto as trocas culturais – entre elas, de costumes e expressões religiosas – como as de conhecimentos técnicos.

Esses povos tinham em comum, por exemplo, a economia com base na produção agrícola e na pecuária, possibilitadas, em grande medida, pelas técnicas de irrigação com as águas do Tigre e Eufrates, e o desenvolvimento de estruturas de Estado. Além disso, os mesopotâmicos utilizavam ferramentas e utensílios criados ao longo dos séculos e eram politeístas, isto é, acreditavam na existência de diversas deidades. Também foram um dos primeiros a desenvolver sistemas de escrita.

A linha do tempo, a seguir, apresenta a época de hegemonia de alguns dos principais povos mesopotâmicos. Observe-a.

▲ Detalhe de estela de basalto (rocha vulcânica), do século XVIII a.C., na qual se pode observar a representação de Hamurábi, à esquerda, recebendo o código de leis de Shamash, deus da justiça, à direita.

■ Principais sociedades mesopotâmicas

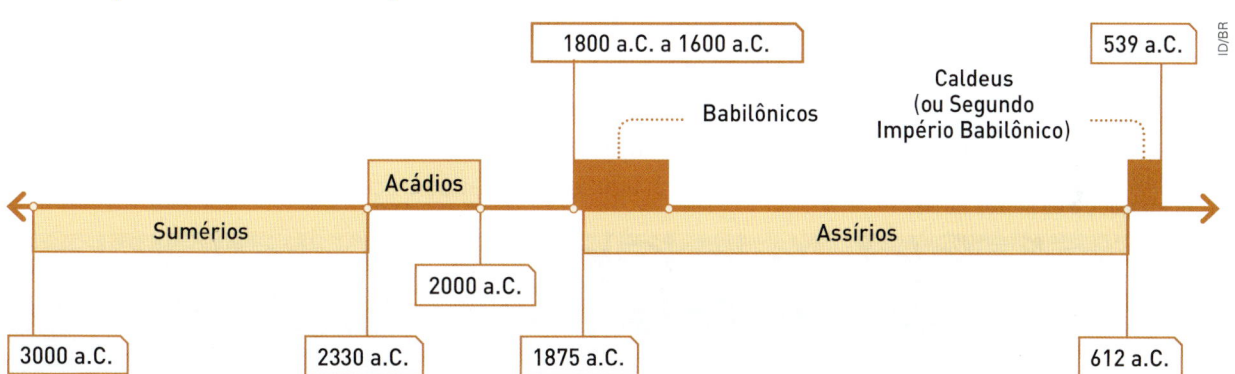

Sumérios: 3000 a.C. – 2330 a.C.
Acádios: 2330 a.C. – 2000 a.C.
Babilônicos: 1800 a.C. a 1600 a.C. (1875 a.C.)
Assírios: até 612 a.C.
Caldeus (ou Segundo Império Babilônico): 539 a.C.

Os sumérios foram os primeiros a usar as águas dos rios para irrigação, construindo, para isso, diques e canais. Os acádios eram especializados nas atividades de pastoreio de carneiros e de bois. Os babilônicos criaram o primeiro conjunto de leis escritas, chamado Código de Hamurábi, em referência ao governante que o organizou. Os assírios desenvolveram estratégias de guerra e, desse modo, conseguiram alcançar e dominar regiões do Mediterrâneo. Já os caldeus tornaram-se exímios construtores, criando tecnologias de engenharia e arquitetura. Ao longo deste capítulo, vamos conhecer melhor os aspectos culturais desses povos, que, apesar de guardarem especificidades, tinham muitos aspectos em comum e compartilhavam conhecimentos e tecnologias.

OS DEUSES E A FARTURA

O poema babilônico "Enouma Elish" (Poema da Criação), uma das principais fontes históricas sobre os mesopotâmicos, narra o mito da origem desses povos. Nele, é possível destacar os banquetes em que os deuses conversavam sobre alianças, guerras e a criação do mundo e de seus elementos. Durante a refeição, eram servidas carnes e cerveja. Anshar, um dos deuses mais importantes para os sumérios, aparece na obra como o organizador de vários desses banquetes divinos. Com base na análise dessa mitologia, alguns pesquisadores defendem que os mesopotâmicos, especialmente os babilônicos, buscavam a abundância em festas e alimentos para ter uma vida tal como a dos deuses, representada nos mitos.

▼ Detalhe de relevo assírio, feito por volta de 645 a.C., representando a conquista de povos que teriam fugido pelas plantações às margens dos rios mesopotâmicos e seus afluentes. A imagem mostra importantes símbolos da fertilidade da região, como as plantações e os peixes no rio.

ALIMENTAÇÃO E TECNOLOGIAS

A alimentação dos povos da Mesopotâmia tinha como base o trigo e a cevada. Com o trigo, faziam pão e o *bulgur*, que consistia no cozimento dos grãos desse cereal e era utilizado na alimentação cotidiana. Com a cevada, fabricavam uma bebida fermentada que deu origem à cerveja. Tanto a produção dessa bebida quanto a dos pães evidenciavam o domínio desses povos sobre os processos de fermentação, indicando conhecimentos dessa técnica utilizada até hoje na produção de alimentos.

Lentilha, grão-de-bico, feijão, cebola, alface, tâmara e uva também faziam parte da alimentação mesopotâmica e até hoje são importantes para as comunidades do Oriente Médio, caracterizando-se como típicos dessa região. Ao longo de milênios, diversos e complexos fluxos migratórios popularizaram a produção e o consumo desses alimentos, que também são apreciados por muitos brasileiros.

A construção de diques, que levavam as águas dos grandes rios para as áreas mais secas, possibilitou a fertilização de extensos territórios. Com mais áreas férteis, os povos mesopotâmicos puderam cultivar mais alimentos, tendo excedentes com os quais começaram a realizar trocas.

Na pecuária, destacava-se a criação de cabras, ovelhas, bois e carneiros, que forneciam carne e leite, além de lã e couro. Parte do leite era transformada em queijo e iogurte por processos de fermentação.

A olaria e a produção de cerâmica estavam muito ligadas aos costumes alimentares. Do barro das áreas alagadas, os mesopotâmicos produziam variadas peças de cerâmica e fornos.

Museu Britânico, Londres, Inglaterra. Fotografia: G. DAGLI ORTI/De Agostini/Getty Images

CONSTRUÇÃO E ORGANIZAÇÃO DAS CIDADES

Na Mesopotâmia, desenvolveram-se diversas **cidades-Estado**, como em outros lugares do mundo na Antiguidade. Cada cidade-Estado tinha autonomia sobre a administração, o governo, as expressões religiosas, etc.; porém, o conjunto delas apresentava semelhanças culturais, como os deuses cultuados e os idiomas. Ou seja, não havia um governo que centralizasse o poder sobre todas as cidades-Estado, mas relações horizontais entre elas.

Os saberes adquiridos na construção de diques e de canais foram aproveitados na construção das cidades. Por exemplo, devido à disputa pela região, muitas cidades eram muradas e tinham torres de observação. Essas construções serviam para proteger a população de ataques inimigos e controlar a entrada de estrangeiros.

Os edifícios dedicados aos líderes políticos e aos deuses, como templos, palácios e **zigurates**, eram diversificados e, muitas vezes, suntuosos. Os caldeus foram engenheiros e arquitetos muito habilidosos, e acredita-se que tenham sido responsáveis pela construção dos **Jardins da Babilônia**. Não há vestígios materiais dessa construção, mas há referência a ela em fontes escritas de diversos povos antigos, como hebreus e gregos.

Nas cidades, residiam os governantes, chefes religiosos, artesãos, comerciantes e escravos. Estes, geralmente, eram prisioneiros de guerra. Nos espaços urbanos, ocorriam as expressões religiosas, as atividades comerciais e as tomadas de decisões políticas. Devido à estrutura urbana e à localização geográfica estratégica, várias cidades da Mesopotâmia tornaram-se grandes centros comerciais, atraindo comerciantes de vários lugares da Ásia, da África e da Europa.

CIDADANIA GLOBAL

SOCIEDADES HIDRÁULICAS

O desenvolvimento das **sociedades hidráulicas** foi caracterizado pela construção de barragens, reservatórios e canais de irrigação a fim de conter as cheias dos rios e armazenar água. Com isso, o abastecimento de água potável nas diversas cidades-Estado também era garantido. Atualmente, a prestação de serviços de abastecimento de água no Brasil é realizada não só pelo Estado, mas também por empresas privadas.

1. Que tipo de instituição é responsável pelo abastecimento de água no município onde você vive?

2. Quando uma empresa privada assume o abastecimento de água de um município, pode haver queda na qualidade do serviço ou aumento nos preços. Em sua opinião, o Estado deve reassumir a atividade quando isso ocorre?

Observe as imagens de **zigurates**, tipos de construção característicos das cidades da Mesopotâmia. Você conhece outro tipo de construção similar ao zigurate produzido por outros povos antigos? Discuta com os colegas.

◀ Vista frontal de zigurate construído por volta do século XV a.C. pela dinastia Cassita, que governou a Babilônia após a queda do governo de Hamurábi. Foto de 2021.

ESCRITA SUMÉRIA

Vários povos ao redor do mundo inventaram formas de comunicação escrita. Os historiadores reconhecem que o desenvolvimento da tecnologia da escrita ocorreu em diversos locais, em momentos mais ou menos simultâneos.

Na Mesopotâmia, os sumérios foram, possivelmente, os primeiros a produzir registros escritos, por volta de 3500 a.C. Os caracteres eram gravados em tabletes de argila úmida com ferramentas pontiagudas de ferro ou de madeira em forma de cunha, por isso o uso da expressão **cuneiforme** para nomear esse sistema de escrita. Posteriormente, essa invenção dos sumérios foi adotada por outros povos mesopotâmicos. Veja, no esquema, como a maioria dos pesquisadores supõe que essa escrita era produzida.

Ilustração de possível técnica de escrita cuneiforme suméria. Imagem em cores-fantasia.

A porção de argila crua era extraída da margem dos rios e preparada para receber as inscrições. Nesse preparo, ela recebia a forma com a qual ficaria após secar.

Após o preparo, as inscrições na argila eram feitas com utensílios pontiagudos, garantindo mais clareza às formas dos caracteres do que se fossem feitas, por exemplo, com o dedo.

Uma das principais funções da escrita era controlar as trocas comerciais. Os mesopotâmicos produziam tecidos, armas, objetos de cerâmica e excedentes agrícolas que eram trocados por produtos que eles não tinham, como madeira, estanho, cobre, marfim e pedras preciosas, que chegavam principalmente do Cáucaso, do Egito, da Pérsia e do Chipre. A maioria desses materiais era utilizada para fabricar objetos que seriam usados pelas elites das cidades-Estado ou exportados para outras regiões do mundo antigo, em troca de mais recursos, de tréguas em conflitos ou de acordos diplomáticos.

As trocas comerciais entre os mesopotâmicos e outros povos deram origem a rotas de comércio que ligavam o Oriente Médio a regiões distantes. Esse comércio tornou-se tão complexo que, com o tempo, esses povos passaram a usar cartas de crédito, recibos, escrituras e empréstimos como formas de pagamento. De modo geral, as trocas eram amonetárias, ou seja, não usavam moedas, e o peso dos metais preciosos, como o ouro, servia de base para calcular os preços.

Além do comércio, os povos da Mesopotâmia tiveram contato com costumes de outras sociedades, compartilhando práticas e saberes. A escrita suméria, por exemplo, passou a ser utilizada e difundida pelos comerciantes e, dessa forma, foi adotada por outros povos, que a adaptaram de acordo com as próprias necessidades.

▲ Pregos de barro adornados com escrita cuneiforme, feitos por volta de 3400 a.C.

O COMÉRCIO E A TECNOLOGIA

O comércio de longa distância com outros povos só pôde se consolidar entre os mesopotâmicos com o desenvolvimento e o aprimoramento dos meios de transporte. A roda, que já era utilizada nos teares para a produção de tecidos de lã e nas olarias, começou a ser empregada em carroças. O aprimoramento do uso da roda possibilitou maior rapidez e o transporte de mercadorias pesadas, tanto para exportação quanto para importação, diminuindo o tempo gasto nos deslocamentos nas rotas comerciais.

O aproveitamento dos rios Tigre e Eufrates para navegação levou ao desenvolvimento de meios de transporte como embarcações, nas quais, com o passar do tempo, foram introduzidos remos e velas feitos de vegetais ou de peles de animais.

Assim como outros povos da Antiguidade, os mesopotâmicos desenvolveram importantes conhecimentos ligados à engenharia, à matemática e à astronomia, entre outros campos do saber. Os caldeus, por exemplo, dominavam conhecimentos de matemática (álgebra e geometria), fundamentais para a construção e o comércio. Em relação à astronomia, construíram torres nos templos para melhor observar os astros. Essas observações permitiam-lhes prever o movimento dos corpos celestes e, assim, identificar as estações do ano e a ocorrência de eclipses, entre outros fenômenos naturais. Isso também possibilitou a esse povo criar calendários, especialmente os lunares, com a divisão da semana em sete dias e do ano em doze meses.

▲ Detalhe de relevo assírio feito no século VIII a.C. Ele mostra uma embarcação típica sendo guiada por um assírio (em pé, à direita). Há destaque para os escravizados, sentados ou em menor estatura que o assírio, que possivelmente seriam comercializados.

AS EXPRESSÕES RELIGIOSAS

Os povos da Mesopotâmia tinham em comum o politeísmo, ou seja, o culto a vários deuses aos quais faziam oferendas. Os deuses mesopotâmicos eram ligados a elementos e fenômenos naturais, como Shamash (o Sol), Anu (o céu) e Sin (a Lua). Os deuses dos povos mesopotâmicos são considerados **antropozoomórficos** pelos pesquisadores atuais.

Geralmente, cada cidade cultuava um deus específico, tido como protetor. Com as sucessivas conquistas de um povo por outro, era comum que o culto ao deus da comunidade derrotada fosse abandonado e substituído pelo culto ao panteão de deuses do grupo conquistador.

Por exemplo, a unificação política e econômica feita pelos babilônicos sobre a Mesopotâmia resultou no aumento do culto ao deus Marduk, considerado protetor da cidade da Babilônia.

▼ Detalhe de relevo babilônico do século X a.C. representando o deus Marduk (à direita) concedendo armas e proteção a um dos líderes da Babilônia.

MULHERES PODEROSAS

Em geral, os pesquisadores afirmam que as sociedades mesopotâmicas eram patriarcais, isto é, sociedades nas quais os homens ocupavam as posições de poder. Porém, o papel das mulheres mesopotâmicas variava de acordo com o grupo social, a cidade e o povo do qual faziam parte. Por exemplo, as mulheres que integravam as famílias das elites das cidades-Estado tinham mais liberdade e possibilidade de exercer o poder do que as camponesas e as artesãs.

A rainha Zenóbia, da cidade de Palmira, na Síria atual, foi uma dessas mulheres. Ela assumiu o governo da cidade no ano 260 d.C., após a morte do marido. Sob seu reinado, Palmira tornou-se um império. Em 270 d.C., as tropas de Zenóbia conquistaram toda a Síria, parte do Egito Antigo, chegando até a Ásia Menor. O domínio de Palmira só cessou quando Zenóbia foi derrotada e sequestrada pelos romanos antigos.

No Código de Hamurábi, dos babilônicos, há trechos que indicam que as mulheres dessa sociedade estavam em pé de igualdade com os homens e eram reconhecidas praticamente como iguais nas relações matrimoniais, com direito a se divorciar e a receber heranças.

A posição de sacerdotisa também garantia às mulheres mesopotâmicas mais influência política. Aquelas que conquistavam essa posição podiam aprender a escrita cuneiforme e os conhecimentos de astronomia e matemática, além de se reunir com os governantes para deliberar os rumos políticos. A princesa acádia Enheduanna, filha do rei Sargão I, é um exemplo disso: desempenhou importante papel diplomático durante o governo de seu pai e foi considerada a principal liderança religiosa no período.

> **IGUALDADE NA PARTICIPAÇÃO POLÍTICA**
>
> No Brasil atual, a quantidade de mulheres em cargos políticos ainda é baixa. Em 2009, para reverter esse quadro, foi aprovada uma lei que garante que cada gênero represente no mínimo 30% e no máximo 70% das candidaturas nas eleições. A lei gerou o aumento das candidaturas femininas, porém a chegada delas ao poder ainda enfrenta preconceitos.
>
> Em uma pesquisa feita em 2020, sobre a participação feminina nos governos municipais brasileiros, verificou-se que, apesar de as mulheres representarem 52,5% do eleitorado daquele ano, elas tiveram apenas 33,3% do total de candidaturas para prefeita, vice-prefeita ou vereadora, elegendo 16% do total de vereadoras diante dos 84% de homens eleitos. Além disso, não foi eleita nenhuma prefeita para as capitais brasileiras.

▲ Moeda de bronze cunhada no século 3 d.C. com a representação de Zenóbia. Sob o governo dela, a cidade de Palmira ficou conhecida como "pérola do deserto", devido à riqueza de seu reino.

▶ Detalhe de relevo acadiano em calcita branca feito entre 2350 a.C. e 2300 a.C. Ao centro, a princesa Enheduanna liderando cerimônia religiosa.

ATIVIDADES

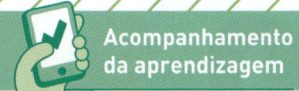

Acompanhamento da aprendizagem

Retomar e compreender

1. Sobre a escrita cuneiforme, responda:
   a) Por que ficou conhecida por esse nome?
   b) Com qual finalidade era utilizada?
2. Retome o texto "Mulheres poderosas" e escreva um parágrafo sobre os papéis sociais de destaque desempenhados pelas mulheres da Mesopotâmia.

Aplicar

3. Leia o trecho a seguir e, depois, responda às questões.

   > [...] O Eufrates não é um rio manso e amistoso como o Nilo, com uma inundação de fim de verão, regular como um relógio, que prepara a terra para o plantio do trigo no inverno. Os sumérios o chamavam de Buranun, possivelmente "grande inundação impetuosa". Ele transborda de suas margens, de forma errática e imprevisível, durante a primavera, quando a semente já no chão tem de ser protegida [...].
   >
   > Paul Kriwaczek. *Babilônia*: a Mesopotâmia e o nascimento da civilização. Tradução de Vera Ribeiro. Rio de Janeiro: Zahar, 2018. p. 33.

   a) Como o rio Eufrates é descrito no texto?
   b) Qual é a relação entre o rio Eufrates e o desenvolvimento das cidades mesopotâmicas?

4. Leia o texto e observe a imagem desta atividade. Ambos revelam uma conquista dos assírios. Depois, responda às questões.

   > Susa, a grande cidade sagrada, morada dos deuses deles, sede de seus mistérios, eu a conquistei. Adentrei seus palácios, abri seus tesouros, onde se acumulavam prata e ouro, bens e riqueza... Destruí o zigurate de Susa. Destrocei seus reluzentes chifres de cobre. Reduzi a nada os templos de Elam; ao vento dispersei seus deuses e deusas. As tumbas de seus soberanos antigos e recentes eu devastei, e expus ao sol e levei embora seus ossos para a terra de Assur. Devastei as províncias de Elam e em suas terras semeei sal.
   >
   > Relato do rei Assurbanípal sobre a conquista da cidade de Susa, capital de Elam, em 647 a.C. Em: Paul Kriwaczek. *Babilônia*: a Mesopotâmia e o nascimento da civilização. Tradução de Vera Ribeiro. Rio de Janeiro: Zahar, 2018. p. 18.

▲ Campanha de Assurbanípal, o último rei da Assíria, contra Susa. A conquista de Susa é representada de forma gloriosa nesse baixo-relevo, mostrando o saque efetuado na cidade em 647 a.C.

   a) Qual é a relação entre a imagem e o texto?
   b) O que o texto mostra sobre o comportamento dos assírios em relação aos deuses da cidade de Susa?
   c) Em publicações impressas ou digitais, faça uma busca sobre as divindades da Assíria e de Elam. O que elas representavam?

5. Leia o trecho citado e, com base nele e em seus conhecimentos sobre os povos mesopotâmicos, responda às questões.

   > A situação muda quando Hamurábi assume o trono. O deus supremo passa a ser Marduk, uma versão melhorada de Enlil e Bel, respondendo assim a uma necessidade de Estado e governabilidade do próprio Hamurábi.
   >
   > Marco A. Stanojev Pereira; Antonio Pacheco Pereira. *Dos deuses sanguinários ao deus do amor*. São Paulo: Masp, 2014. p. 30.

   a) A qual povo os autores se referem quando dizem que o deus supremo cultuado passou a ser Marduk?
   b) Retome a linha do tempo "Principais sociedades mesopotâmicas" e levante hipóteses sobre esta questão: A quais culturas, possivelmente, pertenciam os deuses Enlil e Bel?
   c) Em sua opinião, o que os autores querem dizer ao afirmar que a supremacia religiosa do deus Marduk respondia "a uma necessidade de Estado e governabilidade do próprio Hamurábi"?

CAPÍTULO 2
OS FENÍCIOS

PARA COMEÇAR

Em cerca de 3200 a.C., no litoral leste do mar Mediterrâneo, os fenícios estabeleceram-se em uma estreita faixa de terra, nos atuais territórios do Líbano e de Israel. Você sabe quais características desse local favoreceram a organização política e as atividades econômicas desse povo?

QUEM ERAM OS FENÍCIOS

Os gregos antigos chamavam de Fenícia as terras situadas a leste do mar Mediterrâneo. Por isso, os habitantes dessas terras passaram a ser conhecidos como fenícios.

No entanto, sabe-se que esse povo tinha outra forma de se autodenominar. Provavelmente, considerava-se cananeu, e Canaã seria sua terra natal, assim como para os hebreus. Em hebraico, *kena'ni* – termo do qual provavelmente se originam as expressões Canaã e cananeu – significa **mercador**.

As habilidades comerciais dos fenícios ficaram famosas sobretudo a partir de 1200 a.C., época em que houve a derrocada de impérios como o egípcio e o hitita, permitindo aos fenícios a expansão de seus domínios sobre o litoral do mar Mediterrâneo e o controle das principais rotas comerciais. As características físicas da região favoreciam a navegação. O litoral fenício tinha portos naturais e havia abundância de madeira nas florestas. Uma dessas madeiras, o cedro, impulsionou a construção dos navios fenícios.

▼ Vestígios de Baalbek, antiga cidade fenícia, no atual Líbano. Foto de 2022.

A ESCRITA FENÍCIA

Diversos povos antigos da região do Crescente Fértil desenvolveram sistemas de escrita. Mas não foi apenas nessa região que sistemas de escrita foram inventados. Há registros de populações nativas do continente americano que, antes da chegada dos europeus, já tinham conhecimentos de escrita e de registro de numerais. Para alguns pesquisadores, alguns tipos de pintura corporal, por exemplo, também podem ser considerados inscrições, caracterizando-se como uma forma de escrita diferente da que conhecemos hoje.

O sistema usado pelos fenícios, porém, faz parte da história da escrita utilizada atualmente na maior parte do mundo. Por volta de 3 mil anos atrás, baseando-se em alguns hieróglifos egípcios, os fenícios desenvolveram uma escrita constituída de 22 símbolos que representavam sons consoantes. Isso significa que cada símbolo representava um som. Por isso, esse sistema de escrita é chamado **fonético** e é semelhante ao sistema de escrita usado atualmente no Brasil e em boa parte do mundo.

A escrita fonética fenícia era mais simples que a escrita de hieróglifos do Egito ou a cuneiforme da Mesopotâmia, nas quais cada símbolo representava uma ideia, uma palavra – o que dificultava o processo de escrita, pois era necessário decorar muitos símbolos para escrever.

A escrita utilizada pelos comerciantes fenícios foi sendo disseminada por meio do contato deles com outros povos do Mediterrâneo e resultou na difusão desse conjunto de símbolos, principalmente entre os gregos e, posteriormente, entre os romanos.

Os contatos comerciais também favoreceram a difusão de outros conhecimentos, como técnicas de navegação e de construção de embarcações, além de saberes relacionados à matemática e à astronomia, importantes para as atividades náuticas.

▲ Detalhe de inscrição fenícia em um sarcófago datado do século V a.C. A palavra **alfabeto** corresponde à junção das duas primeiras letras do alfabeto fenício, que também iniciam o alfabeto grego: *aleph* e *beth*.

Fenícia Antiga

Fonte de pesquisa: Patrick K. O'Brien (ed.). *Philip's atlas of world history*. London: Institute of Historical Research, University of London, 2007. p. 38.

▼ Detalhe de relevo fenício, de cerca de 1250 a.C. Há vestígios de representações da Senhora dos Animais em vários sítios arqueológicos do Mediterrâneo.

AS CIDADES-ESTADO

Os fenícios não centralizaram o poder político em um único governante. Para muitos pesquisadores, as montanhas que separavam os vales, onde esse povo se estabeleceu, e os rios que cortavam os territórios fenícios favoreceram a organização em **cidades-Estado** independentes umas das outras. Dessa forma, cada cidade tinha o próprio governante, que poderia ser um rei, uma elite de comerciantes ou uma família influente, de acordo com o costume de cada núcleo fenício. O mesmo ocorria na religião: cada cidade cultuava uma divindade ou um conjunto delas.

Havia, porém, elementos comuns às cidades fenícias, como a língua, o costume de fazer registros escritos, as tecnologias náuticas, o controle de determinadas rotas comerciais e o politeísmo.

O período de 1200 a.C. a 800 a.C. é considerado o auge da cultura fenícia. O desenvolvimento das cidades-Estado era referência para outros povos da época, como gregos e persas.

Veja, no mapa, a localização da Fenícia e das principais cidades-Estado, como Biblos, Tiro e Sídon. Conheça, a seguir, algumas características dessas cidades.

BIBLOS: A CIDADE DOS PAPIROS

Correspondente à atual cidade de Jubeil, no Líbano, Biblos é considerada a mais antiga cidade não só da Fenícia, mas também do mundo. De acordo com pesquisadores, há vestígios da ocupação de Biblos que datam do ano 5000 a.C.

A elite comerciante dessa cidade exportava principalmente o cedro, usado na construção de embarcações. Em troca, importava bens de variadas culturas e os comercializava com povos do Mediterrâneo. Dessa forma, o comércio fenício foi essencial para as trocas culturais entre os povos dessa região.

Um exemplo foi o comércio de **papiro**. Os fenícios compravam esse produto dos egípcios e o revendiam aos gregos. Com o tempo, passaram a ser os principais comerciantes de papiro na Grécia. Por isso, a cidade era chamada pelos gregos de Biblos, cujo significado está ligado ao papiro e à escrita. Esse nome deu origem a termos usados hoje em dia, como biblioteca.

Na verdade, Biblos era conhecida como **Gubal** pelos fenícios, e a divindade adorada era Baalat Gubal, a Senhora de Biblos, considerada a deusa da fertilidade e da maternidade.

TIRO

Tiro ocupava a atual cidade de mesmo nome, no Líbano, e dividia-se em duas regiões: uma mais antiga e pouco habitada, no continente, e outra em uma ilha posicionada em local estratégico, na qual funcionava a vida urbana. Entre 1200 a.C. e 1000 d.C., a cidade tornou-se o maior centro comercial do Mediterrâneo, atraindo o interesse de diversas potências do mundo antigo. Como veremos, Tiro chegou a formar colônias ao longo do Mediterrâneo e, ao longo do tempo, foi dominada por assírios, babilônicos, persas, macedônios e romanos.

Durante o domínio romano, ficou conhecida pela produção e exportação de uma tinta vermelha denominada **púrpura de Tiro**. O pigmento, extraído de uma glândula do molusco múrex, era usado para tingir tecidos, resultando em tonalidades entre as cores rosa e vermelho-escuro. Usar vestes com essas tonalidades tornou-se símbolo de poder no mundo antigo. Assim, a cor púrpura passou a fazer parte da identidade dos fenícios. A palavra **fenícia** deriva do grego *phoeínikes*, que significa "vermelho".

A divindade cultuada em Tiro era Baal Melcarte, considerado o deus da morte e da ressurreição, fundador de Tiro e o criador da púrpura de Tiro e da navegação para o oeste.

SÍDON

Na atual cidade de Sídon, no Líbano, há vestígios da Sídon antiga, de origem fenícia. O núcleo urbano tornou-se comercialmente próspero em 2000 a.C.

Assim como Tiro, Sídon foi dominada por vários povos, inclusive macedônios e romanos. Durante o domínio romano, iniciou-se nessa cidade a produção de outro tipo de púrpura e de vidro. Não há consenso entre os historiadores se a tecnologia do vidro foi desenvolvida por fenícios ou por egípcios. Sabe-se, porém, que os fenícios de Sídon foram importantes produtores e exportadores de objetos feitos desse material.

▲ Conchas do molusco *Bolinus brandaris*, uma das espécies utilizadas pelos fenícios para extrair a púrpura de Tiro. Como eram necessários muitos moluscos para produzir uma pequena quantidade do corante, era um produto muito valioso.

CIDADANIA GLOBAL

ABASTECIMENTO DE ÁGUA E SANEAMENTO

As antigas cidades fenícias de Biblos, Tiro e Sídon hoje fazem parte do território do Líbano. O passado próspero da região deu lugar a problemas contemporâneos graves, como o colapso do sistema de abastecimento de água e saneamento. A maioria dos habitantes do país não tem água potável e por isso acaba comprando água bombeada de poços por caminhões-pipa, que muitas vezes estão contaminados com a bactéria causadora da cólera. Em 2022, a Organização Mundial da Saúde (OMS) alertou que a epidemia de cólera estava se espalhando rapidamente pelo país e apontava para a necessidade de melhorias em sua infraestrutura.

- Busque na internet outras doenças associadas a condições precárias de saneamento ou à falta de água potável.

◀ Vista da atual cidade de Sídon, no Líbano. Foto de 2019.

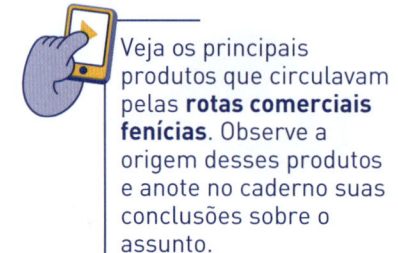

AS COLÔNIAS FENÍCIAS

Veja os principais produtos que circulavam pelas **rotas comerciais fenícias**. Observe a origem desses produtos e anote no caderno suas conclusões sobre o assunto.

A expansão fenícia a oeste ocorreu não apenas pela navegação, mas também pela fundação de entrepostos comerciais nos diferentes litorais do Mediterrâneo. Por esses entrepostos, era possível alcançar destinos mais distantes. Com o tempo, comunidades fenícias começaram a habitá-los, iniciando a colonização. A partir de 2000 a.C., os fenícios fundaram colônias no norte da África, no sul da península Ibérica, nas ilhas Baleares, na Sardenha e na Sicília, como mostra o mapa. Nessas colônias, eram comercializados todos os produtos cujas rotas de transporte estavam sob o domínio fenício.

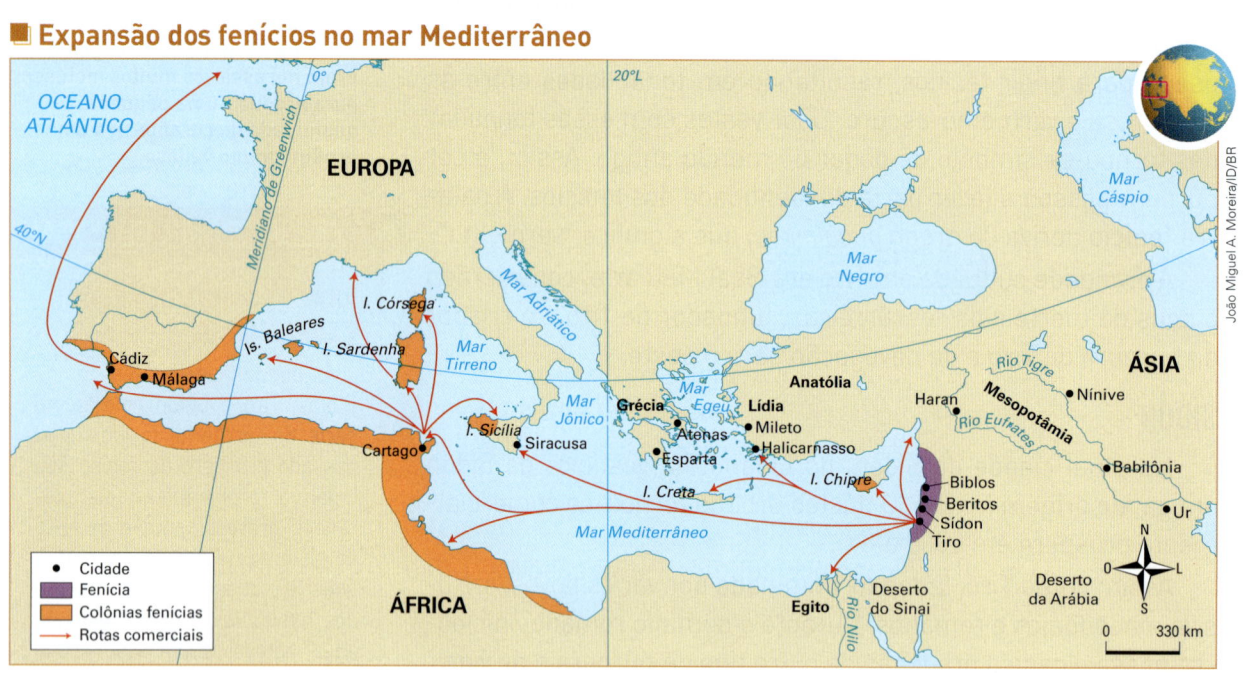

■ **Expansão dos fenícios no mar Mediterrâneo**

Fonte de pesquisa: Hermann Kinder; Werner Hilgemann. *Atlas histórico mundial*: de los orígenes a la Revolución Francesa. Madrid: Istmo, 1983. p. 38.

CARTAGO

A colônia fenícia mais bem-sucedida foi Cartago, localizada na atual Tunísia, país do norte da África. Ela foi fundada por comerciantes de Tiro e ocupou territórios estratégicos do Mediterrâneo, a partir dos quais os fenícios puderam controlar o comércio marítimo e dominar o norte da África e o sul da península Ibérica. Em pouco tempo, Cartago deixou a condição de colônia e passou a ser considerada cidade-Estado, na qual cultuavam-se deuses que descendiam das divindades de Tiro: Tanit e Baal Hammon, o casal do qual, segundo a mitologia, Cartago teria se originado.

Seu declínio ocorreu ao longo do século III a.C., quando enfrentou o poderio de Roma e foi derrotada. Os cartagineses eram chamados pelos romanos de punas. Por isso, o conflito entre Roma e Cartago ficou conhecido como Guerras Púnicas.

ATIVIDADES

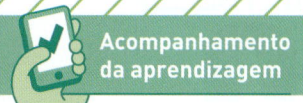

Acompanhamento da aprendizagem

Retomar e compreender

1. Como a Fenícia era organizada politicamente? Quais fatores naturais favoreciam essa organização?

2. Quais eram as principais atividades desenvolvidas pelos fenícios? Que condições geográficas propiciavam essas atividades?

3. Caracterize a religião fenícia de acordo com o que foi estudado neste capítulo.

4. Por que Cartago pode ser considerada a colônia fenícia mais bem-sucedida?

Aplicar

5. O texto a seguir refere-se a uma cidade fenícia. Leia-o e responda às questões.

> [...] nessa interminável sequência de conturbações existia um oásis construído sobre rochedos, os quais serviam de proteção natural contra os invasores [...]. Essa condição privilegiada ajudou seus cidadãos a iniciar uma corrida sem paralelo na história antiga. Por onde [seus] navegantes [...] passavam, construíam aldeias, mais parecidas com grandes mercados. Chegaram a alcançar até a região da atual Espanha, onde por volta de 1100 a.C. fundaram a cidade portuária de Gadir – hoje Cádiz – na costa atlântica. [...]
>
> Comércio dos fenícios. *Superinteressante*, 31 out. 2016. Disponível em: http://super.abril.com.br/historia/comercio-dos-fenicios/. Acesso em: 16 dez. 2022.

   a) O texto refere-se a qual cidade fenícia? Que elementos ajudaram você a chegar a essa conclusão?

   b) Com base no que você estudou, cite outras características dessa cidade.

6. Os objetos retratados nas imagens a seguir são atuais, mas algumas características deles podem ser relacionadas tanto à cultura fenícia antiga quanto ao nosso cotidiano atual. Considere essa afirmação, observe as fotos e faça o que se pede.

▲ Tecido de cor púrpura.

▲ Vaso de vidro.

▲ Mensagem de texto em *smartphone*.

- Escreva um parágrafo sobre cada um dos objetos, explicando de que forma essa relação entre o passado e o presente, afirmada no início desta atividade, pode ser estabelecida com a observação dessas imagens.

7. **SABER SER** Além de importadores e exportadores, os fenícios produziam diversos tipos de objeto. Em grupo, escolham um país da atualidade que seja importador e exportador de produtos. Busquem informações sobre os principais produtos de importação e de exportação e as condições de trabalho no país selecionado. Em seguida, escrevam um texto, com até três parágrafos, sintetizando as conclusões do grupo sobre essa investigação e apresentem-no à turma.

CAPÍTULO 3
OS PERSAS

PARA COMEÇAR

O planalto do atual Irã, região montanhosa e de poucas planícies, foi o local de origem de um dos maiores impérios da Antiguidade, o Império Persa. Mas, afinal, o que é um império? Você sabe o que caracteriza esse tipo de organização política?

A FORMAÇÃO DO REINO PERSA

Os medos e os persas habitavam regiões próximas e havia trocas comerciais e culturais entre eles. Permaneceram independentes até 550 a.C. Nesse ano, um nobre persa chamado **Ciro**, que descendia dos medos, destronou o rei dos medos e unificou os reinos. Surgia, assim, o Reino Persa, com capital em Pasárgada. Iniciava-se, também, a **dinastia Aquemênida**.

Os principais feitos dos persas estão narrados nos escritos do historiador grego Heródoto. Por meio dessa fonte, foi possível aos historiadores buscar outros vestígios sobre o rei Ciro. Há inscrições persas, egípcias e babilônicas que, ao abordar o governo desse rei, indicam que ele se aliou à nobreza persa para iniciar a expansão territorial do reino. Com um exército eficaz, formado por mais de 300 mil soldados, Ciro ampliou as fronteiras persas, dominando povos vizinhos e acumulando riquezas. Durante seu governo, conquistou importantes reinos, como os da Lídia e da Babilônia.

Após a morte de Ciro, em 530 a.C., seu filho Cambises assumiu o trono e prosseguiu com a expansão do reino, que passou a ser chamado de Império após a conquista do Egito.

▼ Vestígios de Persépolis, uma das capitais do Império Persa antigo, localizada no atual Irã. Foto de 2022.

A DIVERSIDADE CULTURAL DO IMPÉRIO PERSA

Uma das marcas do governo Aquemênida foi a relativa liberdade cultural concedida aos povos conquistados. A estes era permitido manter o idioma, a religião e os costumes locais, após o domínio persa, desde que não se insurgissem contra o Império e pagassem corretamente os tributos. Muitas vezes, os governantes locais eram mantidos no poder como representantes do governo persa. Por suas proporções e por permitir a manutenção das tradições locais dos povos conquistados, o Império Persa caracterizou-se pelo **multiculturalismo**. Muitos historiadores usam o adjetivo **multiétnico** para se referir a esse período da história persa.

Em seu auge, o Império governou povos da península Arábica e dos litorais do golfo Pérsico, do mar Cáspio, do mar Negro e do mar Mediterrâneo. O domínio sobre essa vasta região garantia aos persas o controle comercial e militar, já que o trânsito terrestre e marítimo entre a Ásia, a África e a Europa passava por seus territórios.

Porém, para que esse controle fosse efetivo, era necessário ter aliados locais, que acabavam conquistados pela estratégia da preservação de suas culturas no interior do Império. Portanto, havia no mundo persa uma profusão de línguas, religiões e costumes de diferentes povos, e a aproximação entre eles permitiu que se influenciassem mutuamente.

Há registros de que Cambises, após conquistar o Egito, teria se nomeado faraó egípcio (e não como imperador persa) para ser reconhecido pelo povo egípcio como legítimo governante da região após as vitórias militares.

Essa estratégia indica que as trocas culturais não apenas favoreciam os povos conquistados, mas também facilitavam o controle por parte do Império e a aceitação do governo persa pelos povos locais.

O IDIOMA PERSA HOJE

No Império Persa, conviviam cananeus, babilônicos, hebreus, egípcios e muitos outros povos de origem semita, embora a origem dos persas não seja essa. Eles fazem parte do grupo chamado **indo-europeu**, e compartilham raízes culturais com os gregos, principalmente linguísticas e religiosas: tanto um como o outro eram politeístas, e o idioma persa tem semelhanças com o grego antigo.

A população do Irã atual se considera descendente direta dos persas antigos. Apesar de o islamismo ser a religião de mais de 90% dos iranianos e de os cultos dessa religião no país serem ministrados em árabe, este não é o idioma oficial do Irã, mas, sim, o persa.

semita: termo que designa um conjunto de povos antigos do Oriente (como sumérios, babilônios, hebreus, cananeus, amoritas, entre outros) que compartilhavam alguns traços culturais, como idiomas, alfabetos e expressões religiosas. O termo é referente a Shem, que, de acordo com a mitologia dos hebreus, seria o filho de Noé, ancestral dos povos que ficaram conhecidos como semitas.

ORGANIZANDO O IMPÉRIO: SATRAPIAS E SÁTRAPAS

Cambises morreu sem deixar descendentes, e o trono do império foi ocupado por Dario I, seu sobrinho, em 522 a.C. Dario I foi um grande estadista, e durante seu governo o Império Persa viveu seu apogeu.

Para governar um império tão extenso e atender aos interesses da elite política, Dario I lançou mão de duas estratégias: promover a reorganização político-administrativa e adotar um sistema eficiente de administração pública.

Para viabilizar essa estruturação, o Império Persa foi dividido em províncias, chamadas **satrapias**. Elas eram governadas pelos **sátrapas**, líderes que exerciam o poder local. Parte das atividades dos sátrapas era recolher os tributos e entregá-los ao governo central. Os tributos eram proporcionais à riqueza de cada satrapia; por isso, essa riqueza devia ser declarada pelos sátrapas. Para fiscalizar os sátrapas e os demais súditos do império, foi criado um serviço de informações e espionagem, composto de funcionários de sua confiança.

Para interligar as satrapias e facilitar a comunicação e o comércio entre os diferentes pontos do império, bem como o envio de tributos à capital, uma ampla rede de estradas foi construída e pavimentada. A principal delas era a Estrada Real, que unia as cidades de Susa e Sardes. Essa estrada tinha cerca de 2 400 quilômetros de extensão, e os súditos demoravam cerca de oito dias para percorrê-la a cavalo. A segurança nos deslocamentos era garantida por patrulhas com mais de cem postos de controle.

▲ Moeda de dárico cunhada em ouro no século V a.C. Moedas como essa eram usadas, principalmente, no pagamento de tributos ao Império Persa. O dárico foi a primeira unidade monetária a ser adotada por diferentes povos.

Observe o **sistema de comunicação** desenvolvido pelos persas para a administração de seu império. Depois, compare-o com os sistemas de comunicação disponíveis na atualidade e registre no caderno suas conclusões.

■ A expansão do Império Persa (550 a.C.-330 a.C.)

Legenda:
- Reino da Pérsia
- Conquista de Ciro (550-529 a.C.)
- Conquista de Cambises (529-522 a.C.)
- Conquista de Dario I (522-488 a.C.)
- Estrada Real construída por Dario I
- Cidades antigas

Fonte de pesquisa: Jeremy Black (org.). *World history atlas*. London: DK Publishing, 2005. p. 7.

ARTE E RELIGIOSIDADE PERSA

Os monumentos, os palácios e as obras de arte persas demonstram traços das sociedades egípcias, babilônicas e de vários outros povos. A tapeçaria, uma das expressões clássicas da arte persa, adaptou elementos dessas culturas diversas, mas permaneceu como arte acessível apenas à elite dos povos, para ser apreciada no interior de cômodos particulares.

O principal registro dos feitos de Dario I foi encontrado no monte Behistun, na província de Kermanshah, no atual Irã. Escritas em primeira pessoa, as declarações foram grafadas em três idiomas: persa antigo, elamita e babilônico. Nelas, Dario I registrou suas ações, reafirmando seu poderio sobre diferentes povos. Nessas declarações, a religião do Império Persa se destaca: o **zoroastrismo**.

ZOROASTRISMO

Em suas origens, os persas eram **zoomorfistas**, cultuando deuses representados com formas animais. Também caracterizavam-se pela **crença totêmica**, isto é, consideravam símbolos sagrados ou totens determinados elementos da natureza, como o Sol, a Lua, a terra, a água e os ventos, e lhes ofereciam sacrifícios.

Nos séculos VII a.C. e VI a.C, o **zoroastrismo**, religião professada por Zoroastro (628 a.C.-551 a.C.), também conhecido como Zaratustra, começou a se expandir entre os persas, e Dario I foi um dos principais devotos, como afirmam as inscrições de Behistun. Zoroastro negou a adoração de várias divindades e a realização de sacrifícios para homenageá-las. De acordo com os relatos tradicionais, o profeta teria vivido na Ásia Central, em território que corresponde atualmente ao leste do Irã e à região ocidental do Afeganistão.

A nova religião tinha como princípio o **dualismo divino**, ou seja, a luta incessante entre o bem e o mal.

> **PARA EXPLORAR**
>
> *Persépolis completo*, de Marjane Satrapi. São Paulo: Companhia das Letras, 2007.
> Nessa história em quadrinhos, conheça a trajetória de uma adolescente iraniana que tenta lidar com a identidade cultural persa e o controle islâmico imposto ao Irã em 1979. O enredo, com elementos autobiográficos, também originou um filme lançado em 2008 no Brasil.

> **O BEM E O MAL**
>
> Na mitologia zoroastriana, Ahura-Mazda (ou Sábio Senhor) era considerado a deidade suprema e representava o Bem. Arimã correspondia ao princípio destrutivo, ou seja, o Mal. Os dois deuses estavam em permanente conflito e cabia aos homens praticar boas ações para que Ahura-Mazda prevalecesse.
>
> De acordo com especialistas em história das religiões, o zoroastrismo é considerado uma das primeiras religiões a exigir de seus seguidores uma conduta moral.

◀ Detalhe de inscrições do monte Behistun, no Irã, com a imagem de Zoroastro. Na parte superior, foram registrados o símbolo do profeta e as declarações, em três idiomas – persa antigo, elamita e babilônico –, sobre os feitos de Dario I. Foto de 2021.

ATIVIDADES

Retomar e compreender

1. Identifique a alternativa que apresenta informação incorreta sobre o Império Persa e reescreva-a no caderno, corrigindo-a.
   a) Durante o Império Persa, houve a criação de uma rede monetária unificada, o dárico.
   b) Nessa época, houve a divisão do império em províncias, chamadas satrapias.
   c) Houve também a construção de estradas e a abertura da Estrada Real.
   d) A vitória dos medos sobre os persas marca a origem do Império Persa.
   e) O zoroastrismo influenciou as grandes religiões monoteístas atuais.

2. Sobre a estratégia política empregada pelo Império Persa para dominar os diferentes povos, responda:
   a) Em quais práticas essa estratégia se baseava?
   b) Houve resistência por parte dos povos conquistados? Explique.

3. Explique com suas palavras o princípio do dualismo divino no zoroastrismo.

Aplicar

4. Retome o mapa "A expansão do Império Persa (550 a.C.-330 a.C.)" e responda às questões.
   a) A qual país da atualidade corresponde o território onde se iniciou a sociedade persa?
   b) Que rei persa foi responsável pelo maior número de conquistas territoriais?
   c) Sob qual reinado o Império Persa atingiu sua máxima extensão?
   d) A que corresponde a linha que liga as cidades de Susa e Sardes? Qual é a importância dela?

5. Observe o objeto retratado na foto e, depois, responda às questões.
   a) Com base nos objetos, é possível identificar os tipos de tecnologia dominados por cada povo, em diferentes épocas. O objeto em questão representa que tipo de tecnologia desenvolvida pelos persas?
   b) Você conhece objetos como esse? Em caso afirmativo, onde você costuma encontrá-los? Como eles são utilizados? Você os considera importantes em seu cotidiano?

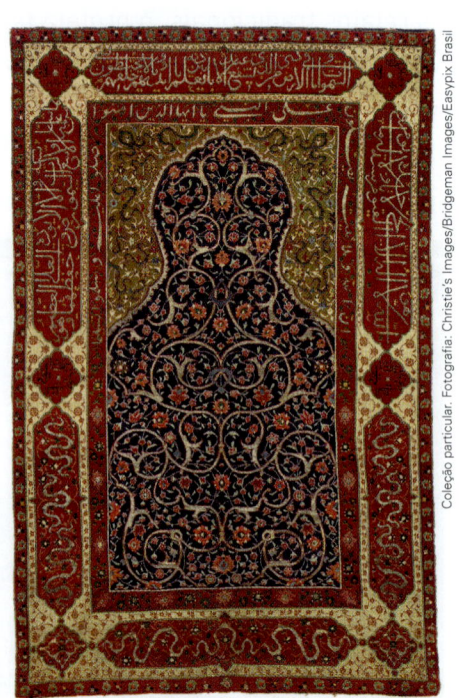

Tapete persa feito no século XVII d.C.

ARQUIVO VIVO

O palácio de Persépolis

A família do rei Dariol e de seu filho Xerxes I pertencia à dinastia Aquemênida, que iniciou a notável expansão do Império Persa, a partir do século VI a.C. Para demonstrar poder, os governantes aquemênidas ergueram palácios monumentais em Pasárgada, Persépolis e Susa, as três capitais do império. Para isso, os persas buscaram inspiração nos povos dominados da Mesopotâmia e também trouxeram artesãos da Grécia. No entanto, o que marcou a beleza das cidades persas foi a habilidade artística e a originalidade dos próprios artesãos persas.

O terraço do palácio de Persépolis tinha cerca de 150 mil metros quadrados, e suas paredes chegavam a atingir 13 metros de altura. As paredes externas eram decoradas com baixos-relevos de soldados alinhados, servos, heróis lutando contra leões e outros detalhes. Os vários elementos do palácio revelam a influência de diversas culturas: colunas caneladas à moda grega, baixos-relevos e esculturas inspirados na arte dos assírios, motivos florais à maneira do Egito e painéis de tijolos esmaltados que lembravam os palácios da Babilônia.

▲ Detalhe de relevo nas paredes do palácio de Persépolis, no Irã atual. Foto de 2020.

Organizar ideias

1. Identifique, na imagem, os elementos de origem mesopotâmica e explique as relações entre os persas e esse povo.

2. O palácio de Persépolis não servia apenas como moradia dos governantes e suas famílias. Quais eram os objetivos do governo Aquemênida ao realizar obras como essa?

3. Quais construções da atualidade podem ser comparadas aos palácios persas? O que elas simbolizam?

ATIVIDADES INTEGRADAS

Retomar e compreender

1. A epopeia de Gilgamesh, escrita em cerca de 2600 a.C., conta a história de um rei sumério que teria vivido na cidade de Uruk. Sendo uma narrativa mitológica, o texto traz importantes informações sobre a Mesopotâmia. Leia um trecho desse mito e, depois, escreva no caderno as expressões que evidenciam as seguintes características culturais dos sumérios: escrita cuneiforme; conhecimentos em engenharia e arquitetura; crença em deuses e semideuses; busca de novos territórios, seja para comercializar seja para conquistar; importância das guerras para conquistar outros povos e se defender de inimigos.

> Esta é a história de Gilgamesh, rei de Uruk, na Suméria. Filho de Lugalbanda, um rei, e de Ninsun, uma deusa, ele era dois terços divino e um terço humano.
>
> Alto e forte, era senhor da guerra e ergueu muros ao redor de Uruk [...].
>
> Viajou por todas as terras e conheceu histórias antigas [...]. Toda a sabedoria que aprendeu ele trouxe para seu povo e gravou as histórias em pedra.
>
> Esta é a história de Gilgamesh, que era jovem e rei, gostava de lutar e vivia desafiando os rapazes de Uruk, mas ninguém o vencia. [...]
>
> Rosana Rios. *A história de Gilgamesh*: o rei de Uruk. São Paulo: SM, 2007. p. 6.

Aplicar

2. Observe o mapa desta atividade e, depois, faça o que se pede.

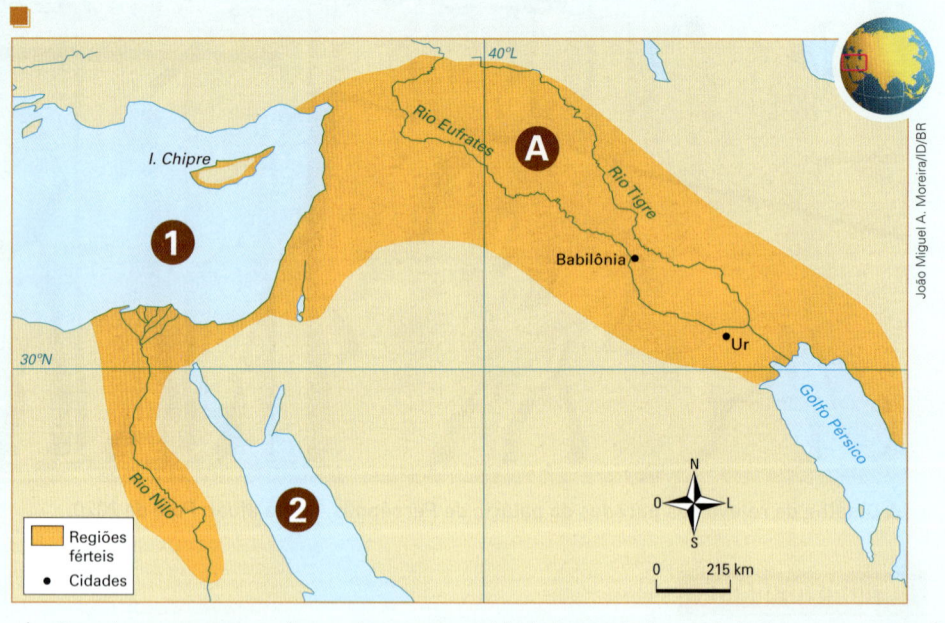

Fonte de pesquisa: *Atlas histórico escolar*. Rio de Janeiro: FAE, 1991. p. 82-83.

a) Com base no que você estudou nesta unidade, que título você daria a esse mapa?
b) Identifique o nome dos lugares correspondentes à letra **A** e aos números **1** e **2**.
c) Vários povos antigos habitaram as áreas indicadas no mapa. Escolha um deles e escreva um parágrafo com as principais características culturais do povo selecionado.
d) Com base no mapa e nos parágrafos elaborados, formule com a turma um novo parágrafo, relacionando os povos antigos do Oriente Médio que vocês estudaram nesta unidade. No texto, indiquem as características culturais dos povos, os territórios ocupados por eles e as temporalidades em que viveram.

Analisar e verificar

3. O texto a seguir aborda o surgimento dos primeiros sistemas de escrita. Leia-o e faça o que se pede.

> No começo, eram os pictogramas. A escrita era feita com desenho das coisas, representando as palavras usadas para designar essas coisas.
>
> [...]
>
> Os nomes dos caracteres eram os nomes das próprias coisas. Essa escrita, chamada ideográfica, era fácil de ser entendida em muitas línguas. Com o passar do tempo, [...] viu-se que havia um grande problema: os símbolos eram muito numerosos, assim como a relação de coisas a serem representadas [...]. Os pictogramas cederam lugar, então, aos silabários, sinais representando sons de sílabas. [...]
>
> Com isso, houve uma redução enorme no número de caracteres necessários à composição de palavras.
>
> Luiz Carlos Cagliari. A origem do alfabeto. Disponível em: https://www.yumpu.com/pt/document/view/12918297/a-origem-do-alfabeto . Acesso em: 4. abr. 2023.

a) Copie o quadro no caderno e complete-o com as informações que faltam sobre os primeiros sistemas de escrita da Antiguidade.

Sistema de escrita	Característica
Escrita pictórica	
Escrita ideográfica	
	Cada símbolo representa um som (no início, eram os sons das sílabas).

b) O alfabeto com reduzido número de caracteres foi difundido no Mediterrâneo por qual povo da Antiguidade? Que atividade exercida por esse povo favoreceu essa difusão?

4. Observe a imagem e, depois, responda às questões propostas.

a) A qual povo antigo pertence essa manifestação cultural?

b) Como as personagens foram representadas (que objetos carregam, como são suas vestes, que características físicas apresentam, etc.)?

c) Em sua opinião, essa forma de representação se parece com a de algum outro povo antigo que você tenha estudado? Em caso afirmativo, de qual povo? Quais seriam as semelhanças?

▲ Detalhe de mosaico do Palácio de Persépolis, em Susa, atual Irã.

Criar

5. Forme dupla com um colega. Revejam as imagens de abertura dos capítulos desta unidade. Escolham uma das imagens e criem uma peça de propaganda para promover uma visita turística ao vestígio arqueológico retratado. A peça pode ser um vídeo, um áudio ou um folheto, e a busca por informações sobre o vestígio arqueológico pode ser feita em publicações impressas ou digitais. Ao final, lembrem-se de informar as fontes consultadas. Na data combinada, apresentem a produção à turma.

CIDADANIA GLOBAL
UNIDADE 3

6 ÁGUA POTÁVEL E SANEAMENTO

Retomando o tema

Como vimos nesta unidade, o acesso à água desempenha uma função central na organização das mais diversas sociedades. Além de indispensável à vida, esse recurso natural é empregado em grande parte das atividades humanas, como a agricultura, o transporte, a alimentação, entre outras.

Apesar de cerca de 70% da superfície terrestre ser composta de água, nem toda água disponível é apropriada para o consumo humano. Além disso, fatores como a poluição e o uso irresponsável contribuem consideravelmente para a redução da quantidade de água potável disponível, de forma que a manutenção da qualidade da água em níveis apropriados para o consumo, a gestão sustentável desse recurso e a garantia de pleno acesso de toda a população a ele configuram-se como preocupações centrais e urgentes de diversos governos e setores das sociedades do presente.

1. Como você avalia o abastecimento de água potável em sua comunidade?
2. Existem práticas que você considera prejudiciais à qualidade da água disponível para consumo no lugar em que você vive? Se sim, quais?
3. Quais ações você considera que devam ser adotadas pela população e pelos governos para garantir a todos a disponibilidade e o acesso à água potável?

Geração da mudança

- Levando em consideração a discussão anterior, bem como seus conhecimentos prévios sobre o assunto, você e a turma vão elaborar folhetos de conscientização sobre o uso responsável da água.

- Os folhetos deverão ser direcionados à comunidade escolar e apresentar propostas de práticas pessoais e coletivas que possam ser realizadas no dia a dia visando ao consumo consciente e à diminuição da poluição da água.

- Ao final da atividade, os folhetos deverão ser disponibilizados em um local de grande circulação da escola, de forma que estejam disponíveis a todos os membros da comunidade escolar.

Autoavaliação

A ÁFRICA ANTIGA

UNIDADE 4

PRIMEIRAS IDEIAS

1. Por que, na Antiguidade, diferentes povos disputavam as áreas próximas aos rios? Atualmente, essas áreas continuam disputadas? Elas ainda são importantes? Por quê?
2. Você já ouviu falar de alguma das culturas citadas nos títulos dos capítulos desta unidade? Em caso afirmativo, compartilhe seus conhecimentos com os colegas.
3. Que motivos levaram os Estados da Antiguidade a construir obras gigantescas que mobilizavam esforço de muitos trabalhadores e recursos que poderiam ter sido empregados para outros fins? Na atualidade, essa prática é comum? Explique.

Conhecimentos prévios

Nesta unidade, eu vou...

CAPÍTULO 1 — Culturas ribeirinhas e tradição Nok

- localizar temporal e geograficamente as culturas ribeirinhas da África Antiga, tendo como referência marcos geográficos conhecidos na atualidade.
- reconhecer as principais características da cultura Nok, contextualizando as fontes históricas a seu respeito.
- identificar aspectos da diversidade cultural africana e valorizar as manifestações culturais brasileiras atuais que têm essa origem, por meio da investigação e da análise de diferentes penteados afro.

CAPÍTULO 2 — Povos do Nilo

- entender a importância do rio Nilo para as sociedades que se desenvolveram próximo a suas margens e distantes delas, comparando informações sobre desenvolvimento urbano e agrícola dessas comunidades.
- caracterizar a formação do Império Egípcio, identificando seus aspectos políticos, econômicos, sociais e religiosos, por meio de infográfico e informações sobre o Livro dos Mortos.
- compreender as características do povo núbio e o processo de formação do Império de Cuxe, analisando o mapa de seus domínios.
- entender as relações entre o Império Egípcio e o Império de Cuxe, bem como o contato desses impérios com os povos mediterrânicos, analisando textos e imagens diversas.
- investigar a participação feminina na contemporaneidade com base no protagonismo das mulheres governantes do Império de Cuxe.

CAPÍTULO 3 — O Império de Axum

- identificar o surgimento e o crescimento do Império de Axum e sua relação com o Império de Cuxe.
- caracterizar as atividades políticas, econômicas e culturais do Império de Axum, observando fontes materiais e o mapa de seus domínios.

CIDADANIA GLOBAL

- reconhecer a importância das rainhas e das rainhas-faraós no Império Egípcio e no Império de Cuxe em diferentes temporalidades.
- identificar e reconhecer a relevância das representações de figuras femininas em fontes históricas da Antiguidade Africana.
- refletir sobre os papéis desempenhados pelas mulheres atualmente, considerando a importância do combate à desigualdade de gênero, produzindo cartazes para uma exposição.

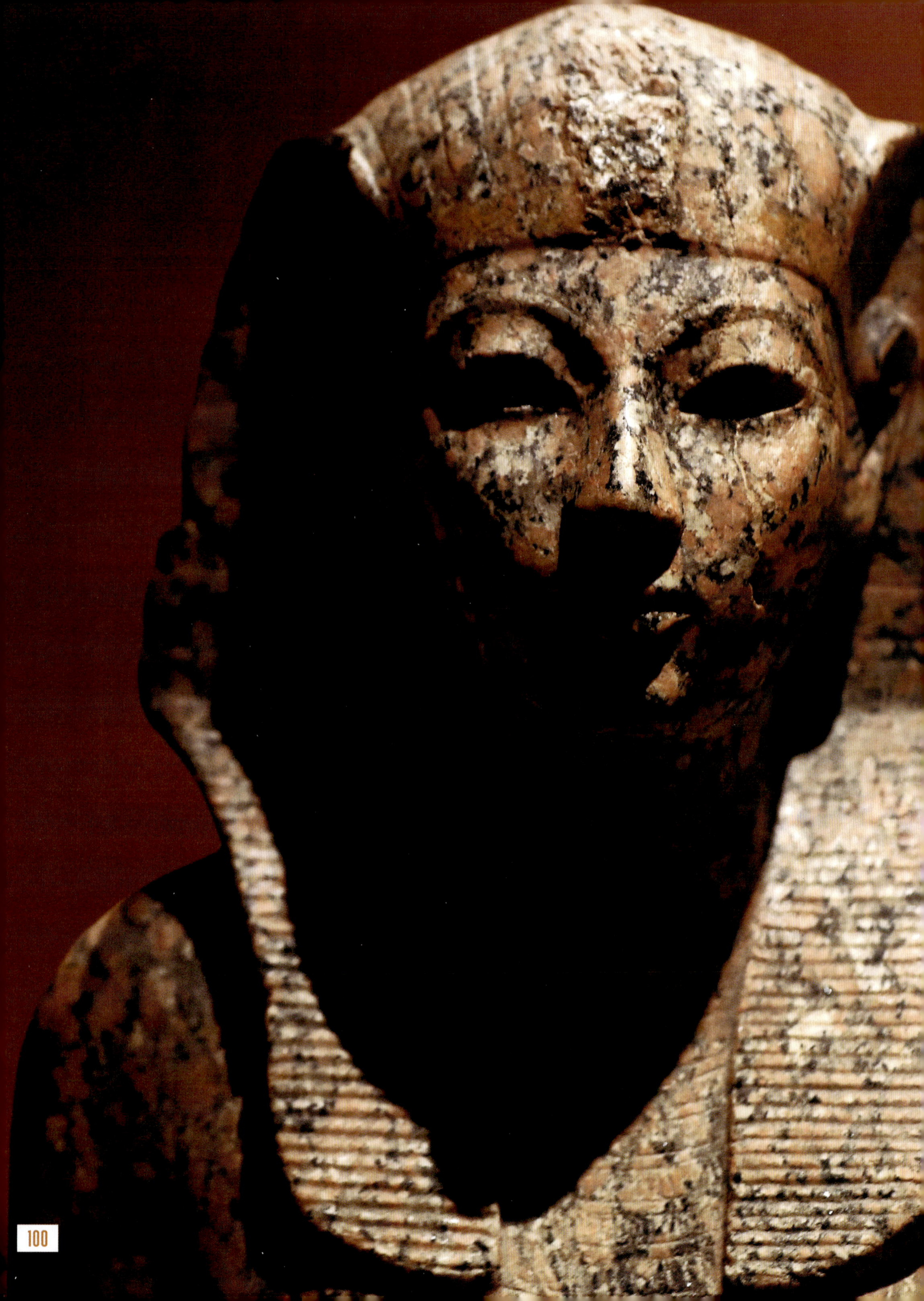

LEITURA DA IMAGEM

1. Os símbolos presentes na estátua indicam que se trata da representação de uma rainha ou de um rei? Levante hipóteses com os colegas.

2. Como você imagina ter sido a participação política, social e cultural de mulheres no Egito Antigo?

3. A preservação de objetos como o da imagem nos permite conhecer o protagonismo de mulheres no passado. Você conhece mulheres que se destacaram ou se destacam na história do Brasil? Se sim, como tomou conhecimento de suas histórias?

CIDADANIA GLOBAL

5 IGUALDADE DE GÊNERO

No Egito Antigo do período em que a rainha Hatshepsut viveu, era comum que as mulheres que faziam parte da vida dos faraós desempenhassem importantes papéis políticos.

1. Atualmente, as mulheres costumam ocupar posições de liderança política no Brasil? E em seu município? E no estado onde você vive?

2. Em sua opinião, é importante que pessoas de todos os gêneros possam ocupar cargos politicamente estratégicos? Por quê? Você gostaria de exercer alguma função parecida?

Conheça alguns vestígios históricos de outra importante governante do Egito Antigo, a **rainha Nefertari**, que viveu no século XIII a.C. No caderno, anote as principais características das esculturas que você observou.

Representação de Hatshepsut, rainha do Egito Antigo. Essa personalidade histórica viveu no começo do século XV a.C.

Dean Mouhtaropoulos/Getty Images

CAPÍTULO 1
CULTURAS RIBEIRINHAS E TRADIÇÃO NOK

PARA COMEÇAR

O continente africano é considerado o berço da humanidade, pois lá surgiram os *Homo sapiens* e também as primeiras sociedades. O que você sabe das primeiras sociedades que se organizaram nesse continente? Que relação existe entre essas sociedades e os grandes rios africanos?

oásis: área no interior dos desertos que apresenta uma pequena fonte de água e alguma vegetação.

▼ Dança do povo Hamer, que habita o vale do rio Omo, na Etiópia. Os Hamer desenvolveram, ao longo de milênios, técnicas de pastoreio e de metalurgia. Foto de 2019.

MUDANÇAS NA PAISAGEM

O continente africano, devido à grande extensão, apresenta diversos tipos de ambiente. Ao longo de milênios, esse continente passou por intensas mudanças naturais, e isso teve impacto nas formas como as comunidades ocuparam o território. Esse, porém, não foi o único fator a determinar os modos como as diversas comunidades habitaram o continente africano.

A partir de cerca de 5000 a.C., a gradativa diminuição das chuvas em grande parte desse continente causou o desaparecimento de muitos lagos e rios. Esse processo acentuou-se após 2400 a.C. A estiagem e a escassez de fontes de água reduziram a quantidade de espécies vegetais e animais, e algumas delas chegaram a desaparecer em muitos locais.

Nessa época, formou-se o deserto do Saara, com poucos oásis isolados. As margens de rios e lagos, por sua vez, foram as áreas nas quais muitas comunidades passaram a se concentrar, pois favoreciam a prática de atividades de coleta e de caça. Conhecidas pelos pesquisadores como **culturas ribeirinhas**, essas comunidades desenvolveram diversas técnicas e tecnologias agrárias que ampliaram a produção de alimentos.

VÁRIOS RIOS, MUITOS POVOS

As margens dos poucos rios mais caudalosos que restaram no continente africano, como o Nilo, o Níger e o Senegal, bem como as margens do lago Chade, passaram a ser muito disputadas. As práticas agrícolas e pecuárias nessas áreas eram favorecidas pelo solo fértil e foram aprimoradas com o passar do tempo. Por isso, nesses locais, a Revolução Neolítica foi intensa, influenciando inclusive comunidades que habitavam outras áreas do continente africano.

Nessas regiões, surgiram os primeiros Estados, as primeiras sociedades urbanas e seus recursos. Os diferentes tipos de Estado expressavam a diversidade de formas de organização de comunidades densamente povoadas.

O Egito faraônico, o Império de Cuxe, as sociedades subsaarianas da África Ocidental e o Império de Axum, entre muitos outros, são alguns exemplos de sociedades da **Antiguidade Africana**.

Entre o final do século XIX e o início do XX, os pesquisadores da área de História Antiga consideravam objeto de estudo apenas a sociedade egípcia antiga, desprezando as outras culturas africanas.

O próprio conceito de antiguidade nesse período também era restrito, referindo-se apenas às culturas antigas que deixaram vestígios escritos, como a dos gregos, dos romanos e de alguns povos mesopotâmicos, além dos egípcios.

Porém, como vimos nas unidades anteriores, para os movimentos historiográficos atuais, todas as expressões culturais são valiosas e devem ser objeto de pesquisas históricas.

OS PRIMEIROS ALDEAMENTOS

Os grupos humanos que habitavam as margens dos rios e lagos africanos formaram, no decorrer do tempo, pequenos aldeamentos. Praticavam a caça e a coleta e tornaram-se exímios pescadores, construindo canoas muito eficientes. Também produziam os chamados microlíticos: instrumentos de osso e de pedra, como anzóis, machados, facas e lanças.

Alguns grupos desenvolveram a técnica da cerâmica para armazenar e cozinhar os alimentos. A cerâmica africana é uma das mais antigas do mundo, datando de cerca de 8000 a.C.

Observe as imagens de **representações humanas na África Antiga** e identifique semelhanças e diferenças entre elas. Em seguida, faça uma tabela para registrar suas observações.

CULTURA NOK E OUTRAS DESCOBERTAS

A cultura Nok desenvolveu-se por volta dos séculos VI a.C. a II d.C., às margens do rio Níger, no centro da atual Nigéria. Pelas características dessa sociedade, a maioria dos pesquisadores considera que essa cultura pertenceu ao Neolítico africano.

Ainda não se sabe se a cultura Nok era formada por um ou mais povos, já que ainda não foi possível identificar se os vestígios encontrados pertencem a apenas uma comunidade ou a várias delas. Dessa forma, convencionou-se atribuir a autoria desse conjunto de fontes históricas à cultura Nok ou tradição arqueológica Nok, outra expressão usada para defini-la.

Os artefatos foram encontrados de maneira inusitada: trabalhadores de uma mina encontraram uma escultura de cerâmica. Era o primeiro vestígio atribuído à cultura Nok. A busca por outros vestígios obteve importantes resultados, como a redescoberta de outras culturas ou tradições da África Antiga.

A partir dos anos 1960, por exemplo, foram encontradas, na África Ocidental, as culturas antigas ou tradições Dhar Tichitt, na atual Mauritânia, Jenné-Jeno, no atual Mali, e Igbo-Ukwu, na atual Nigéria. Os povos dessas culturas ou tradições desenvolveram tecnologias diversas, como utensílios de pedra polida, moradias, artefatos de cerâmica e ferramentas de bronze, respectivamente. No caso da tradição Dhar Tichitt, sabe-se que eram de povos seminômades e dedicados ao pastoreio. Já os das tradições de Jenné-Jeno e de Igbo Ukwu eram, provavelmente, sedentários e praticavam a agricultura.

CIDADANIA GLOBAL

PENTEADO AFRO

Observe o vestígio material da cultura Nok, com destaque para o penteado da figura feminina e faça o que se pede.

▲ Detalhe de estatueta de terracota atribuída à tradição Nok, encontrada na atual Nigéria, representando uma figura feminina. Ela data do século I d.C.

- Junte-se a um colega e levantem informações sobre a importância do penteado afro na atualidade, relacionando-o ao empoderamento da mulher negra no Brasil.

tradição arqueológica: conjunto de vestígios arqueológicos encontrados em determinado local e que evidenciam modos de vida específicos. Essas tradições costumam ser nomeadas de acordo com o local onde são encontradas, pois são desconhecidos os dados desses vestígios, como o nome dos grupos envolvidos, se constituem um único povo, etc.

▶ Arqueólogos em escavação do sítio de Nok, Nigéria atual. Foto de 2016. É possível identificar alguns dos artefatos encontrados, como esculturas e vasos com hastes.

CARACTERÍSTICAS DAS COMUNIDADES NOK

Um dos principais vestígios da cultura Nok são as esculturas em argila cozida, técnica conhecida como terracota. Com base na análise dessas esculturas e de outros vestígios materiais, como sementes, ossos de animais, fundações de cabanas, restos de fogueiras, entre outros, os arqueólogos e historiadores tentam desvendar as características dessa cultura.

As esculturas reproduzem figuras de seres humanos e de animais e procuram expressar as emoções das pessoas representadas.

Até o momento, sabe-se que os habitantes da antiga Nok moravam em aldeias agrícolas. Plantavam sorgo, inhame, dendê e abóbora em grande quantidade, na região chamada atualmente de planalto de Jos, no centro da atual Nigéria.

Além disso, eles foram os pioneiros no domínio da técnica da fundição de ferro no continente africano, no século VI a.C. A fundição de ferro e a criação de esculturas elaboradas indicam a existência de uma sociedade organizada. Os povos da tradição Nok dominavam processos como a extração e a transformação do minério de ferro. Com esse metal, produziam ornamentos, como colares e pulseiras, lanças e instrumentos agrícolas, como arados. Eles também dominavam as técnicas de trabalho com o barro e o cozimento das peças de cerâmica.

A cultura Nok desapareceu por volta do século II por motivos ainda desconhecidos. Uma hipótese são as mudanças ambientais que dificultaram a agricultura na região ocupada pelos povos dessa cultura. Também há teorias que suspeitam de ataques de povos seminômades.

O CULTIVO DO SORGO

Pouco conhecido na culinária brasileira, o sorgo, assim como o arroz, o milho, o trigo e a cevada, é considerado um dos cereais mais importantes da história da alimentação humana.

Um dos primeiros gêneros agrícolas domesticados, os vestígios mais antigos do cultivo de sorgo datam de mais de 5 mil anos atrás, no continente africano.

▲ Pés de sorgo em plantação na Lombardia, Itália. Foto de 2020.

▼ Vestígios da cultura Nok em caverna no norte do Togo. Foto de 2022. Essas fontes materiais podem indicar a alta densidade demográfica dos povos Nok.

ATIVIDADES

Acompanhamento da aprendizagem

Retomar e compreender

1. Observe o mapa, retome os textos do capítulo e responda às questões.

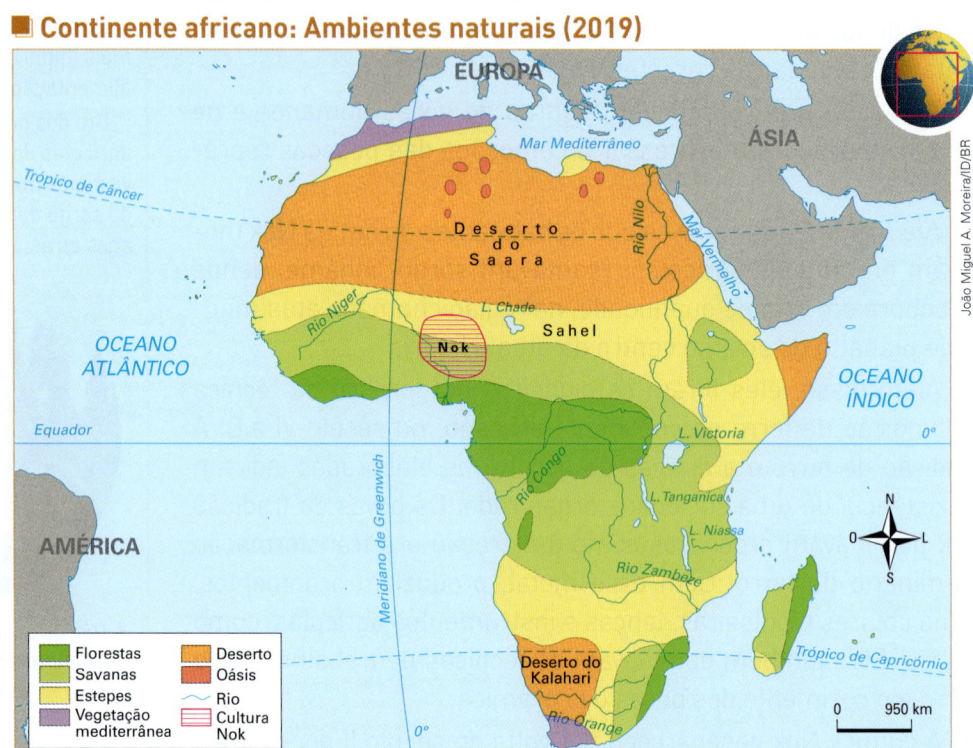

Continente africano: Ambientes naturais (2019)

Fonte de pesquisa: Marina de Mello e Souza. *África e Brasil africano*. 3. ed. São Paulo: Ática, 2019. p. 13.

a) Em que regiões se desenvolveram as antigas culturas ribeirinhas do continente africano? Elas pertencem a quais ambientes naturais?

b) Em qual ambiente natural se desenvolveu a cultura Nok?

Aplicar

2. Leia o texto do historiador Alberto da Costa e Silva e responda às questões.

> O penteado que ostenta – uma série de coques, cheios e bem armados – indica o refinamento a que haviam chegado os homens e as mulheres de Nok. Seus cabelos se arranjavam em formas variadíssimas e extremamente elaboradas.
>
> [...]
>
> Pode dizer-se que a gente de Nok vestia-se de contas. Veem-se, em algumas terracotas, encachos [tangas] que deviam ser feitos de couro e miçangas. Ou simplesmente de fieiras [fios] de contas. Numerosos eram os colares a lhes descerem do pescoço, e as argolas e as pulseiras a lhes encherem os braços.
>
> Alberto da Costa e Silva. *A enxada e a lança*: a África antes dos portugueses. Rio de Janeiro: Nova Fronteira, 2011. p. 172.

a) Que características da cultura Nok são abordadas pelo autor nesse trecho? Quais delas podem ser observadas na escultura retratada no tópico "Cultura Nok e outras descobertas"?

b) De que materiais são feitos os objetos citados pelo autor? Esses materiais são utilizados na atualidade? Como?

HISTÓRIA DINÂMICA

Transformações na historiografia sobre os povos da África Antiga

Até o início do século XX, o continente africano era visto por muitos intelectuais, principalmente pelos europeus, de uma maneira superficial e preconceituosa. Diversos pesquisadores da época acreditavam que a população da região norte do continente africano era semelhante à da Europa, devido à proximidade geográfica, e que, salvo essa exceção, a maioria dos povos africanos era muito diferente dos europeus e fazia parte de um grupo social inferior. Por isso, acreditavam que os africanos não tinham história.

O desenvolvimento das ciências sociais, ao longo do século XX, tornou desacreditada essa visão sobre o continente africano, tendo em vista que todas as sociedades e as culturas da África foram e são tão complexas e importantes quanto as demais culturas e os demais povos do mundo. Desde então, a história dos povos africanos vem sendo (re)construída e valorizada.

O conjunto de escrituras sobre a África, em particular entre as últimas décadas do século XIX e os meados do XX, contém equívocos, pré-noções e preconceitos recorrentes, em grande parte, das lacunas do conhecimento, quando não do próprio desconhecimento sobre o continente africano. [...]

Pela ocultação da complexidade e da dinâmica cultural próprias da África, torna-se possível o apagamento de suas especificidades em relação ao continente europeu e mesmo ao americano. [...] Aproximando por analogia o desconhecido ao conhecido considera-se que a África não tem povo, não tem nação nem Estado; não tem passado, logo, não tem história.

[...] Teria havido uma cisão, em tempos remotos, entre uma África branca com características mais próximas das ocidentais, mediterrâneas, e uma África negra, que se ignoravam mutuamente porque, separadas pelo deserto do Saara, ficavam privadas de comunicação. [...]

No entanto, destoam dessas afirmações as obras que, se valendo de importante documentação obtida em arquivos da África e da Europa, apontam os intercâmbios entre as Áfricas, além de ressaltar a historicidade das sociedades subsaarianas e a complexidade, em graus diferenciados, de suas organizações sociais e políticas. [...]

Em meados do século XX, pouco a pouco, a historiografia e a antropologia sobre a África foram reconhecidas e tratadas de maneira crescentemente crítica, abrindo possibilidades para que os preconceitos pudessem vir a ser questionados.

Leila L. Hernandez. *A África em sala de aula*: visita à história contemporânea. São Paulo: Selo Negro, 2008. p. 17-23.

Em discussão

1. Até o século XX, os europeus entendiam que o continente africano se dividia em duas regiões bastante diferentes. Quais eram essas regiões e por que eram diferentes?
2. De acordo com o texto, o que motivou os europeus a ver a África dessa forma?
3. Atualmente, qual tem sido a perspectiva adotada pelos historiadores e outros pesquisadores ao estudarem os povos antigos do continente africano?

CAPÍTULO 2
POVOS DO NILO

PARA COMEÇAR

O vale do rio Nilo começou a ser povoado entre 9 mil e 8 mil anos atrás e, ao longo do tempo, esse rio desempenhou papel fundamental na vida dos povos que se estabeleceram às suas margens, chegando a ser considerado uma divindade. Você sabe por que o rio Nilo foi tão importante para esses povos?

<u>delta</u>: tipo de foz (local onde o rio desemboca) em que o terreno tem a forma aproximada de um triângulo.

▼ Vista do Cairo, capital do atual Egito. Na imagem, é possível notar a intensa urbanização das margens do rio Nilo. Foto de 2021.

NILO, O RIO DEUS

O rio Nilo é o maior rio do continente africano e um dos mais extensos do mundo, abrangendo países como Uganda, Tanzânia, Ruanda, Quênia, República Democrática do Congo, Burundi, Sudão, Sudão do Sul, Etiópia e Egito atuais. No Egito, está localizado o delta do rio Nilo, que deságua no mar Mediterrâneo. O Nilo recebe diferentes nomes nas localidades por onde passa. Ao longo da história, também recebeu várias denominações.

Os nomes dados pelos povos da África Antiga geralmente associavam o Nilo a alguma divindade. Essa característica cultural evidencia a importância das águas desse rio e das terras fertilizadas por ele para a sobrevivência das comunidades. Inicialmente, ele foi associado ao deus Hapi, considerado um dos criadores do mundo. Os pontos cardeais também eram determinados pela posição da nascente do rio. Por isso, a maioria desses povos se orientava tendo por base o sul, onde nasce o rio e, segundo os mitos, onde surgiu o Universo.

À medida que a mitologia se tornava mais complexa, o Nilo foi relacionado a um dos principais deuses da cultura egípcia antiga: Osíris, senhor da fertilidade e da morte. Essa associação se deve ao fato de o rio cortar uma área de deserto e de suas margens serem uma das únicas áreas férteis da região.

A FORMAÇÃO DOS PRIMEIROS ESTADOS

Na região do delta e ao longo do vale do Nilo, foram encontrados sítios arqueológicos neolíticos de diversas sociedades. As mais antigas se estabeleceram entre 6000 a.C. e 5000 a.C., como revelaram indícios de cultivo de grãos e da elaboração de cerâmicas e de objetos de cobre.

As principais teorias apontam que as primeiras aldeias assentadas às margens do rio Nilo eram de povos que vieram do Oriente Médio, pois foram encontrados vestígios de espécies vegetais nativas daquela região e não de outras partes do continente africano, além de indícios das técnicas e das tecnologias agrícolas empregadas por aqueles povos. Essas evidências revelam que as populações que passaram a habitar o vale do Nilo conheciam manejos hidráulicos comumente utilizados na Pérsia e na península Arábica.

As comunidades desenvolviam a agricultura às margens do Nilo adaptando-se às **cheias** – épocas de chuva em que as águas do rio sobem e alagam as margens – e às **vazantes** – épocas de estiagem com a consequente diminuição do nível do rio. Nas épocas de alagamento, essas comunidades tinham a preocupação de proteger as plantações e de armazenar a água em diques para utilizá-la nos períodos em que o recurso escasseava. Nas épocas de seca, quando as águas do Nilo baixavam, aproveitavam os solos fertilizados por nutrientes depositados pelo rio em suas margens para ali fazer o cultivo.

Com o passar do tempo, em um processo que levou séculos, essas comunidades começaram a se organizar em reinos, chamados **nomos**. Cada nomo tinha um governante, o **nomarca**. Por volta de 3400 a.C., os nomos estavam agrupados entre as regiões do Baixo Egito (próximo ao delta do rio Nilo, ao norte do continente) e do Alto Egito (trecho continental do rio Nilo, ao sul). O processo de unificação dos dois agrupamentos deu origem ao Império Egípcio Antigo.

> **PARA EXPLORAR**
>
> *Egito Antigo*: contos de deuses e faraós, de Marcia Williams. São Paulo: Ática, 2012 (Coleção Clássicos em Quadrinhos).
>
> Lendo essa história em quadrinhos, você vai conhecer alguns dos mitos da cultura egípcia antiga. Deusas, deuses, rainhas, faraós, escribas e camponeses são as personagens que dão vida aos mitos e revelam o modo como os egípcios antigos compreendiam o mundo.

A UNIFICAÇÃO DO EGITO E O IMPÉRIO FARAÔNICO

A história do Império Egípcio pode ser organizada de diversas maneiras. Tradicionalmente, ela é dividida em três períodos: Antigo Império (aproximadamente de 2575 a.C. a 2134 a.C.), Médio Império (cerca de 2040 a.C. a 1640 a.C.) e Novo Império (1550 a.C. a 1070 a.C.). A centralização do poder no faraó e a rígida estrutura social caracterizaram essas fases do Império Egípcio.

Por volta de 3200 a.C., houve uma disputa pelas terras férteis entre os nomos do Alto Egito e do Baixo Egito. O conflito foi vencido pelo Alto Egito, e isso resultou na unificação dos reinos.

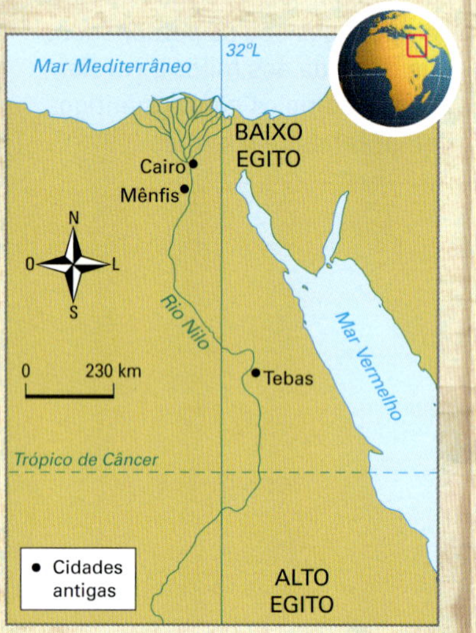

Os egípcios eram politeístas e acreditavam que o faraó era um deus encarnado. Portanto, o faraó tinha o poder político, militar e religioso. Essa forma de governo é chamada de **monarquia teocrática**.

Abaixo do faraó, a sociedade egípcia se organizava em grupos distintos; sua posição social também era hereditária.

A partir da unificação, a autoridade máxima sobre o Egito passou a ser o **faraó**. Os nomarcas respondiam apenas a ele e eram considerados representantes do faraó no nomo.

Deus Rá · Deusa Maat

O poder dos faraós era hereditário. Geralmente, passava do pai para o primogênito (o filho mais velho).

A coroa e o cetro eram os principais símbolos do poder dos deuses e, por isso, eram os principais objetos usados pelo faraó.

Sacerdotes
Responsáveis pelas atividades religiosas e administrativas dos templos.

Burocratas
Funcionários do Estado responsáveis pela administração do Egito. Entre eles destacavam-se os escribas, encarregados de todos os registros escritos do Império.

Militares
Funcionários do Estado responsáveis pela proteção do Egito, pela conquista de novos territórios e pela captura de escravos.

Nobres
Responsáveis pela liderança e pela organização dos nomos. São os nomarcas e suas famílias.

Camponeses
Agricultores, pastores e artesãos que pagavam tributos ao faraó em forma de trabalho forçado. A maioria da população egípcia fazia parte desse grupo.

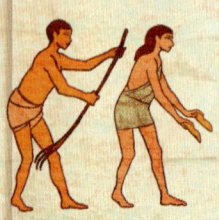

Escravos
Prisioneiros de guerra encarregados de trabalhar nas obras públicas, nas pedreiras e nas minas, desempenhando atividades consideradas perigosas.

Os egípcios acreditavam que, após a morte, os indivíduos eram julgados pelos deuses. Se fossem considerados justos, poderiam retornar à vida no mesmo corpo. Para que isso acontecesse, era preciso que o corpo estivesse conservado. Por isso, eles desenvolveram processos de mumificação.

O ritual funerário e o processo de mumificação da elite egípcia eram complexos e variavam de acordo com a época.

O ritual funerário e a mumificação dos camponeses eram simples: o corpo era tratado com uma mistura à base de vinho e enterrado no deserto. O calor e a baixa umidade desidratavam naturalmente o cadáver.

A MUMIFICAÇÃO

Os órgãos eram retirados do corpo e colocados em vasos chamados canopos. Houve épocas em que o coração não era extraído, por representar o centro da vida.

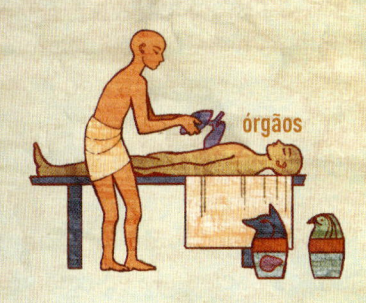

Depois, o corpo ficava repousando, por cerca de 40 dias, em uma solução de água e sal, para desidratar e matar as bactérias.

Após a desidratação, o corpo era preenchido com serragem, ervas aromáticas e textos sagrados.

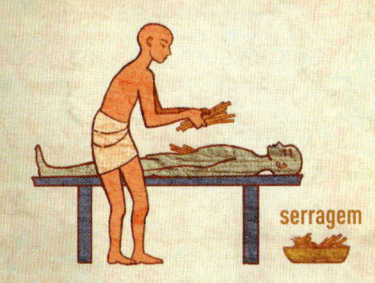

Em seguida, o corpo era enfaixado com ataduras de linho branco embebidas de uma resina que favorecia a conservação. Todo o processo de mumificação levava cerca de 70 dias.

Por fim, o corpo era guardado no sarcófago. Parte do ritual fúnebre era levar o sarcófago, os principais tesouros e os escravos pessoais do morto para as mastabas, os túmulos egípcios.

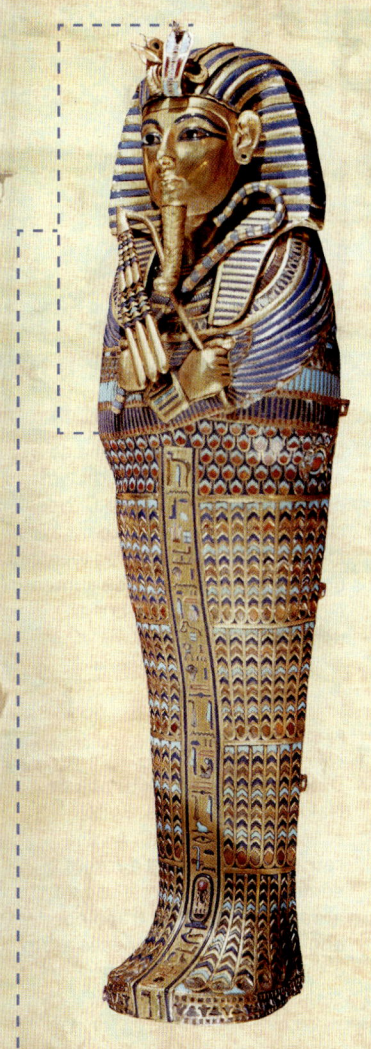

▲ Sarcófago de Tutancâmon, do século XIV a.C.

Geralmente, os faraós eram sepultados com uma máscara mortuária de ouro que cobria todo o rosto. A importância do morto na sociedade egípcia se refletia no tamanho de sua mastaba. Uma das principais teorias para a construção das pirâmides é que serviriam como túmulos para os faraós.

Aprofunde seus conhecimentos sobre **a morte e a medicina no Egito Antigo** e registre no caderno o que mais chamou sua atenção.

Fontes de pesquisa: Arnoldo W. Doberstein. *O Egito Antigo*. Porto Alegre: Ed. da PUCRS, 2010. p. 39-59; 75 e 80; Barry J. Kemp. *Ancient Egypt*: anatomy of a civilization. New York: Routledge, 2006. p. 60-92; Ian Shaw. *The Oxford history of Ancient Egypt*. New York: Oxford University Press, 2000. p. 41-107; The British Museum. Disponível em: http://www.britishmuseum.org; The Metropolitan Museum of Art. Disponível em: http://www.metmuseum.org. Acessos em: 30 nov. 2022.

A AGRICULTURA E OUTRAS TÉCNICAS

Como vimos, uma das bases da sociedade do Egito Antigo era a agricultura praticada nas margens do rio Nilo. Nessa atividade, utilizavam-se pás, foices, enxada e arados movidos por gado. Os principais produtos cultivados eram o papiro, o linho, a cevada, o trigo e as verduras. Os egípcios da Antiguidade também criavam bovinos, caprinos e aves, que eram utilizados no trabalho (para locomoção, tração de arados, etc.), na alimentação das pessoas e em algumas cerimônias religiosas. As imagens desta página são reproduções de importantes fontes históricas sobre o trabalho na sociedade egípcia do passado.

Com o linho era fabricado um tipo de tecido considerado nobre, e do papiro era feita uma espécie de folha utilizada por egípcios, fenícios e gregos para registros escritos. Tanto o processo de fabricação do linho quanto o do papiro eram realizados por artesãos especializados. Além deles, existiam carpinteiros, seleiros, ceramistas, ourives, entre outros.

Com base em conhecimentos de matemática, geometria e engenharia, os egípcios antigos construíram canais navegáveis a partir do rio Nilo, canais de irrigação e diques que possibilitavam a manutenção da agricultura, o deslocamento e a contenção do rio durante os períodos de cheia. Havia outros tipos de construção, como os palácios, os templos, as mastabas e as pirâmides. Essas construções estavam diretamente ligadas ao poder político e econômico de cada faraó, pois, quanto maiores e mais luxuosas fossem as construções, mais importante e poderoso o governante aparentava ser.

No interior das construções do Estado egípcio, trabalhavam funcionários que integravam a guarda pessoal do faraó e a administração do Império. Estes últimos eram especialistas em cálculo, pintura, escrita e confecção de estátuas. Acredita-se que havia pintores especializados em pintar ou esculpir pernas e braços, outros em desenhar o rosto, as roupas, os animais, e assim por diante. Tanto as pirâmides quanto as pinturas e as esculturas dos templos, dos palácios e das próprias pirâmides são importantes fontes históricas para a análise da vida dos egípcios antigos.

▲ Detalhe de mural na tumba do escriba e astrônomo Nakht, vale dos Reis, Egito, c. 1350 a.C. Nessa cena, um camponês prepara aves abatidas, evidenciando as técnicas de preparo desse tipo de alimento e o domínio egípcio sobre a domesticação avícola.

▼ Detalhe de mural na tumba de Nakht, vale dos Reis, Egito, c. 1400 a.C.-1390 a.C. A cena retrata camponeses durante a semeadura. Observe o uso do arado e a divisão do trabalho: enquanto dois camponeses aram o solo, o terceiro lança as sementes à terra.

RELIGIÃO E ESCRITA

Os egípcios eram politeístas. Seus deuses podiam ser representados na forma humana ou animal – ou, ainda, como uma combinação das duas. Eram considerados imortais e detentores do poder de proteger ou de prejudicar os seres humanos. Somente o faraó e os sacerdotes podiam participar dos cultos a essas divindades nos templos.

Cada grande cidade egípcia tinha um templo que era considerado a morada de um deus específico. Geralmente, o deus da cidade que se tornava capital ganhava mais notoriedade no Império. Isso ocorreu, por exemplo, em 1500 a.C., quando Tebas se tornou a capital do Egito e **Amon**, o deus dessa cidade, passou a ser cultuado em todo o Império.

O Livro dos Mortos

A religião tinha grande importância para os egípcios. Eles acreditavam que o corpo e a alma podiam reencontrar-se após a morte para uma outra vida e que a alma deveria saber como se portar após a morte. Nas câmaras mortuárias da época do Antigo e do Médio Império, havia inscrições com essas informações.

A partir do Novo Império, foi criado o **Livro dos Mortos**. Trata-se de uma coletânea de hinos, orações e orientações pós-morte, escrita em papiro e enterrada com os faraós e os nobres. Acreditava-se que o livro era um presente de **Toth**, o deus da escrita.

O sistema de escrita mais conhecido dos egípcios antigos era o **hieróglifo**, palavra que significa "escrita sagrada". Somente os escribas, nobres e altos sacerdotes sabiam ler a escrita hieroglífica, que, por ser considerada mais elaborada, era usada nos templos e sarcófagos. Para os assuntos mais cotidianos, utilizava-se um tipo de escrita chamado **hierático**, muito comum nos papiros do Egito Antigo.

> **ACESSO À CULTURA ESCRITA**
>
> No Egito Antigo, poucas pessoas podiam aprender a ler e a escrever.
>
> Ao longo de milênios, a escrita foi se popularizando e, na sociedade brasileira atual, ela é essencial à comunicação. Porém, de acordo com informações do Instituto Brasileiro de Geografia e Estatística (IBGE), em 2019, havia 11 milhões de brasileiros analfabetos.

▼ Papiro funerário do escriba Hunefer (c. 1297 a.C.-1185 a.C.), presente no Livro dos Mortos. Observe a pesagem do coração, no centro da imagem, e o julgamento da alma, à direita.

OS NÚBIOS

Os núbios habitavam a região do atual Sudão, entre a segunda e a sexta catarata do rio Nilo. Sabe-se que eles formaram aldeamentos fixos no local desde 4000 a.C. O contato com os egípcios favoreceu o compartilhamento de muitos conhecimentos em várias áreas: na construção de pirâmides, no cuidado com os mortos, nos estilos de pintura e de ornamentação, etc.

A partir de 2000 a.C., a elite da cidade núbia de **Querma** se impôs sobre as outras cidades núbias tornando-se capital de um novo império: o **Império de Cuxe**. Esse Estado, com um governo centralizado em uma figura semelhante à do faraó egípcio, enriqueceu ao intermediar o comércio entre os povos do Mediterrâneo, do Egito e os povos ao sul da Núbia.

Os núbios exportavam peles, madeira, marfim, cascos de tartaruga, resina, incensos e ovos de avestruz para os egípcios e importavam do Egito tecidos, azeite, pedras preciosas, mel e objetos de cobre. Com a descoberta de minas de ouro no sul da Núbia, Cuxe passou a ser o maior fornecedor desse metal precioso para a corte do faraó. A comercialização de escravos também era intermediada pelos núbios. Em geral, escravizavam-se os devedores e os prisioneiros de guerra.

Além de Querma, outros centros urbanos núbios destacaram-se no Império de Cuxe: **Napata** e **Méroe**. Observe o mapa.

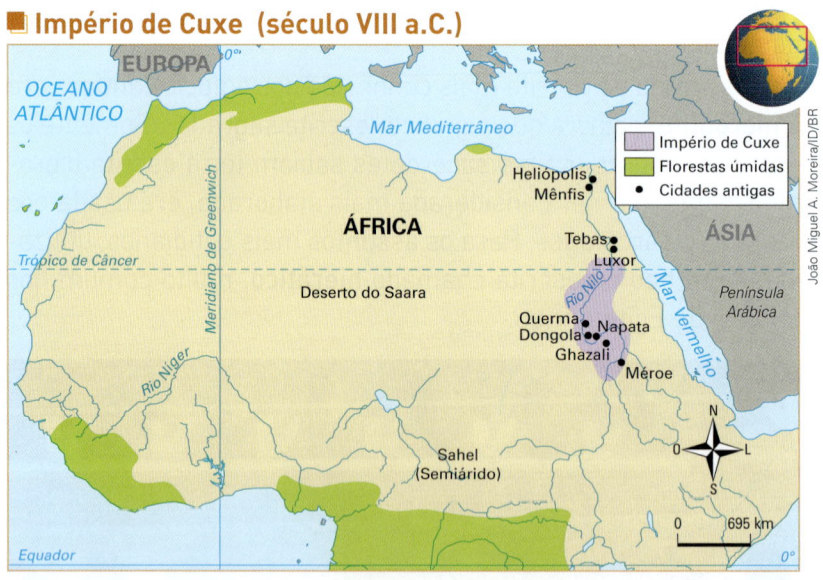

▲ Pirâmide de Méroe, no atual Sudão, construída entre os séculos III a.C. e III d.C. Foto de 2021.

■ **Império de Cuxe (século VIII a.C.)**

Fonte de pesquisa: Gamal Mokhtar (ed.). *História geral da África*, v. II: África Antiga. 2. ed. rev. Brasília: Unesco, 2010. p. 293.

Napata tornou-se a capital de Cuxe por volta de 1000 a.C., mantendo esse *status* até a invasão dos assírios em 660 a.C. Para fugir deles e assegurar a continuidade do Império, os governantes núbios mudaram-se para uma cidade mais ao sul: Méroe. O fim definitivo do Império de Cuxe ocorreu no século III, com a destruição de Méroe por uma nova potência: Axum.

REIS E RAINHAS DE CUXE

O Estado cuxita era governado por um rei que, provavelmente, representava o papel de um deus para seu povo, semelhante ao que ocorria com os faraós egípcios. Os súditos de Cuxe acreditavam que o rei era escolhido pelos deuses em um processo comandado pelos sacerdotes, o que garantia a união do escolhido com o plano divino.

A escolha do rei era complexa. Os candidatos eram sempre membros da família real, preferencialmente os irmãos do soberano. A sucessão real cuxita não se dava, portanto, de pai para filho. Muitos grupos participavam da escolha do rei, incluindo nobres, militares, altos funcionários do Estado e sacerdotes.

RAINHAS GOVERNANTES

Uma característica do Estado cuxita era o importante papel político desempenhado pelas mulheres. Desde o princípio do Império de Cuxe, a rainha-mãe, ou seja, a mãe do rei, detinha grande poder e prestígio, tomando parte em algumas decisões do governo.

Como a sucessão ao trono de Cuxe se dava principalmente entre irmãos, a rainha-mãe era, na prática, a mãe de muitos reis, o que aumentava seu poder. As mulheres da Família Real também alcançavam altos postos no Estado, principalmente como sacerdotisas de Amon, cargo de grande poder político e econômico.

A partir do século II a.C., surgiram as primeiras governantes mulheres, rainhas que não dividiam o poder com nenhum outro nobre. Eram as **candaces**. No fim do século I a.C., uma candace que habitava Méroe enfrentou as tropas de Roma que dominavam o Egito, fato registrado pelos romanos.

> ### CIDADANIA GLOBAL
>
> #### MULHERES NA POLÍTICA
>
> A desigualdade de gênero – ou seja, o privilégio de um gênero em detrimento de outro(s) – é uma construção social que revela o modo como a sociedade entende os papéis que cada gênero deve desempenhar. No reino de Cuxe, as mulheres exerciam um papel político bem definido e com poder de decisão.
>
> 1. Atualmente, no Brasil, as mulheres exercem funções de destaque como no reino Cuxe? Explique.
> 2. Em sua opinião, o que é preciso fazer para promover a igualdade de direitos entre homens e mulheres?

Relevo em parede do templo cuxita do deus Apedemak, o deus Leão, em Naga, atual Sudão. A cena mostra a candace Anamitare de Cuxe (à direita) golpeando seus inimigos. Foto de 2022.

ATIVIDADES

Retomar e compreender

1. Forme dupla com um colega. Retomem o texto e a imagem da abertura deste capítulo e respondam às questões abaixo.

    a) Qual era a importância do rio Nilo para os povos antigos que habitavam o norte do continente africano?

    b) De que maneira os ciclos naturais de cheias e vazantes desse rio influenciava o modo de vida desses povos? Citem exemplos de técnicas agrícolas que comprovem a resposta.

2. Indique as afirmações verdadeiras sobre o Egito Antigo.

    a) As comunidades que se formaram no delta do rio Nilo adaptaram-se às cheias e às vazantes para o cultivo de cereais.

    b) A sociedade egípcia foi marcada pela ausência de camadas sociais, o que a tornou mais igualitária.

    c) Os egípcios acreditavam na imortalidade da alma, o que os levou a elaborar complexos rituais funerários.

    d) A maior parte da população do Egito Antigo era composta de camponeses que trabalhavam nas terras pertencentes ao faraó.

    e) Os egípcios eram politeístas e adoravam diversos deuses que correspondiam às forças naturais, como o Sol.

Aplicar

3. O texto e a imagem desta atividade abordam a cultura núbia.

    > Embora atualmente a região esteja muito isolada pelos desertos e pelos difíceis obstáculos da Segunda, Terceira e Quarta Cataratas do Nilo, Dongola e as bacias vizinhas do Médio Nilo foram outrora o centro de formações políticas ricas e poderosas. Na primeira metade do II milênio, a chamada cultura de Querma correspondia ao rico e próspero reino de Cuxe, mencionado nos textos egípcios. As prospecções arqueológicas bastante irregulares dessa região ainda hoje pouco conhecida tornam muito difícil elaborar o seu quadro histórico após a fase brilhante, mas relativamente curta, de domínio egípcio durante o Novo Império [...].
    >
    > Gamal Mokhtar (ed.). *História geral da África*, v. II: África Antiga. 2. ed. rev. Brasília: Unesco, 2010. p. 273.

▲ Esculturas egípcias, em madeira, feitas entre 1938 a.C. e 1755 a.C., representando o exército de arqueiros da Núbia a serviço do faraó.

   a) No texto, qual fonte histórica foi analisada pelos pesquisadores para conhecer Cuxe? Esse tipo de fonte histórica é comum entre os povos antigos do continente africano que você estudou até o momento?

   b) Núbios e egípcios antigos compartilharam diversos aspectos culturais. Que relação entre eles pode ser identificada nos objetos retratados nessa imagem?

4. Leia o trecho do livro do historiador José Rivair Macedo e, em seguida, responda às questões.

    > Vistos como seres divinos ou divinizados, os faraós eram considerados a personificação viva de Rá, o deus-sol, e a réplica de Osíris, o senhor da terra dos mortos. Apoiado numa elite governante constituída por aliados e dependentes pessoais, de onde provinham escribas, sacerdotes e chefes militares, o poder faraônico se prolongou ao longo dos milênios, através de sucessivas dinastias.
    >
    > José Rivair Macedo. *História da África*. São Paulo: Contexto, 2013. p. 24.

a) De acordo com o texto, como os faraós eram vistos no Egito Antigo?
b) Como era a estrutura social no Egito Antigo?

5. O texto trata do papel das mulheres na sociedade do Egito Antigo. Leia-o e depois converse com os colegas sobre as questões.

> A mulher [...] não era privada de uma vida independente de seu marido. Elas tinham direitos que foram se perdendo com as conquistas grega, romana, árabe e cristã e que somente no mundo contemporâneo as mulheres, de algumas culturas, conseguiram reconquistar. As egípcias poderiam adotar crianças em seu nome, caso desejassem, pedir divórcio, prestar testemunho, receber heranças, possuir e administrar bens e determinar com quem estes ficariam depois de sua morte [...]. Em todas as instâncias da vida, as mulheres eram tratadas como os homens [...]. [...] Apesar de raramente serem alfabetizadas, elas poderiam ser trabalhadoras e exercer atividades importantes dentro de templos, como musicistas, dançarinas e acrobatas em cerimônias religiosas [...].
>
> Priscila Scoville. Senhoras da casa: uma visão sobre a importância do feminino na sociedade egípcia da XVIII Dinastia. Revista *Cadernos de Clio*, Curitiba, Universidade Federal do Paraná, v. 5, n. 1, p. 288, dez. 2014. Disponível em: https://revistas.ufpr.br/clio/article/viewFile/40226/24581. Acesso em: 20 abr. 2023.

a) Há semelhanças entre o papel da mulher egípcia e o papel da mulher núbia na Antiguidade? Explique.
b) O texto compara o papel da mulher egípcia com o papel feminino em outros povos antigos. Que povos são esses e quais são as conclusões da pesquisadora?
c) Em sua opinião, o papel da mulher egípcia no mundo antigo é semelhante ou diferente do papel desse grupo na sociedade brasileira atual? Conte sua opinião aos colegas.

6. Observe a imagem e, em seguida, responda:

◀ Arqueólogos analisam mais de 20 sarcófagos fechados no Egito em 2019.

a) O que a imagem mostra?
b) Em 2019, o governo do Egito anunciou uma das maiores descobertas arqueológicas do Egito. Em sua opinião, qual é a importância dessa descoberta?

CAPÍTULO 3
O IMPÉRIO DE AXUM

PARA COMEÇAR

No século III, o Império de Axum foi uma grande potência comercial do continente africano.

Em sua opinião, como esse império teria atingido tal posição? Que tipo de relação os axumitas mantinham com os povos que viviam próximo de seu território, como os cuxitas, por exemplo?

▼ Durante quase toda a Antiguidade, os axumitas permaneceram politeístas. Porém, a partir do século IV, sob influência do Império Romano, a religião oficial de Axum passou a ser o cristianismo. Ainda hoje, essa é uma das principais religiões praticadas na Etiópia. Na foto, celebração do feriado ortodoxo cristão etíope de Meskel, em Adis Abeba, 2022.

O CRESCIMENTO DE AXUM

Entre os povos antigos do continente africano estudados nesta unidade, os axumitas são os mais recentes: acredita-se que o Império de Axum tenha se desenvolvido a partir do século I, no norte da atual Etiópia.

O centro do Império era a cidade de Axum, que deu nome ao império e estava situada no planalto etíope. Originalmente, um aldeamento agrícola onde se miscigenaram árabes (iemenitas) e africanos, Axum se fortaleceu ao controlar a rota comercial que ligava o mar Vermelho ao vale do rio Nilo e ao sul da África. Enriquecido pelo comércio, o rei de Axum pôde organizar um exército eficiente, que conquistou um enorme território, incluindo prósperas cidades portuárias, como Adúlis, formando, assim, um grande império. No século III, auge do poder axumita, as tropas imperiais conquistaram o vizinho Império de Cuxe, destruindo Méroe. O exército de Axum invadiu também a margem oriental do mar Vermelho, conquistando territórios que hoje se situam no sul da Arábia Saudita e no Iêmen.

Pelos portos do Império de Axum, no mar Vermelho, passavam as mais variadas mercadorias, distribuídas no Ocidente e no Oriente, ligando os Impérios Romano e Persa com a África Oriental e com as regiões mais distantes da Ásia, principalmente a Índia e a China.

AXUM CRISTÃ

Entre os séculos III e V, Axum adquiriu caráter imperial ao impor sua força aos vizinhos no nordeste do continente africano, dominando, assim, um vasto território de áreas cultiváveis. Com isso, Axum passou a dominar todas as rotas de comércio que passavam pelo sul da Península Arábica, pela Arábia meridional, pela região da Núbia e pela Etiópia, atravessando o mar Vermelho, o que tornou a cidade um ponto de articulação entre populações de origem africana e de origem árabe.

O contato entre povos de diversas origens em Axum permitiu trocas culturais importantes, com destaque para a adoção da religião cristã. O cristianismo surgiu no século I d.C., na região da atual Palestina e, na metade do século IV, foi propagado por seus adeptos em quase todo o território do Egito, onde líderes religiosos e pensadores cristãos foram responsáveis pela difusão dessa religião em Axum. Eles interpretavam o evangelho e a doutrina cristã diferentemente do modo como as autoridades religiosas de Roma e, posteriormente, de Bizâncio propagavam.

Dessa maneira, a igreja axumita surge com características próprias, com destaque para o calendário e a adaptação de costumes das religiões tradicionais da África subsaariana. No século V, o cristianismo tornou-se a religião predominante em Axum.

> Atualmente, a **Etiópia** é o segundo país mais populoso do continente africano. Observe as imagens, leia suas legendas e, em seguida, anote os contrastes que caracterizam a economia e os aspectos sociais do país.

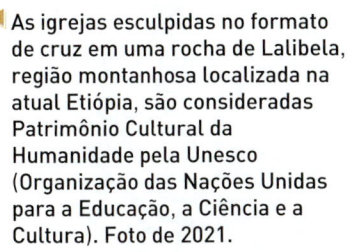

◄ As igrejas esculpidas no formato de cruz em uma rocha de Lalibela, região montanhosa localizada na atual Etiópia, são consideradas Patrimônio Cultural da Humanidade pela Unesco (Organização das Nações Unidas para a Educação, a Ciência e a Cultura). Foto de 2021.

POTÊNCIA COMERCIAL

Do interior da África, chegavam a Axum produtos como sal, ouro, marfim, peles de animais, plumas e cascos de tartaruga; da Índia e da China, tecidos finos de algodão, pimenta, pérolas e seda.; e, do Império Romano, azeite, vinhos e objetos de metal e de vidro.

Todas essas mercadorias chegavam principalmente em Adúlis, onde ficava o maior porto axumita, frequentado por romanos, indonésios, judeus, indianos, persas e árabes, que formavam, com os africanos, uma comunidade cosmopolita. O mapa mostra o alcance de Axum. Observe-o.

■ Império de Axum (séculos III a VII)

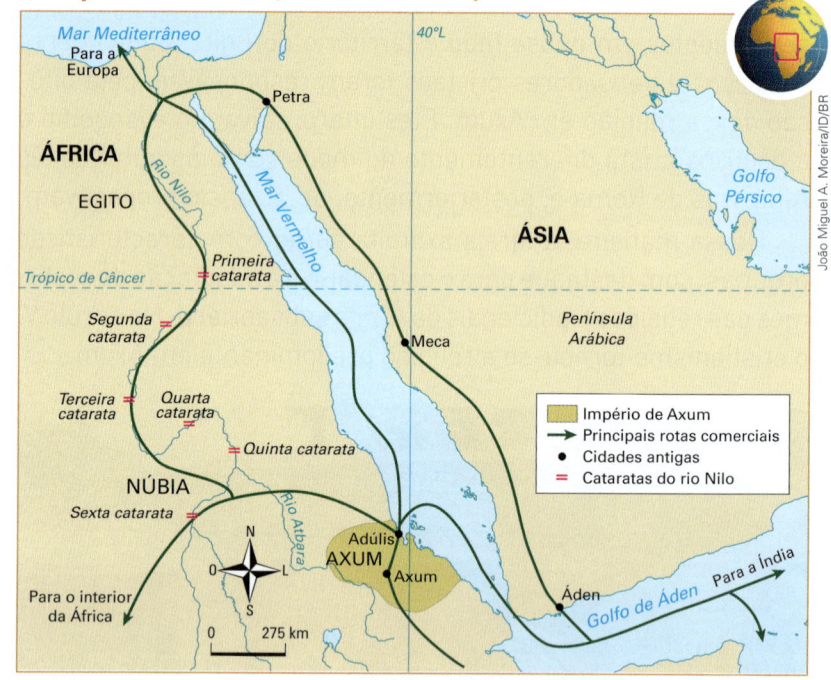

Fontes de pesquisa: Gamal Mokhtar (ed.). *História geral da África*, v. II: África Antiga. 2. ed. rev. Brasília: Unesco, 2010. p. 404; Patrick K. O'Brien (ed.). *Philip's atlas of world history*. London: Institute of Historical Research, University of London, 2007. p. 82.

Os axumitas criaram um sistema de escrita próprio, baseado em sua língua, o **gueze**. Além do gueze, a elite de Axum, incluindo os comerciantes, também falava e escrevia em grego, pois, na época, era o idioma utilizado pela maioria dos povos que viviam no Oriente mediterrânico, incluindo o Egito.

A partir do século VII, a consolidação do poder muçulmano na península Arábica e no norte da África, que acabou controlando as rotas comerciais do mar Vermelho, antes dominadas pelos axumitas, provocou uma crise no Império de Axum.

◀ Moedas de prata cunhadas pelo rei axumita Ousanas, por volta do ano 320.

O COMÉRCIO DE ESCRAVOS

Desde o período do Império Egípcio, há registros do comércio de escravos, intermediado, geralmente, pelos núbios. A quantidade de escravos nos impérios africanos variou ao longo do tempo. Por exemplo, no período de construção das grandes pirâmides egípcias, os contingentes eram maiores do que aqueles registrados no auge do Império de Cuxe.

Os axumitas eram os fornecedores de escravos, capturados em guerras e recebidos como tributos pagos por outros povos. Os escravos não eram considerados objetos e tinham certa liberdade, apesar de ter de cumprir os trabalhos que lhes eram designados. No norte da África Antiga, dificilmente um escravo deixava essa condição social.

---

cosmopolita: região ou pessoa que mantém contato com diferentes ideias, culturas e conhecimentos, muitas vezes de regiões distantes.

ATIVIDADES

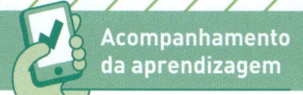

Acompanhamento da aprendizagem

Retomar e compreender

1. Em Adúlis, ficava o principal porto do Império de Axum. Nessa cidade, havia comerciantes das mais diversas origens, como gregos, egípcios, judeus, indianos e árabes. Por isso, essa cidade era considerada cosmopolita. Sobre o assunto, faça o que se pede a seguir.

   a) No Brasil, há cidades com essa característica? Em caso afirmativo, dê exemplos.

   b) Consulte em um dicionário os significados da palavra **cosmopolita** e anote-os no caderno.

   c) Caso tenha respondido de modo afirmativo ao item **a**, responda: Essas cidades do Brasil podem ser consideradas cosmopolitas? Por quê?

   d) A cidade do município onde você mora pode ser considerada cosmopolita? Explique.

Aplicar

2. Observe a imagem e leia a legenda.

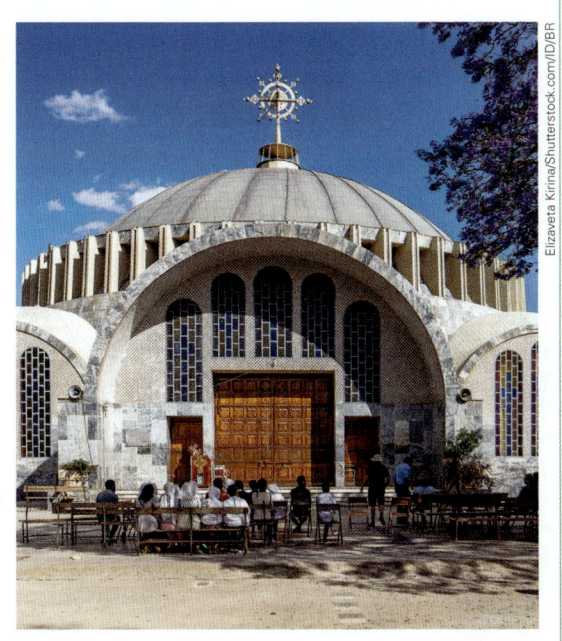

▲ Fachada da igreja de Santa Maria de Sião na Axum atual, Etiópia. Foto de 2018.

   a) Descreva a imagem.

   b) Escreva, no caderno, uma frase que relacione o que é representado na imagem à característica cosmopolita do Império de Axum na Antiguidade.

3. Leia o texto, observe a imagem e, depois, responda às questões.

> As moedas axumitas revestem especial importância. Com efeito, somente graças a elas é que ficamos conhecendo os nomes dos dezoito reis de Axum. Descobriram-se milhares de moedas, sobretudo nos campos arados ao redor de Axum, em especial durante a estação chuvosa, quando a água revolve o solo. A maioria é de bronze, com tamanho variável entre 8 e 22 mm. Em geral as moedas trazem o busto dos reis, com ou sem coroa.
>
> Gamal Mokhtar (ed.). *História geral da África*, v. II: África Antiga. 2. ed. rev. Brasília: Unesco, 2010. p. 392

▲ Moeda axumita do século IV.

   a) Segundo o texto, por qual razão as moedas foram importantes para o conhecimento da sociedade axumita?

   b) De acordo com as informações do texto, descreva a imagem gravada na moeda axumita.

   c) Com base no que você estudou neste capítulo, por que essa imagem foi escolhida para estampar a moeda axumita?

   d) No futuro, se um historiador fosse estudar a sociedade brasileira, o que os símbolos presentes em nossa moeda poderiam dizer a ele? Você sabe o que esses símbolos representam? Com a orientação do professor, faça um levantamento de informações sobre o assunto em publicações impressas ou digitais e anote-as no caderno. Em data combinada com o professor, compartilhe essas informações e suas hipóteses com os colegas.

ATIVIDADES INTEGRADAS

Retomar e compreender

1. Retome as características culturais dos povos antigos do continente africano estudados nesta unidade e responda: O que caracterizou os povos da Núbia e de Axum como impérios no Egito Antigo?

Aplicar

2. O texto a seguir aborda um documento histórico do Egito Antigo. Leia-o e depois faça as atividades.

> O mais antigo e completo registro de estudo da Anatomia humana conhecido está contido no papiro Ebers. Este papiro é também o mais antigo documento médico existente. Foi escrito em hierático, no Antigo Egito, em 1552 a.C. e foi batizado em homenagem ao egiptólogo alemão Georg Ebers, que o adquiriu em 1873. As 110 páginas do rolo contêm mais de 700 fórmulas mágicas e remédios populares para tratamento de diversos males, que vão desde unha encravada até mordida de crocodilo. [...] O papiro também se refere a controle de natalidade e a doenças como diabetes [...] e artrite. [...] Na área de Anatomia, o papiro faz uma descrição precisa do sistema circulatório, mencionando a existência de vasos sanguíneos por todo o corpo e a função cardíaca como centro do suprimento sanguíneo. O documento sugere conhecimento de diversas outras vísceras, como baço, rins, ureteres e bexiga.
>
> Sandro Cilindro de Souza. *Lições de anatomia*: manual de esplancnologia. Salvador: Ed. da UFBA, 2010. p. 15.

a) A que fonte histórica o texto se refere?

b) O trecho citado faz parte de um livro da área de medicina. Identifique, na referência da obra, o campo da medicina a que se refere esse trecho. Busque informações sobre o que é estudado por esse campo da medicina e anote no caderno suas conclusões.

c) Em sua opinião, que costume da cultura egípcia pode ter contribuído para o desenvolvimento de saberes sofisticados sobre anatomia? Explique.

3. Observe a imagem, leia a legenda e, depois, responda às questões.

a) Que influências egípcias podem ser identificadas nesse monumento?

b) O Império de Cuxe, por sua posição estratégia, ao sul do rio Nilo, favoreceu o contato entre as culturas egípcias e axumitas, mesmo que tenham alcançado o auge em épocas diferentes. Em sua opinião, essa afirmação está correta? Explique aos colegas.

◀ Detalhe de entalhe decorativo de um templo em homenagem ao deus Amon, em Musawwarat es-Sufra, atual Sudão, antiga região do Império de Cuxe. A cabeça de carneiro, ao centro, representa Amon, ladeado por duas cabeças de leão que representam o deus cuxita Apedemak. O entalhe foi feito entre os séculos IV a.C. e III a.C.

Acompanhamento da aprendizagem

4. Reproduza o quadro e complete-o com os tipos de fonte histórica utilizados pelos pesquisadores para analisar os povos que você estudou nesta unidade. Depois, responda à questão.

Povos da África Antiga	Principais fontes históricas
Culturas ribeirinhas e tradição Nok	
Egito Antigo	
Império de Cuxe (núbios)	
Império de Axum	

- Os povos antigos do continente africano tinham tradições orais, isto é, tradições que eram passadas de geração a geração em histórias contadas pelos mais velhos aos mais jovens. Em sua opinião, por que, no caso dos povos estudados, as tradições orais não foram as principais fontes históricas citadas? Levante hipóteses.

Analisar e verificar

5. Leia o texto a seguir, que trata da escravidão na África Antiga, e faça o que se pede.

Por volta de 2680 a.C. [...] o faraó Esnefreu, da IV Dinastia, viu suas tropas regressarem da Núbia com um butim espantoso: sete mil prisioneiros e 200 mil cabeças de gado. Ainda que os números talvez tenham sido, para a maior glória do rei, propositalmente inflados, essa campanha militar pode ser considerada uma muito bem-sucedida operação de preia de escravos.

Deviam datar de muito antes – pelo menos desde a I Dinastia – as descidas de escravos negros da Núbia [...] para o Egito. Em quantidades pequenas, mas que tinham peso na época [...]. Descontados os exageros [...] das estelas comemorativas, talvez não chegasse a meio milhar por ano o número dos cativos então arrancados dos territórios ao sul do Egito.

[...]

Alberto da Costa e Silva. *A manilha e o libambo*: a África e a escravidão. 2. ed. Rio de Janeiro: Nova Fronteira, 2011. p. 12-13.

a) Busque, em um dicionário, o significado das palavras do texto que você não conhece. Anote as palavras e os respectivos significados no caderno.

b) Quais são os povos antigos do continente africano mencionados no texto?

c) De acordo com o texto, de que modo a condição de escravidão ocorria entre esses povos?

d) Qual fonte histórica foi analisada pelo historiador para caracterizar as relações de escravidão nesse período? Ele parece confiar totalmente nela?

Criar

6. O Brasil é um dos maiores produtores de sorgo do mundo. Forme dupla com um colega para fazer uma reportagem sobre a produção de sorgo em nosso país. Utilizem publicações impressas ou digitais para levantar informações sobre o assunto e lembrem-se de buscar fontes confiáveis, como órgãos ligados ao governo e às universidades. Procurem responder às seguintes questões:

a) Qual é a média da produção anual de sorgo no Brasil?

b) Em quais regiões a produção é mais intensa?

c) Qual é o segmento que consome o sorgo produzido no Brasil?

7. **SABER SER** Na abertura desta unidade, você e os colegas conversaram sobre a importância de as mulheres ocuparem posições de destaque na atualidade. Agora, você vai refletir sobre os impactos da igualdade de gênero na sociedade contemporânea. Busque informações sobre esse assunto e, com base nelas, escreva um poema.

CIDADANIA GLOBAL

UNIDADE 4

5 IGUALDADE DE GÊNERO

Retomando o tema

Nesta unidade, você aprendeu que as rainhas-mãe desempenhavam um papel de grande importância e destaque na sociedade cuxita. De forma semelhante, as rainhas-mãe egípcias também desfrutavam de grande prestígio e podiam até mesmo desempenhar as mesmas funções políticas do faraó.

Ao estudarmos sociedades de diversas épocas e lugares, é comum nos depararmos com figuras femininas poderosas, que exerceram funções de liderança política ou social e estiveram no centro de eventos e processos históricos de grande importância. Apesar disso, em nossa sociedade, o acesso das mulheres a posições de liderança e destaque público é, muitas vezes, dificultado ou até mesmo negado, diferentemente do que acontece com os homens, que são incentivados desde criança a ocupar esses espaços. Você já se perguntou por que isso acontece?

1. Em sua comunidade é mais comum que homens ou mulheres exerçam papéis de liderança?
2. O que você entende por igualdade de gênero? Como explicaria essa expressão a um familiar ou colega?
3. Você considera que homens e mulheres têm os mesmos direitos em nossa sociedade? Explique sua resposta.

Geração da mudança

- Reconhecer, celebrar e divulgar a atuação de mulheres que ocupam papéis de liderança é não somente uma forma de lutar contra o apagamento do trabalho realizado por elas, como também uma maneira de incentivar e tornar possível o acesso das mulheres a esses espaços.

- Organizem-se em grupos de quatro ou cinco integrantes e, coletivamente, produzam cartazes celebrando a atuação de mulheres como líderes na comunidade em que vocês vivem.

- Cada grupo deverá escolher quem será a homenageada, explicar brevemente no cartaz quem é essa pessoa e qual trabalho ela realiza.

- Ao término da atividade, os cartazes deverão ser afixados no pátio da escola ou no mural da turma na sala de aula.

Autoavaliação

Liniker Eduardo/ID/BR

A AMÉRICA ANTIGA

UNIDADE 5

PRIMEIRAS IDEIAS

1. Como viviam os povos antigos que habitavam o território do atual Brasil? Levante hipóteses.
2. Na escola onde você estuda, há descendentes de povos indígenas?
3. Em sua opinião, povos com diferentes costumes e culturas podem viver próximos uns dos outros de modo respeitoso e harmônico? Expresse e justifique sua opinião aos colegas.

Conhecimentos prévios

Nesta unidade, eu vou...

CAPÍTULO 1 — Povos originários no Brasil

- entender o papel das pesquisas arqueológicas para o conhecimento das primeiras sociedades que habitaram o território do Brasil atual.
- identificar as principais características culturais dos primeiros grupos de caçadores e coletores, dos povos sambaquieiros, dos povos amazônicos e dos povos antigos da família linguística tupi-guarani.
- reconhecer as relações entre as tradições arqueológicas e os povos indígenas no Brasil atual.
- compreender que as populações indígenas têm direitos específicos reconhecidos pela Constituição e que enfrentam graves problemas de violação desses direitos.
- conhecer hábitos de consumo relativos aos alimentos tradicionalmente cultivados por povos americanos.

CAPÍTULO 2 — Povos mesoamericanos e andinos

- distinguir as principais características culturais de alguns povos nativos da Mesoamérica, analisando imagens, linha do tempo detalhada e informações textuais.
- identificar as principais características culturais dos povos andinos, por meio da leitura do texto principal, de narrativa mítica e de relato.
- refletir sobre o consumo de água em contextos coletivos e individuais, analisando a conexão entre hidratação corporal e saúde e bem-estar.

INVESTIGAR

- levantar, em fontes bibliográficas, informações acerca dos avanços das pesquisas arqueológicas sobre os geoglifos e a respeito de dados sobre as áreas de desmatamento da Amazônia.
- elaborar roteiros para orientar o trabalho dessa busca de informações, contemplando o trabalho com material impresso e fontes da internet.
- perceber a importância da aplicação de métodos de pesquisa, tendo como síntese do processo a produção de um painel.

CIDADANIA GLOBAL

- identificar a relevância das atividades comunitárias para a preservação da saúde mental e a sensação de bem-estar, considerando as próprias vivências.
- reconhecer hábitos que contribuem para a preservação da saúde, com base no exame de rotinas alimentares.

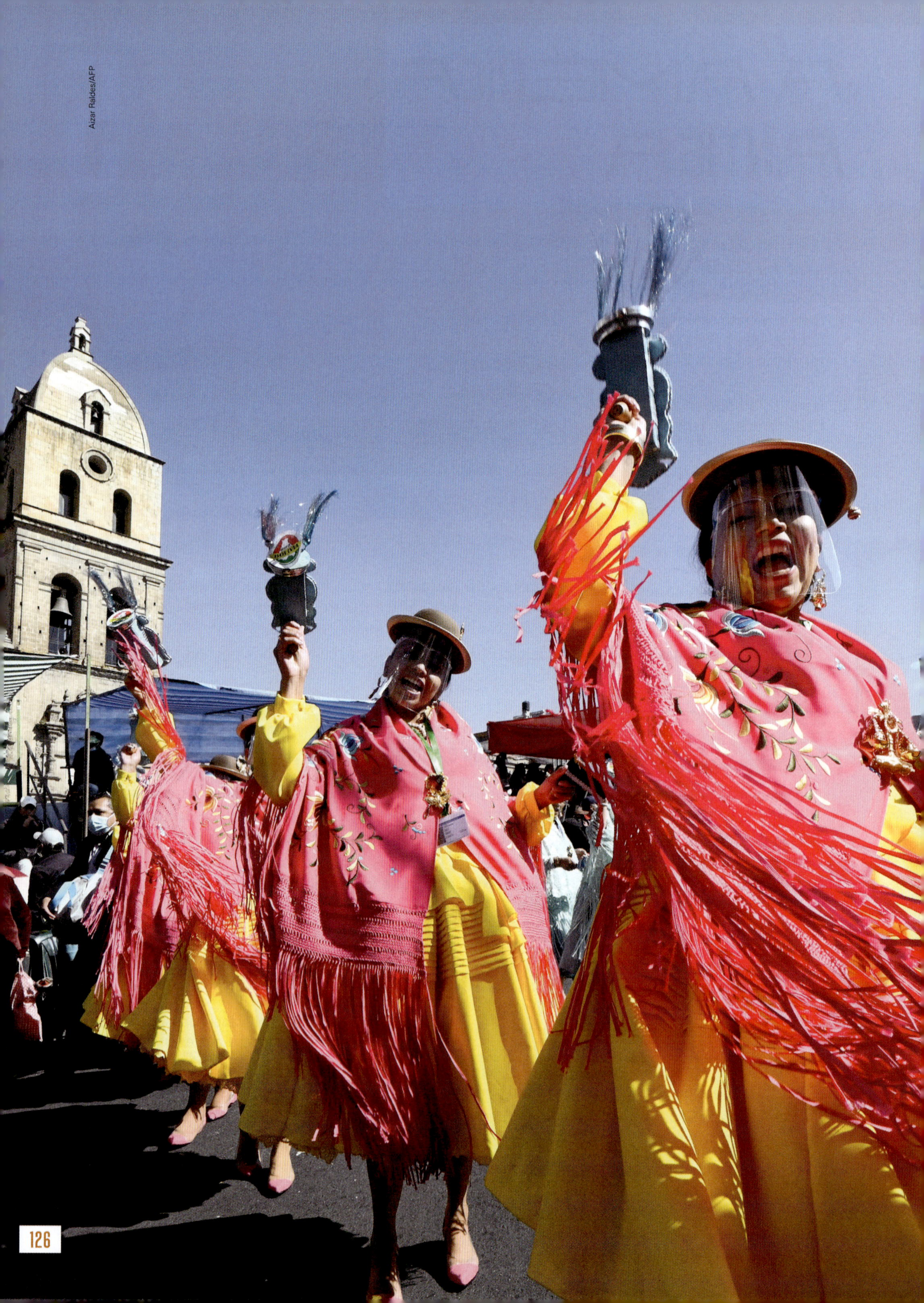

Aizar Raldes/AFP

LEITURA DA IMAGEM

1. A imagem retrata que tipo de evento?
2. Em sua opinião, as mulheres fotografadas parecem deslocadas ou confortáveis? Que características da imagem evidenciam isso?
3. Em sua comunidade, há pessoas parecidas com as mulheres da fotografia? Nela, ocorrem eventos como esse? Compartilhe suas experiências com a turma.

CIDADANIA GLOBAL

3 SAÚDE E BEM-ESTAR

A participação em atividades comunitárias, como o evento registrado na foto, fortalece os laços entre as pessoas de uma comunidade e ainda reforça a identificação que cada um tem com os grupos dos quais faz parte. Essa conexão é essencial para a saúde mental e o bem-estar das pessoas.

1. Em sua comunidade, quais eventos costumam ser realizados? Esses eventos são alegres? Como você se sente em relação a eles?
2. Em sua opinião, qual é a importância desse tipo de evento para a saúde das pessoas da comunidade? Compartilhe suas reflexões com a turma.

Você conhece a **dança tradicional** apresentada na imagem? O vídeo mostra um trecho dessa manifestação cultural. Depois de assistir ao vídeo, compartilhe suas impressões com os colegas.

Mulheres indígenas apresentando uma dança no Festival Gran Poder, em La Paz, Bolívia. Foto de 2022.

CAPÍTULO 1
POVOS ORIGINÁRIOS NO BRASIL

PARA COMEÇAR

Muito antes da chegada dos europeus, o território que hoje corresponde ao Brasil já era ocupado por diversos povos. O que você sabe a respeito dos primeiros povos que ocuparam essa região? Quais vestígios nos permitem conhecer mais a respeito desses povos?

DIVERSIDADE DE REGIÕES, DIVERSIDADE DE TRADIÇÕES

As partes dos territórios que hoje formam o Brasil favoreceram diferentes modos de ocupação ao longo de milhares de anos. As pesquisas arqueológicas têm revelado informações importantes sobre os primeiros povos da América e, consequentemente, sobre o passado dos povos indígenas que habitam o Brasil na atualidade.

Neste capítulo, você vai conhecer algumas das culturas e tradições arqueológicas que são objeto de estudo em nosso país.

Por meio das datações estabelecidas, das possibilidades de uso dos vestígios encontrados e da análise dos materiais de que eles são constituídos, é possível identificar características de cada tradição arqueológica.

POVOS DO INTERIOR

Com base na análise dos vestígios, sabe-se que os primeiros habitantes do continente americano eram **nômades** e dedicavam-se à **caça**, à **pesca** e à **coleta** de espécies vegetais e de insetos. À medida que se deslocavam pelo continente, eles aprimoravam técnicas de caça e de produção de utensílios, além de desenvolver a agricultura e costumes próprios, como maneiras de se comunicar, de se reunir, de enterrar os mortos, de demonstrar afeto, etc.

▼ Vista próxima de sambaqui do sítio arqueológico Santa Marta III, no município de Laguna (SC). Foto de 2021. De acordo com as pesquisas arqueológicas, esse sítio apresenta vestígios da tradição Umbu, que teria habitado a região há cerca de 12 mil anos e desenvolvido objetos de pedra lascada.

Tales Azzi/Pulsar Imagens

SAMBAQUIEIROS: POVOS DO LITORAL

Há 8 mil anos, alguns grupos humanos fixaram-se ao longo do litoral do continente americano, principalmente na porção sul do território, na área que se estende do atual estado do Rio de Janeiro até Santa Catarina. Graças à fartura de peixes e de crustáceos oferecidos pelo mar, esses povos criaram comunidades estáveis, muitas vezes **sedentárias**.

A marca mais característica dos povos antigos do litoral são os chamados **sambaquis**, grandes montes formados pelo acúmulo de conchas e de restos de outros animais marinhos. Em geral, eles apresentam forma arredondada e alguns atingem até 30 metros de altura. O termo sambaqui é de origem tupi-guarani e significa "monte de conchas".

Esse tipo de estrutura também é comum nos litorais da África e da Europa. Em alguns locais do Brasil e também de Portugal, por exemplo, os sambaquis são chamados de concheiros.

Com base nos materiais encontrados nos sambaquis, pesquisadores formulam hipóteses sobre as funções dessas estruturas. Nesses sítios arqueológicos, além de cerâmicas e ossadas humanas, é comum encontrar:

- **ferramentas de pedra**: como machados, martelos e quebra-coquinhos;
- **objetos feitos de ossos**: como anzóis, farpas serrilhadas, agulhas, espátulas e recipientes;
- **objetos feitos de conchas**: as conchas tinham uso variado – podiam tornar-se facas, serras e colares e, quando cobertas por argila, eram utilizadas como recipientes para ferver água;
- **zoólitos**: esculturas de pedra polida na forma de animais, como tubarões e outros peixes, mamíferos marinhos, tatus, pássaros, etc. Eram enterrados com os mortos em rituais funerários.

> **PARA EXPLORAR**
>
> **Arqueologia brasileira**
> No portal dedicado ao acervo arqueológico do Museu de Arqueologia e Etnologia da Universidade Federal de Santa Catarina, é possível ver algumas peças produzidas pelos povos sambaquieiros. Disponível em: https://museu.ufsc.br/marque-virtual/sambaquis/. Acesso em: 6 jan. 2023.

▲ Zoólito em formato de peixe, de cerca de 6000 a.C., encontrado em sítio arqueológico em Santa Catarina.

A formação dos sambaquis

Considerados grandes montes de materiais orgânicos, areia e conchas, os sambaquis são estruturas construídas por alguns dos primeiros habitantes do atual território brasileiro e nos dão valiosas pistas sobre um dos modos de vida nesse longínquo passado.

Os sambaquis foram construídos pelo acúmulo **intencional** de materiais ao longo de muito tempo, feito por povos que habitaram regiões litorâneas na América e na Europa. Essas características levaram os pesquisadores a concluir que muitas dessas populações sambaquieiras eram **sedentárias** e viviam da caça, da pesca e da coleta.

Vamos conhecer um desses sítios arqueológicos?

Explore os detalhes de um **sambaqui**, veja alguns dos tipos de artefato encontrados nesses sítios e saiba mais acerca do trabalho dos arqueólogos que estudam essas estruturas. Em seguida, escolha um tipo de artefato e reproduza-o em uma folha de papel avulsa.

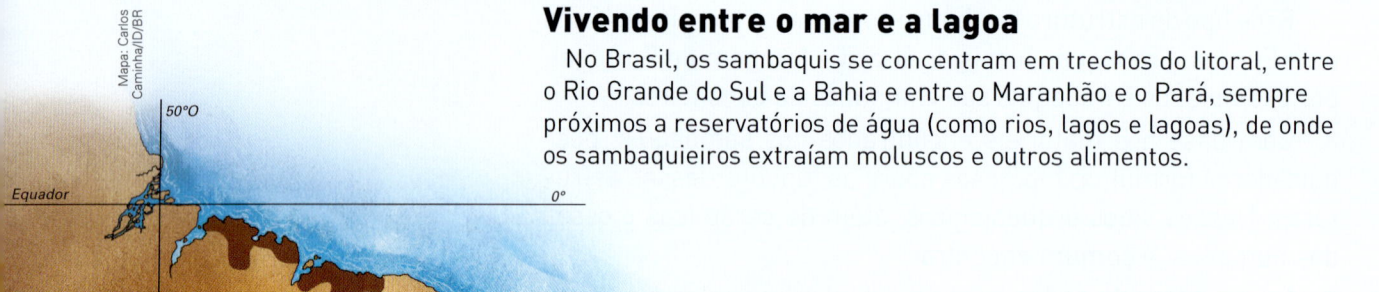

Vivendo entre o mar e a lagoa

No Brasil, os sambaquis se concentram em trechos do litoral, entre o Rio Grande do Sul e a Bahia e entre o Maranhão e o Pará, sempre próximos a reservatórios de água (como rios, lagos e lagoas), de onde os sambaquieiros extraíam moluscos e outros alimentos.

Mapa: Carlos Caminha/ID/BR

Sítios sambaquis no Brasil

O sambaqui Jabuticabeira II

Localizado em Jaguaruna (SC), esse sítio arqueológico aparenta ser uma pequena elevação natural. Porém, as escavações mostraram que esse sambaqui é um grande cemitério e foi constituído de camadas sobrepostas ao longo dos mais de mil anos em que foi ocupado.

Com o tempo, os sambaquis foram cobertos por areia, vegetação, plantações ou mesmo destruídos e, às vezes, passam despercebidos na paisagem.

No litoral de Santa Catarina, área com muitos rios e lagoas, estão os maiores sambaquis do Brasil, alguns deles com até 30 metros de altura.

Dados do sítio
400 metros de comprimento
250 metros de largura
Altura máxima de 9 metros

Fonte de pesquisa do mapa: Maria Dulce Gaspar e outros. Sambaqui (shell mound) societies of coastal Brazil. Em: Helaine Silverman; William H. Isbell (ed.). *Handbook of South American archaeology*. New York: Springer, 2008. p. 325.

A formação do sambaqui Jabuticabeira II

Os elementos encontrados em cada camada desse sambaqui revelam como ele foi construído e seus diferentes usos ao longo do tempo.

"Terra preta"
A última, e mais recente, camada é constituída principalmente de matéria orgânica decomposta. De cor escura, assemelha-se ao solo. Sua larga espessura indica o longo tempo de ocupação dessa área. Aqui, foram encontrados muitos artefatos de pedra e de osso, como anzóis e adornos, além de vestígios de fogueiras.

Camadas construtivas
São formadas por areia clara e muitas conchas de marisco. Também foram encontrados restos de peixes e de pequenos animais. Essas camadas indicam as diferentes épocas em que o sambaqui foi ocupado: a cada novo grupo sambaquieiro, uma nova camada construtiva se formava.

Camadas funerárias
Em meio às camadas construtivas encontram-se camadas não muito espessas de sedimento escuro, com grande quantidade de material orgânico, como ossos de peixe, fogueiras e restos de corpos sepultados e de oferendas funerárias.

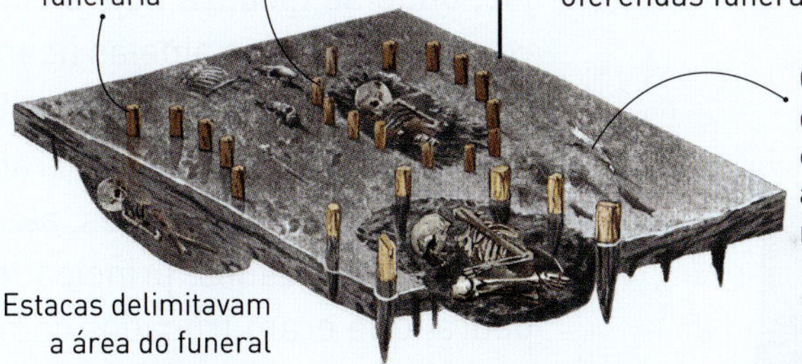

- Fogueira cerimonial com resíduos de ervas e carne animal assada
- Estrutura funerária
- Oferenda de peixes e conchas ao indivíduo morto
- Estacas delimitavam a área do funeral e, possivelmente, protegiam o corpo do ataque de animais.

A hipótese dos arqueólogos é a de que o Jabuticabeira II foi construído para servir de cemitério. Estima-se que foram enterradas até 43 mil pessoas no local.

Conchas, a principal matéria-prima
Os sambaquieiros se alimentavam principalmente de plantas, moluscos e outros animais aquáticos, como peixes, focas e baleias. A grande quantidade de conchas de moluscos encontradas se deve ao fato de elas resistirem mais à passagem do tempo.

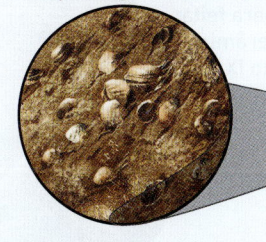

A base do sambaqui
A presença de camadas finas na base do sítio revela que a área foi ocupada por curtos períodos – de cerca de 500 anos –, como indica a datação da primeira camada.

TEMPO PRESENTE

500 ANOS ATRÁS — Chegada dos europeus à América

1800 ANOS ATRÁS — Abandono do sambaqui Jabuticabeira II

2300 ANOS ATRÁS — Início da construção de camadas com conchas

2800 ANOS ATRÁS — Início da ocupação sambaquieira na área do Jabuticabeira II

Ilustrações: Carlos Caminha/ID/BR

Fontes de pesquisa: Daniela Klokler e outros. Juntos na costa: zooarqueologia e geoarqueologia de sambaquis do litoral sul catarinense. *Revista do Museu de Arqueologia e Etnologia*, São Paulo, n. 20, p. 53-75, 2010; Cintia. B. Simões. *O processo de formação dos sambaquis*: uma leitura estratigráfica do sítio Jabuticabeira II, SC. 2007. Dissertação (Mestrado em Arqueologia) – MAE/USP, São Paulo. p. 248; Ximena S. Villagran. O que sabemos dos grupos construtores de sambaquis? Breve revisão da arqueologia da costa sudeste do Brasil, dos primeiros sambaquis até a chegada da cerâmica Jê. *Revista do Museu de Arqueologia e Etnologia*, São Paulo, n. 23, p. 139-154, 2013.

AGRICULTORES NO BRASIL

A agricultura começou a ser praticada no atual território brasileiro há cerca de 5 mil anos, principalmente com o cultivo do **milho** e da **mandioca**.

No entanto, o desenvolvimento dessa atividade não representou o abandono completo do nomadismo. Muitos povos permaneceram seminômades, utilizando a produção agrícola apenas como complemento da caça e da coleta de frutos, folhas e raízes.

Contudo, em algumas áreas da Amazônia e do Brasil Central, a agricultura tornou-se a principal fonte de alimentos, praticada por grupos que adotaram o **sedentarismo**.

AS GRANDES ALDEIAS AMAZÔNICAS

Há cerca de 2 mil anos, alguns grupos de agricultores da região amazônica formaram grandes aldeias, os **cacicados**, com milhares de habitantes. Os cacicados eram governados por poderosos chefes, os **caciques**, que dominavam extensos territórios, submetendo outros povos ao seu poder.

Dois importantes cacicados amazônicos situavam-se no norte do Brasil, no atual estado do Pará. Um deles ocupava terras da ilha de Marajó, e o outro situava-se às margens do rio Tapajós, onde se localiza hoje a cidade de Santarém. Por esse motivo, essas grandes aldeias ficaram conhecidas, respectivamente, como cultura **marajoara** e cultura **tapajana** ou de Santarém.

Nessas aldeias, havia trabalhadores especializados, como agricultores e pescadores, além de artesãos, que produziam artefatos sofisticados, principalmente utensílios de cerâmica e de pedra, que eram trocados com outras aldeias.

Veja alguns vestígios.

CIDADANIA GLOBAL

MANDIOCA E MILHO

A mandioca e o milho são tradicionalmente cultivados pelos povos originários que vivem no território brasileiro. Hoje, esses alimentos são produzidos em larga escala e fazem parte da dieta de muitos brasileiros.

1. Você consome algum desses alimentos?
2. Como eles são preparados?
3. Você os considera saudáveis? Por quê?

▲ Escultura de cerâmica representando mulher com umbigo ao centro, feita entre 800 d.C. e 900 d.C. pela cultura marajoara.

◀ Tanga de cerâmica marajoara feita por volta do século VIII d.C.

▶ Urna funerária marajoara feita de cerâmica, século IX d.C.

Tigela de cerâmica atribuída à cultura ▶ marajoara, feita entre 800 d.C. e 900 d.C.

OS TUPI-GUARANI

Entre os grupos indígenas, o mais numeroso era o da família linguística tupi-guarani, do tronco linguístico tupi. De acordo com algumas pesquisas, os povos falantes de tupi--guarani eram originários da região amazônica e teriam partido em direção ao litoral há mais de 1 400 anos. Durante esse processo, dividiram-se em dois grandes grupos: os **Tupi**, que tinham a **mandioca** como principal cultura agrícola, e os **Guarani**, que cultivavam vários gêneros alimentícios, em especial o **milho**.

À época da chegada dos portugueses, em 1500, os Tupi ocupavam quase toda a faixa costeira, entre os atuais estados do Ceará e de São Paulo, e os Guarani localizavam-se mais ao sul, na região litorânea dos atuais estados de São Paulo e do Rio Grande do Sul.

No interior, viviam povos que falavam línguas de outras famílias linguísticas. Observe o mapa a seguir.

■ **Distribuição de troncos e famílias linguísticas até o século XV**

UM JEITO DE VER O MUNDO: MITOLOGIA TUPI

Os Tupi viviam em busca de lugares onde a caça e a coleta fossem fartas e a prática da agricultura fosse possível.

Contudo, os deslocamentos eram realizados não só para buscar novas terras, mas principalmente na tentativa de encontrar a Terra sem Mal, lugar onde não existiria sofrimento e para onde os guerreiros mais corajosos seriam levados após a morte.

Essa crença é encontrada nas mitologias de diferentes povos indígenas atuais, que descendem dos antigos Tupi.

família linguística: conjunto de línguas que apresentam semelhanças entre si e pertencem ao mesmo tronco linguístico.

tronco linguístico: conjunto de línguas que têm a mesma origem.

Fonte de pesquisa: Cláudio Vicentino. *Atlas histórico*: geral e Brasil. São Paulo: Scipione, 2013. p. 27.

Técnicas e tecnologias

Os vestígios materiais dos Tupi-Guarani foram encontrados em diversas partes do território brasileiro, especialmente na faixa litorânea, em alguns locais da Amazônia e ao longo dos rios da bacia do Prata.

A cerâmica está presente em praticamente todos os sítios e é associada à agricultura. Acredita-se que, para limpar um terreno que seria utilizado para cultivar alimentos vegetais, esses povos realizavam a técnica da **coivara**, que consistia em colocar fogo na mata. Também desenvolveram canoas, feitas de troncos de árvores, para navegar pelos rios. Isso sugere que eles conseguiam alcançar grandes distâncias rapidamente, utilizando a navegação fluvial.

Havia também comunidades de Tupis-guaranis espalhadas por outras áreas da América do Sul. Elas eram organizadas em confederações, criando uma rede de relações e influências.

PARA EXPLORAR

Futuro ancestral, de Ailton Krenak. São Paulo: Companhia das Letras, 2022.

O filósofo e ativista indígena Ailton Krenak, baseado em visões de mundo sustentáveis da sabedoria indígena, apresenta reflexões sobre o futuro.

OS INDÍGENAS NO BRASIL DE HOJE

O contato entre os povos originários e os portugueses, a partir do século XV, trouxe muitas transformações nos modos de vida das duas comunidades. Do ponto de vista dos povos originários, que, atualmente, também são chamados de povos indígenas, o saldo é de resistência e luta pela sobrevivência de suas culturas e pelo respeito às suas terras e tradições.

Centenas de comunidades originárias foram exterminadas pelos portugueses no processo de invasão e ocupação da América. Porém, muitas delas sobreviveram e existem até hoje. Trata-se de um processo complexo de trocas culturais, ainda que os europeus tentassem a todo custo impor seu modo de vida e a cultura cristã aos povos indígenas, considerados inferiores.

Por outro lado, muitos aspectos das culturas nativas foram incorporados pelos colonos portugueses e, posteriormente, integrados à cultura brasileira. Isso pode ser verificado em vários aspectos do Brasil atual. Um exemplo é a língua que falamos. Apesar de nos expressarmos em português, um idioma de origem europeia, há muitas palavras usadas no Brasil que são de origem indígena, como cutucão e jacaré, por exemplo. Na culinária, há muitas receitas brasileiras cuja base é o milho ou a mandioca. Entre os costumes, é possível citar o uso do chimarrão e da rede de dormir.

Segundo o Instituto Socioambiental (ISA) e o Instituto Brasileiro de Geografia e Estatística (IBGE), estima-se 1,1 milhão de indígenas, divididos em cerca de 300 povos.

Eles são falantes de mais de 270 línguas e estão distribuídos pelo Brasil. A maioria está estabelecida em Terras Indígenas, mas muitos deles vivem em cidades.

■ **Brasil: População indígena (1500 a 2020)**

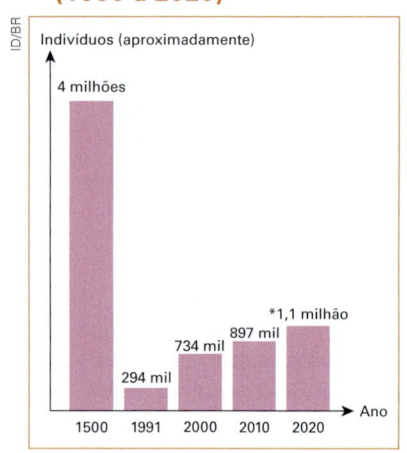

Indivíduos (aproximadamente)
- 1500: 4 milhões
- 1991: 294 mil
- 2000: 734 mil
- 2010: 897 mil
- 2020: *1,1 milhão

Fontes de pesquisa: Funai/IBGE. O Brasil indígena. Disponível em: http://indigenas.ibge.gov.br/images/pdf/indigenas/folder_indigenas_web.pdf; Dimensionamento emergencial de população residente em áreas indígenas e quilombolas para ações de enfrentamento à pandemia provocada pelo coronavírus – 2020. Rio de Janeiro: IBGE, 2021. Disponível em: https://biblioteca.ibge.gov.br/visualizacao/livros/liv101859.pdf. Acessos em: 6 jan. 2023. *Valor estimado.

▼ Imagem de satélite, de 2021, que mostra a aldeia urbana Água Bonita, em Campo Grande (MS). A aldeia abriga famílias de cinco povos diferentes (Terena, Guarani, Kaiowá, Kadiwéu e Guató). Atualmente, muitos indígenas vivem nas cidades, mas nem sempre habitam aldeias urbanas, como a de Água Bonita.

OS DIREITOS INDÍGENAS

A Constituição de 1988 representou um grande marco para a proteção da população indígena no Brasil, pois trouxe uma mudança significativa no modo como as culturas indígenas eram tratadas no âmbito legislativo. Antes dela, as políticas públicas estavam voltadas para a integração das comunidades indígenas à sociedade não indígena. A partir da Constituição Cidadã, a legislação segue os conceitos de **proteção** dos povos indígenas e **promoção** de seus direitos.

Para isso, a lei estabelece, como princípio, o respeito e a valorização da diversidade cultural e garante aos povos indígenas o direito de viver de acordo com seus valores e suas tradições.

Para que os povos indígenas possam preservar e perpetuar seus costumes e tradições, o governo brasileiro deve assegurar que eles não sejam expulsos das terras onde vivem.

A regularização das Terras Indígenas é feita com a demarcação, que ocorre quando o Estado dá a posse legal de determinado território ao povo que vive nele.

O reconhecimento dos direitos indígenas foi uma das muitas conquistas que resultaram da **auto-organização** das comunidades indígenas. Muitos dos seus líderes atuam hoje em instituições governamentais, em organizações não governamentais (ONGs) e na política institucional, promovendo ações em que os indígenas têm poder de decisão.

Em 2023, foi criado o Ministério dos Povos Indígenas sob o comando de Sonia Guajajara, líder e ativista indígena. No mesmo ano, a Funai (Fundação Nacional Indígena) e a Sesai (Secretaria Especial de Saúde Indígena) foram transferidas para essa nova pasta e passaram a ser presididas pelos indígenas Joenia Wapichana e Weibe Tapeba, respectivamente.

> Veja um mapa que mostra as **Terras Indígenas** demarcadas no Brasil. Forme dupla com um colega e, juntos, respondam: Em que região do Brasil está localizada a maioria das Terras Indígenas? Por que isso acontece? Levantem hipóteses.

Sonia Guajajara em cerimônia de posse como ministra dos Povos Indígenas em Brasília (DF). Trata-se da primeira vez que um ministério foi criado para atender as necessidades dos indígenas. Foto de 2023.

ATIVIDADES

Acompanhamento da aprendizagem

Retomar e compreender

1. Retome os textos deste capítulo, sobre os povos originários que você estudou, e, no caderno, faça uma linha do tempo com os períodos estimados em que se desenvolveram e seus principais marcos históricos. Troque de caderno com um colega e veja a linha do tempo que ele construiu.

2. Os povos indígenas que vivem no Brasil atual descendem dos antigos povos originários. Estes, por outro lado, são descendentes dos primeiros grupos a migrar para o continente americano, há pelo menos 12 mil anos.
   - Você concorda com essas afirmações? No caderno, escreva um parágrafo sobre esse tema e, depois, leia-o para os colegas.

Aplicar

3. Observe as fotos a seguir e, depois, faça o que se pede.

   A Escavação em sambaqui Elefante Branco, em Jaguaruna (SC). Foto de 2021.

   B Cerâmica marajoara, feita entre 800 d.C. e 900 d.C.

   a) A quais tradições arqueológicas do Brasil esses vestígios podem ser associados?

   b) Escolha um dos vestígios retratados e faça um desenho representando uma cena em que um deles apareça sendo utilizado. Lembre-se de informar o nome e a idade estimada do objeto escolhido e a tradição à qual ele pertence. Depois, mostre o desenho aos colegas e ao professor.

4. Leia o texto citado e responda às questões.

   > Terra Indígena (TI) é um–a porção dentro do território nacional, habitada por uma ou mais comunidades indígenas, a qual após regular processo administrativo, respeitado o devido processo legal, de demarcação e homologação por Decreto Presidencial, é levado [a] [...] registro imobiliário como propriedade da União [...] de usufruto indígena.
   >
   > Demarcação. Disponível em: https://www.gov.br/funai/pt-br/atuacao/terras-indigenas/demarcacao-de-terras-indigenas. Acesso em: 7 fev. 2023.

   - **SABER SER** Qual é a importância da demarcação das Terras Indígenas para os povos originários?

5. Junte-se a dois colegas para realizar uma atividade de pesquisa. Vocês vão descobrir quais comunidades indígenas existem no estado onde vocês vivem. Busquem informações em publicações oficiais impressas ou digitais, observando o roteiro a seguir. Anotem no caderno essas informações e, na data combinada com o professor, apresentem os resultados aos colegas.

   a) Quais são os nomes dos povos indígenas que vivem no estado onde vocês moram?

   b) A qual tronco linguístico pertence a língua que eles falam?

   c) Há relações entre eles e as culturas antigas que vocês estudaram neste capítulo?

   d) Se houver mais de um povo indígena no estado onde vivem, escolham um deles e pesquisem suas principais características culturais: região que habita, se vive em área reconhecida como Terra Indígena, tipos de moradia que constrói, principais técnicas e tecnologias que utiliza, suas expressões religiosas, entre outras.

CAPÍTULO 2
POVOS MESOAMERICANOS E ANDINOS

PARA COMEÇAR

Além do território que hoje corresponde ao Brasil, diversas outras regiões da América, como a Mesoamérica e a região dos Andes, foram habitadas por antigas sociedades indígenas. Você sabe como essas sociedades viviam e se organizavam?

DUAS REGIÕES CULTURAIS: MESOAMÉRICA E AMÉRICA ANDINA

Ao estudar os diferentes povos antigos do continente americano, pesquisadores identificaram algumas regiões culturais. Os conjuntos de povos que se desenvolveram nessas áreas guardam semelhanças culturais e compartilham algumas tradições e costumes, como o tronco linguístico, as formas de expressar a religiosidade, os hábitos alimentares, entre outros.

No capítulo anterior, estudamos os povos antigos que se desenvolveram no território do atual Brasil. Neste capítulo, vamos analisar algumas populações antigas de duas regiões culturais: a **região mesoamericana** e a **região andina**. A primeira se estende do norte do México até a Costa Rica; a segunda localiza-se na cordilheira dos Andes.

Assim como ocorreu com os povos originários no Brasil, atualmente há diversas populações indígenas descendentes dos povos antigos dessas duas regiões.

■ **Continente americano: Mesoamérica e Andes**

▲ Escultura maia, feita entre os séculos VI d.C. e IX d.C. Trata-se de um vestígio mesoamericano.

▲ Escultura mochica, uma cultura andina, feita no século I d.C.

Fontes de pesquisa: Leiden University Centre for Linguistics, 2017. Disponível em: https://www.universiteitleiden.nl/en/research/research-projects/humanities/the-linguistic-past-of-mesoamerica-and-the-andes-a-search-for-early-migratory-relations-between-north-and-south-america. Acesso em: 6 jan. 2023; Patrick K. O'Brien (ed.). *Philip's atlas of world history*. London: Institute of Historical Research, University of London, 2007. p. 110.

OS DIVERSOS POVOS ANTIGOS DA MESOAMÉRICA

Embora cada um dos povos da região da Mesoamérica tivesse as próprias características culturais, alguns deles apresentavam modos de vida semelhantes: praticavam a agricultura, tinham o milho como a base da alimentação, construíam grandes cidades e grandes pirâmides com templos para cultos religiosos, faziam uso de um sistema de calendário e utilizavam um tipo de escrita hieroglífica, com símbolos e desenhos.

As técnicas e tecnologias desenvolvidas também guardavam certas similaridades, como o uso de determinadas matérias-primas para confeccionar ferramentas, utensílios, armas e enfeites.

A área geográfica e os aspectos culturais da Mesoamérica são frequentemente associados aos povos maias e astecas, que serão estudados a seguir. Isso se deve, entre outras razões, ao intenso contato dessas culturas com a cultura europeia, a partir do século XV d.C. No entanto, havia dezenas de outros povos indígenas, como os olmecas, os zapotecas e os toltecas, que habitaram a região em diferentes períodos e que influenciaram em grande medida essas culturas mais recentes da Mesoamérica.

Estudar esses primeiros povos nos ajuda a compreender as manifestações culturais das comunidades mesoamericanas até a atualidade, percebendo as permanências e as transformações culturais na região. Observe a linha do tempo a seguir e conheça algumas das características dessas antigas sociedades.

■ Algumas antigas sociedades mesoamericanas

Século IV a.C. — Olmecas
Habitaram as áreas próximas à costa do golfo do México, por volta de 1500 a.C. Estabeleceram uma sociedade hierarquizada (dividida em grupos sociais) e praticavam o comércio. Essa cultura é considerada a "mãe" das tradições mesoamericanas. Não se sabe por que esse povo entrou em declínio, no século IV a.C.

▲ Escultura olmeca do século IV a.C. O Homem-jaguar é recorrente nas tradições mesoamericanas.

Século IV d.C. — Zapotecas
Apesar de haver indícios de que os zapotecas tenham surgido no século V a.C., o auge desse povo ocorreu em IV d.C., quando passou a ocupar a região central do México atual. O declínio do Império Zapoteca ocorreu com o domínio asteca, no século XV d.C., embora existam comunidades zapotecas atualmente no México.

▲ Escultura de urna funerária zapoteca, feita no século X.

Século X d.C. — Toltecas
Ocupando grande parte do México atual entre os séculos X d.C. e XII d.C., esse povo desenvolveu um império, tornando corrente o uso do calendário, da escrita e da metalurgia na Mesoamérica. Seu declínio também ocorreu com o domínio dos astecas.

▲ Escultura tolteca representando soldado, feita no século XIII.

OS MAIAS

Os maias viviam na península de Iucatã, situada no sul do atual México. Ao longo do tempo, eles se espalharam pelos territórios que hoje correspondem a Guatemala, Honduras, Belize e El Salvador. Essa sociedade atingiu o auge entre os anos 200 e 900, foi muito influenciada pelos olmecas e foi contemporânea dos zapotecas.

Assim como outros povos do mundo antigo, os maias se organizavam em **cidades-Estado**, independentes entre si. Em cada cidade-Estado, falava-se uma das línguas que fazem parte da família linguística maia. Muitas delas são faladas ainda hoje por descendentes maias. Na Guatemala atual, por exemplo, são reconhecidas cerca de 20 línguas dessa família e, no México, outras oito.

As sociedades maias eram **hierarquizadas**, ou seja, a autoridade máxima assumia o controle social e político da cidade. A elite era composta de nobres, sacerdotes e militares, que auxiliavam essa autoridade a governar. Abaixo da elite estava a maior parte da população, formada por artesãos, comerciantes e camponeses.

A principal atividade econômica maia era a **agricultura**. O milho era a base da alimentação dos maias, mas eles também cultivavam feijão, abóbora, cacau e abacate. Além disso, praticavam o comércio com povos vizinhos.

O conhecimento dos maias sobre **astronomia** era bastante desenvolvido. Eles dominavam com precisão a duração dos ciclos da Lua, do Sol e do planeta Vênus. Nos observatórios astronômicos, faziam o mapeamento do céu a olho nu e elaboraram um **calendário solar** que marcava as estações do ano e os auxiliava na agricultura. Esse calendário era dividido em um ano de 365 dias, distribuídos em 18 meses com 20 dias cada um. Sobravam 5 dias, nos quais eles ofereciam sacrifícios aos deuses.

▲ Detalhe de relevo maia, do século X d.C., representando dois jogadores de bola. Além de palácios, observatórios astronômicos, praças e pirâmides, os maias erguiam construções para jogos com bolas.

▼ Vista do templo de Kukulkán (ou pirâmide de Kukulkán), um dos templos maias, na antiga cidade de Chichén Itzá, no México atual. Foto de 2021. No topo dos templos eram realizados cultos religiosos. Esse tipo de edifício evidencia os conhecimentos de engenharia, arquitetura e matemática, entre outros, dos maias antigos.

OS ASTECAS

Os povos astecas são originários do norte do atual México. Eles fazem parte das antigas comunidades **mexicas**, com as quais compartilham características culturais. No século XII, eles se deslocaram para o sul, onde fica o lago Texcoco. Ao se fixarem nessa região, conquistaram com guerras comunidades mexicas vizinhas, como as dos toltecas e as dos zapotecas.

Em pouco tempo, formaram um grande Estado, com quase 500 cidades. Estima-se que, no início do século XVI, a capital **Tenochtitlán**, onde hoje se localiza a Cidade do México, contava com uma população entre 100 mil e 400 mil habitantes.

A sociedade asteca

A sociedade asteca era controlada por um **governante**, que, apoiado por uma oligarquia militar, aristocrática e sacerdotal, dirigia o Estado. A maior parte da população era formada por agricultores e soldados.

A **educação** ocupava um papel importante no cotidiano dos astecas. Até os seis anos de idade, os meninos aprendiam a carregar água e lenha e as meninas fiavam e teciam. Ao alcançar a juventude, os meninos podiam frequentar dois tipos de centro de estudos: um voltado para o ensino religioso e outro reservado aos filhos de famílias comuns, que preparava os jovens para a vida prática.

A terra reservada para o cultivo pertencia ao governante, que distribuía lotes aos camponeses. As colheitas eram repartidas conforme o trabalho de cada agricultor. No entanto, eles eram obrigados a pagar tributos aos sacerdotes, além de entregar à comunidade parte do que produziam. A cobrança de tributos e impostos era importante para a manutenção do Estado asteca.

O *CÓDICE MENDOZA*

Um dos mais conhecidos conjuntos de desenhos e escritos feitos pelos astecas é o *Códice Mendoza*, que descreve passagens importantes da história desse povo, como cenas do cotidiano e a organização de seu Estado.

Originalmente, as narrativas eram contadas apenas com desenhos. Após a conquista, os espanhóis adicionaram textos às ilustrações.

▲ As imagens dessa página do *Códice* retratam um pai ensinando o filho a realizar algumas atividades do cotidiano asteca antigo.

▶ As *chinampas*, tecnologia desenvolvida pelos astecas, são grandes canteiros ou jardins flutuantes em forma de esteira, feitos de lama, estacas e galhos de árvores, e fixados no fundo dos lagos com pedras grandes e pesadas. Em cima dos galhos, os astecas colocavam camadas de plantas, dando origem a um tipo de vegetação que flutuava sobre as águas. Na foto, homens navegam em lago próximo a *chinampas* em Xochimilco, Cidade do México. Foto de 2020.

VIVENDO NOS ANDES

Os povos conhecidos como andinos formaram dezenas de pequenos reinos que ocupavam as terras centrais da cordilheira dos Andes, uma área que se estende desde a Venezuela até a Patagônia, na Argentina. Eles começaram a estabelecer seus assentamentos por volta de 3500 a.C. e destacaram-se pela construção de pirâmides, praças e conjuntos residenciais habitados por uma população hierarquizada e centralizada na figura do soberano. Com o passar do tempo, formaram diversos centros políticos, como Caral, Chavín, Tiahuanaco e o Império Chimu.

A cidade de Caral é uma das ocupações mais antigas da região dos Andes, sendo reconhecida como uma das mais antigas do mundo, de cerca de 3000 a.C. Localizava-se no vale Supe, no atual Peru. Pirâmides de pedra, anfiteatros, praças circulares e geoglifos são os principais vestígios dessa cultura, que também desenvolveu um calendário, instrumentos musicais e um sistema de escrita, conhecido como *quipu*.

A cidade de Chavín surgiu por volta de 900 a.C. e estava localizada 3150 metros acima do nível do mar. Chavín teve grande importância agrícola e apresentava uma arquitetura monumental, além de um centro de peregrinação para onde se dirigiam muitos povos andinos.

Já a cidade de Tiahuanaco ganhou importância na região dos Andes a partir do ano 1000 a.C., com a criação de um centro político e cerimonial frequentado por cerca de 150 mil pessoas. Essa cidade se destacou por apresentar uma rede de caminhos e estradas usada, depois, pelo Império Inca.

No século XII, o Império Chimu era governado por uma elite considerada descendente de uma ordem divina. Os chimus desenvolveram artefatos sofisticados de cerâmica e de metal e destacaram-se na planificação de redes de irrigação. A capital do império chegou a ter 80 mil habitantes.

Ao longo do tempo, em diferentes períodos históricos e por motivos diversos, essas culturas entraram em declínio: Caral sofreu com uma seca em 1800 a.C.; Chavín entrou em crise em 300 a.C., assim como Tiahuanaco a partir de 1200 a.C.; e o Império Chimu decaiu por volta de 550 d.C. Nas regiões em que cada cultura dominava, surgiram outros reinos e, entre eles, destacou-se o Império Inca.

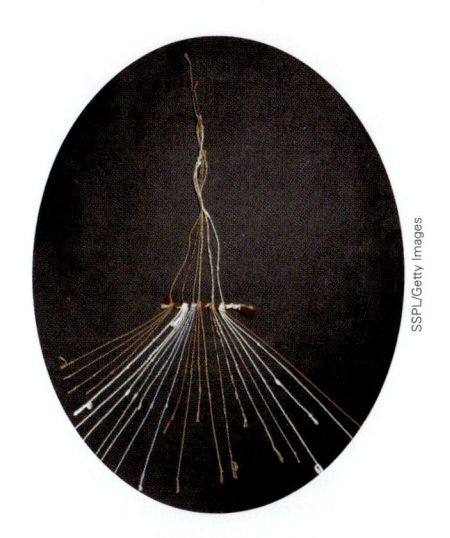

▲ Réplica de um *quipu* no Museu de História Natural, em Nova York, Estados Unidos. Os *quipus* eram utilizados para a realização de cálculos. No início do século XX, descobriu-se que os nós representam números em um sistema de base 10. Os nós longos são unidades, e os curtos, dezenas, centenas ou milhares, dependendo da posição.

geoglifo: estrutura desenhada com pedras no chão para representar formas geométricas, humanas ou de animais.

▼ Ruínas de Chan Chan, capital do Império Chimu, no Peru. Foto de 2019.

CIDADANIA GLOBAL

A IMPORTÂNCIA DA ÁGUA

O ser humano não consegue sobreviver por mais de cinco dias sem ingerir água. Ela é essencial para a vida humana. Sabendo da importância dela, os incas construíram sofisticados sistemas de captação e drenagem de água, garantindo assim a sobrevivência deles em Machu Picchu.

- Faça uma busca na internet sobre a quantidade diária necessária de água para o bom funcionamento de seu organismo. Em seguida, responda: A quantidade de água consumida por você é satisfatória? Você tem o costume de carregar uma garrafa de água para se manter hidratado quando sai de casa?

Observe o infográfico animado da cidade de **Machu Picchu**. Em seguida, anote como o planejamento urbano da cidade foi pensado para contemplar o abastecimento de alimentos e água da cidade.

OS INCAS

Após conquistarem algumas cidades andinas, os incas construíram, no início do século XII, um grande império chamado **Tahuantinsuyu** (ou Reino das Quatro Partes, em quéchua), que se estendeu por regiões que abrangem atualmente países como Equador, Peru, Bolívia, Chile e Argentina. O auge desse império ocorreu no final do século XV, período que antecedeu a chegada dos espanhóis à região. Estima-se que os incas tenham dominado mais de cem povos distintos, impondo-lhes sua língua, suas leis e crenças religiosas.

Os povos dominados tinham uma vida rigorosamente controlada e eram obrigados a trabalhar para o governante do Império Inca. As terras incas, que pertenciam ao Estado, eram divididas em lotes entre as famílias camponesas. Nessas terras, essas famílias podiam cultivar o necessário para a sobrevivência. Porém, durante alguns dias do ano, elas eram obrigadas a trabalhar nos lotes do governo e dos sacerdotes e na construção de obras públicas e a participar das guerras. Essas obrigações eram chamadas de *mita*.

O poder político e religioso concentrava-se na figura de um soberano, que controlava os governadores e os chefes locais. Ele era considerado um descendente do Sol, a principal divindade cultuada pelos incas, que também eram politeístas. A cidade de **Cuzco**, localizada no atual Peru, era a capital do império e também centro religioso e administrativo.

Para melhor administrar o império, o governo utilizou e expandiu a rede de caminhos desenvolvida pelo povo de Tiahuanaco, que se estendia por mais de 7 mil quilômetros. Neles, havia postos de envio e de recebimento de mensagens que facilitavam a comunicação, o controle militar, o comércio e a cobrança de impostos.

Vista parcial das construções em Machu Picchu, Peru. Foto de 2022. A cidade inca contava com canais de água e com um sofisticado sistema de drenagem. As construções foram edificadas com grandes blocos de pedra encaixados sem argamassa, evidenciando os conhecimentos das comunidades andinas antigas.

ATIVIDADES

Acompanhamento da aprendizagem

Retomar e compreender

1. Reproduza o quadro a seguir e complete-o com informações sobre os povos antigos da Mesoamérica e da região andina.

	Mesoamérica	Região andina
Área que ocupa		
Características do território		
Características culturais		

Aplicar

2. Leia o texto sobre a origem do mundo, segundo os astecas, e responda às questões.

> Os dois viviam no Fim do Mundo, junto das trevas e do vento frio. Um era o pai. Uma era a mãe.
> [...] O pai falou à mãe:
> – Omeciuatl, se você quer deuses, teremos que criar a Terra.
> A mãe, desejando deuses, quis que o pai criasse a Terra:
> – Ometecuhtli! Cria também a Terra, para termos deuses, se este for o caminho [...].
> O pai, que mais sabia, ponderou à mãe que nem tudo seria possível [...]:
> – Para criarmos a Terra, Omeciuatl, teremos que criar os homens.
> – Então, cria também os homens, para termos a Terra e criarmos os deuses – respondeu Omeciuatl.
> E tanto a mãe pediu e insistiu que Ometecuhtli certa vez sonhou e criou os homens. Criados os homens, criou a Terra. Assim, surgiram, igualmente, os deuses. E tudo passou a existir [...].
>
> José Arrabal. *O livro das origens*. São Paulo: Paulinas, 2001. p. 31-37.

a) Quem foram os criadores dos seres humanos e da Terra, segundo o mito asteca? Quais são os nomes deles?

b) De acordo com esse mito, que constituição familiar era valorizada pelos astecas? Levante uma hipótese, argumentando com elementos do mito.

3. Observe a foto e faça o que se pede.

▲ Vestígios da antiga cidade de Palenque, atual México. Foto de 2021.

a) Que parte da construção poderia ser um observatório astronômico maia?

b) Explique a importância dos observatórios astronômicos para os maias. Depois, converse com os colegas sobre qual seria a importância dos observatórios astronômicos atuais.

4. Leia o texto citado e responda às questões.

> Quando os espanhóis chegaram aos domínios do Tawantinsuyo, por volta de 1532, se depararam com mulheres cujos papéis e funções não se encaixavam nos padrões cristãos/europeus [...].
> Essas mulheres tinham participação ativa e importante na sociedade incaica, exercendo poder e autoridade na organização política-religiosa [...], sendo [...] adoradas e reverenciadas como deusas/*huacas*, heroínas e governadoras: este é caso das Coyas, das sacerdotisas do Sol e da Lua, das curandeiras, [...] das mulheres guerreiras [...] e das proprietárias de terras e águas.
>
> Susane Rodrigues de Oliveira. Construindo uma "história do possível": relatos de uma experiência historiográfica feminista. Em: *Seminário Internacional Fazendo Gênero 10*, 2013, Florianópolis. (Anais eletrônicos). Florianópolis: UFSC, 2013. p. 2-3.

a) Que papéis femininos do mundo inca antigo são apresentados no texto?

b) Quais são as origens das fontes históricas utilizadas pela historiadora Susane Rodrigues de Oliveira?

INVESTIGAR

Geoglifos: mistério arqueológico e desmatamento da floresta Amazônica

Os geoglifos são grandes figuras feitas no solo, encontradas tanto em áreas planas quanto em cumes de morros. Elas ocupam quatro metros ou mais de extensão e foram feitas em períodos que variam de milênios a séculos atrás.

Essas figuras intrigam especialistas de diversas áreas do conhecimento, pois, até o momento, não se sabe ao certo a finalidade delas. As primeiras teorias sugeriam que a formação dos desenhos era acidental e que as áreas eram desmatadas para a construção de templos. No entanto, não há fontes materiais expressivas que comprovem essa teoria.

Recentemente, foram descobertos centenas de geoglifos no Acre e em outras áreas de floresta Amazônica. Os estudos mais impactantes sobre eles são os das arqueólogas brasileiras Ivandra Rampanelli e Denise Schaan.

Para começar

O problema

Qual é a relação entre o desmatamento da Amazônia e o estudo arqueológico contemporâneo dos geoglifos?

A investigação

- **Prática de pesquisa**: análise documental.
- **Instrumento de coleta**: revistas de divulgação científica e registros institucionais.

Material

- Livros, jornais e revistas
- Material pesquisado na internet
- Canetas coloridas, lápis de cor, borracha
- Cola e tesoura de pontas arredondadas
- Folhas de papel avulsas coloridas

Procedimentos

Parte I – Levantamento de informações

1. Reúnam-se em grupo para definirem coletivamente quais integrantes buscarão informações sobre os avanços das pesquisas arqueológicas sobre os geoglifos e quais buscarão informações sobre as áreas de desmatamento da Amazônia. Lembrem-se de pesquisar imagens que mostrem os geoglifos e as áreas desmatadas.

2. Elaborem um roteiro para as pesquisas. Sugerimos o roteiro que responda, no mínimo, às seguintes questões:
   - Quantos sítios arqueológicos Ivandra Rampanelli descobriu?
   - Quais são as principais teorias de Denise Schaan e da equipe dela?
   - Quais são as áreas da Amazônia brasileira que, atualmente, passam por processo de desmatamento?
   - Qual é a situação do desmatamento no Acre?

Parte II – Consolidação das informações pelo grupo

1. Reúnam-se para trocar as informações pesquisadas e estabeleçam relações entre elas. Dica: Nas pesquisas de Rampanelli e Schaan, há alguns dados sobre o desmatamento da floresta Amazônica. Tomem nota deles – isso poderá facilitar as reflexões de vocês.

2. Retomem, sempre que necessário, o problema da pesquisa.

3. No caderno, façam uma lista com as relações que vocês perceberam entre o desmatamento da floresta Amazônica e as descobertas arqueológicas na região. Procurem refletir sobre as questões éticas envolvidas nessas relações, por exemplo, a importância da preservação ambiental e também da pesquisa arqueológica.

4. Em uma cartolina, montem um painel intercalando imagens de geoglifos, imagens do desmatamento da floresta Amazônica e as relações que vocês encontraram.

5. Usem as canetas e as folhas de papel coloridas e os lápis de cor para deixar o cartaz atrativo. Aproveitem para testar seus conhecimentos de processos e técnicas em Arte e explorem novas formas de interação artística.

Organizar ideias

1. O grupo teve acesso às pesquisas das arqueólogas sugeridas? Em caso afirmativo, como foi esse acesso? Quais fontes foram utilizadas para encontrá-las?

2. O grupo conseguiu informações atualizadas sobre as áreas de desmatamento da Amazônia? Quais foram os órgãos consultados e a quais períodos os dados se referem?

3. Por que a preservação da floresta Amazônica é relevante? Qual é a importância do estudo dos vestígios arqueológicos encontrados na região?

4. O avanço do desmatamento facilitou ou impediu a descoberta de novos geoglifos? Isso é positivo ou negativo para o meio ambiente?

5. Como essa relação poderia ser melhorada, tanto para os pesquisadores quanto para o meio ambiente?

Comunicação dos resultados

Exposição dos resultados

Na data combinada com o professor, afixem os cartazes na sala de aula, montando um painel com as produções dos grupos. Observem as relações estabelecidas pelos colegas e, em uma roda de conversa, dialoguem sobre os impactos ambientais do desmatamento e a ética nas pesquisas arqueológicas.

ATIVIDADES INTEGRADAS

Retomar e compreender

1. Com base no que estudou nesta unidade, quais semelhanças você identifica entre os povos antigos que habitavam o território do Brasil atual, a Mesoamérica e a região andina?

Aplicar

2. Entre os povos antigos estudados nesta unidade, quais deles estão mais próximos da cultura da comunidade da qual você faz parte?

3. Leia o texto citado e, depois, responda às questões.

> Os estudos sobre populações caçadoras-coletoras têm mostrado como elas manejam os ambientes com suas atividades cotidianas [...]. Durante a procura de alimentos e outros recursos, tais populações alteram a paisagem, abrindo clareiras para a instalação de seus acampamentos e realizando queimadas para eliminar as espécies de plantas indesejadas e/ou facilitar as estratégias de caça. [...]
>
> [...] a utilização do fogo não se restringe às áreas de roça, pois também é utilizado para incinerar o lixo depositado nas imediações das aldeias e evitar a proliferação de insetos e vermes por causa do acúmulo de detritos orgânicos, bem como para inibir a ação de animais indesejados em torno dos assentamentos, como cães, ratos e cobras [...]. As diferentes formas de utilização do fogo [...] poderiam contribuir para a formação da "terra preta" [...]. As "terras pretas" são solos que se caracterizam por apresentarem coloração muito escura, alta quantidade e densidade de nutrientes [...] e que, normalmente, estão associados a sítios arqueológicos com alta densidade de vestígios cerâmicos e de outros artefatos [...].
>
> Fabíola Andréa Silva. A etnoarqueologia na Amazônia: contribuições e perspectivas. *Boletim do Museu Paraense Emílio Goeldi Ciências Humanas*, Belém, v. 4, n. 1, jan./abr. 2009. Disponível em: http://scielo.iec.gov.br/scielo.php?script=sci_arttext&pid=S1981-81222009000100004&lng=pt&nrm=iso. Acesso em: 6 jan. 2023.

   a) Quais são as técnicas e as tecnologias abordadas no texto?

   b) De que modo elas alteram a paisagem?

4. Observe o mapa e, depois, responda às questões.

Península de Iucatã: Principais sítios arqueológicos (séculos III a IX)

A: Templo de Kukulkán; B: Casa de Las Tortugas; C: Templo de Los Frescos; D: Edifício B de Xpuhil; E: Templo I de Tikal; F: Templo de Las Inscripciones; G: Edifício 33 de Yaxchilán; H: Templo da Escada Hieroglífica.

Fonte de pesquisa: Eduardo Natalino dos Santos. *Deuses do México indígena*. São Paulo: Palas Athena, 2002. p. 61.

   a) O mapa representa qual área cultural da América Antiga? Como você descobriu isso?

   b) Quais semelhanças culturais são evidenciadas nas construções ilustradas?

   c) Você conhece outros povos antigos, de outros continentes, que construíam edificações parecidas com essas? Explique.

Analisar e verificar

5. O texto citado aborda aspectos culturais de uma população andina. Leia-o e responda:

> [...] O Inca se proclama soberano da comunidade e divide as terras do ayllu [comunidade]. A primeira parte são as terras do Estado ou do Inca. A segunda parte são as terras do culto ou do sol e a terceira parte, a maior, é de toda a

comunidade conquistada, que é cedida à população local numa tentativa de demonstrar a generosidade e benevolência do Inca, que proporciona a subsistência da comunidade.

É importante perceber que, com a conquista inca, a propriedade da terra deixa de ser comunal e passa a adquirir um caráter de simples posse e uso da população local. [...] A mita, que antes era própria da comunidade, passa a ser desviada para as terras apropriadas pelo Estado. [...] Com isso, o camponês passava não só a ter obrigações com o líder local, mas também a manter toda a burocracia do Estado.

Embora mantendo o culto aos deuses locais, o Estado incorpora o culto ao sol e seu filho o Inca, ao qual os aldeãos devem oferecer trabalho. [...]

Adriano Vieira Rolim; Larissa L. M. Carvalho. A relação entre a religião e o trabalho na sociedade inca. *Ameríndia-História, cultura e outros combates*, v. 3, n. 1, 2007. Disponível em: http://www.periodicos.ufc.br/amerindia/article/view/1558. Acesso em: 6 jan. 2023.

a) Qual povo antigo da região andina é abordado no texto?

b) Escreva um parágrafo explicando o que você sabe a respeito da *mita* realizada por esse povo antigo.

c) Essa estrutura é semelhante ou diferente da escravidão que você estudou na unidade anterior, sobre a África Antiga? Explique.

d) De modo geral, quais foram os impactos do domínio desse povo sobre os *ayllus* conquistados? Justifique sua resposta com base em trechos do texto.

6. Observe as imagens e depois responda:

A

▲ Vestígios do templo de Huana Pucllana, em Lima, Peru, feito entre 200 d.C. e 700 d.C. Foto de 2022.

B

▲ Vestígios de pirâmides da antiga cidade de Uxmal, no atual México, construídas nos séculos VII d.C. e VIII d.C. Foto de 2021.

a) As fotos mostram ruínas de quais áreas culturais da América Antiga? Quais são as características geográficas dessas áreas?

b) Em sua opinião, que relações podem ser estabelecidas entre os relevos e essas construções?

Criar

7. Quais aspectos das culturas originárias você reconhece em seu dia a dia? Há hábitos e costumes de seu cotidiano que têm origem indígena? Reflita sobre o tema e, se quiser, converse com colegas e familiares para amadurecer suas reflexões. Depois, elabore uma obra de arte que represente o(s) aspecto(s) identificado(s). Pode ser colagem, música, escultura de massa de modelar ou de argila, foto, etc.

8. **SABER SER** De modo coletivo, você e a turma vão elaborar um painel sobre as lideranças femininas que existem na comunidade. Para isso, investiguem essas mulheres por meio de publicações oficiais do município e entrevistas com as pessoas mais velhas da comunidade. Em folhas coloridas, anotem o nome dessas mulheres, as áreas em que se destacam e como vocês ficaram sabendo delas. Se possível, colem fotos dessas mulheres. Montem o painel em um mural e, depois, reflitam: Por que é importante conhecer essas lideranças?

CIDADANIA GLOBAL
UNIDADE 5

3 SAÚDE E BEM-ESTAR

Retomando o tema

Nesta unidade, você conheceu um pouco a respeito da diversidade cultural dos povos originários da América. Essa diversidade pode ser notada até mesmo na alimentação de cada povo, tanto no que se refere aos ingredientes usados como aos modos de preparo, além das maneiras de se consumir determinados alimentos e refeições.

Segundo especialistas da área de saúde, a forma como nos alimentamos exerce grande influência em nossa saúde e em nosso bem-estar. Apesar de não haver uma determinação única sobre quais alimentos são saudáveis ou não, há um certo consenso na afirmação de que dar preferência aos alimentos naturais e não aos processados e ultraprocessados pode contribuir para a manutenção de uma alimentação saudável.

1. O que você considera uma alimentação saudável?
2. Além da alimentação, quais outras práticas podem contribuir para a manutenção da saúde?

Geração da mudança

- Com base na discussão anterior, bem como em seus conhecimentos prévios, você e os colegas de turma vão organizar um mural de práticas que promovam a saúde e o bem-estar.
- O mural será desenvolvido coletivamente por toda a turma, porém deverá ser dividido em seções, de maneira que cada seção aborde uma prática. Para tanto, organizem-se em pequenos grupos para que cada grupo fique responsável por produzir o conteúdo de uma seção.
- Ao término da atividade, exponham o mural na sala de aula e realizem uma roda de conversa sobre as práticas apresentadas.

Autoavaliação

O MUNDO GREGO

UNIDADE 6

PRIMEIRAS IDEIAS

1. Você conhece o significado da palavra **democracia**? Se conhece, em quais situações costuma usá-la? Por quê?
2. Além dos jogos olímpicos, há também os jogos paralímpicos. Você sabe o que são esses jogos e qual é a sua finalidade?
3. Você costuma assistir a peças de teatro? Em sua opinião, qual seria a relação entre os gregos antigos e as apresentações teatrais?

Conhecimentos prévios

Nesta unidade, eu vou...

CAPÍTULO 1 — A vida na *pólis*

- compreender e delimitar o conceito de **Antiguidade Clássica**, identificando a Grécia Antiga.
- entender o processo de formação da Grécia Antiga e das *poleis* gregas como resultado do contato e do intercâmbio cultural entre diferentes povos.
- examinar as principais características de organização e de funcionamento das *poleis*, identificando suas estruturas administrativas e de poder.
- compreender o lugar que os escravos e as mulheres ocupavam nas *poleis* gregas, por meio de textos diversos e imagens.

CAPÍTULO 2 — A cultura grega

- compreender a importância da Grécia Antiga, sua arte, diversidade, a relação que estabelecia entre religiosidade e mitologia e a influência sobre outras culturas, desde a Antiguidade até os dias atuais.
- entender a relevância dos jogos olímpicos para a cultura grega, sua relação com a religiosidade e a dinâmica de inclusão-exclusão da sociedade ateniense expressa nesses jogos.
- reconhecer a relevância da filosofia para a Grécia Antiga, seu desenvolvimento e sua relação com as cidades que seguiam o modelo democrático.

CAPÍTULO 3 — O período helenístico

- entender a conquista da Grécia pela Macedônia.
- conceituar império, na Antiguidade, pelo estudo das conquistas de Alexandre Magno.
- identificar e analisar as relações entre a dominação imperial de Alexandre Magno e o surgimento da cultura helenística.

CIDADANIA GLOBAL

- reconhecer os benefícios físicos e psicológicos da prática de atividades físicas, retomando as informações das práticas esportivas comuns na Antiguidade grega.
- identificar a importância de eventos esportivos mundiais, como os Jogos Olímpicos, para fomentar a prática de atividades físicas e a amizade entre os povos.
- observar a importância do **ODS 3 – Saúde e bem-estar**, estudado na unidade, elaborando um fôlder para um evento social.

Museu Arqueológico Nacional de Atenas, Grécia.
Fotografia: De Agostini/Getty Images

LEITURA DA IMAGEM

1. A cena, na imagem, foi produzida por artistas da Grécia Antiga? Responda com base na legenda e em aspectos da imagem.
2. Quais elementos da imagem podem ser associados ao mundo grego?
3. Quais personagens da mitologia grega antiga você conhece? Compartilhe seus conhecimentos com a turma.

CIDADANIA GLOBAL

3 SAÚDE E BEM-ESTAR

As práticas esportivas sempre foram muito valorizadas no mundo dos gregos antigos, pois eram associadas à beleza física e espiritual. Atualmente, as atividades físicas também são bastante valorizadas e estão relacionadas à saúde e ao bem-estar das pessoas que as praticam.

1. Do ponto de vista da saúde, quais são os benefícios da prática regular de atividades físicas?
2. Você tem o hábito de praticar atividades físicas? Como costuma ser essa experiência para você?

Veja algumas **modalidades esportivas da Grécia Antiga** e responda: Esses esportes são praticados atualmente? Quais são as semelhanças e as diferenças entre as modalidades esportivas da Grécia Antiga e as do presente?

Detalhe de estela produzida pelos gregos antigos, de cerca de 500 a.C., com a representação de dois competidores de luta.

CAPÍTULO 1
A VIDA NA PÓLIS

PARA COMEÇAR

A sociedade grega antiga é fruto do encontro de diversos povos. As características geográficas da região na qual essa sociedade se desenvolveu favoreceram a formação de uma organização específica: a *pólis*. Você sabe o que é uma *pólis*?

▼ Vestígios de templo dedicado a Atena Pronaia, em Delfos, Grécia. Foto de 2019. Na Antiguidade Clássica, Delfos foi um dos mais importantes lugares religiosos, considerado o centro do mundo grego antigo.

UMA ANTIGUIDADE CLÁSSICA

Como vimos anteriormente, os historiadores costumam dividir a História em períodos, para facilitar a organização e a compreensão dos processos e eventos históricos. Nas periodizações mais tradicionais, costuma-se chamar de **Antiguidade** o período que vai do surgimento da escrita, por volta de 4000 a.C., até a queda do Império Romano, no século IV d.C.

Não podemos, no entanto, falar de uma Antiguidade com características comuns em todos os lugares do mundo. É importante lembrarmos que cada povo tem sua história e se desenvolve de maneira única. Além disso, não existe um parâmetro único que uniformize as experiências históricas. Desse modo, falar de Antiguidade no continente africano não é o mesmo que falar de Antiguidade na América, tampouco na Europa.

Nesta unidade e na próxima, vamos estudar o período conhecido como Antiguidade Clássica. A palavra clássico tem diversos significados, mas, nas correntes historiográficas que tomam como referência as experiências humanas no continente europeu, relaciona-se aos povos gregos e romanos. Por isso, quando falamos em Antiguidade Clássica, estamos nos referindo a esses povos, cuja influência cultural pode ser percebida ainda hoje na cultura ocidental, em diferentes campos do saber, como artes, idiomas, política, entre outros.

AS PRIMEIRAS COMUNIDADES GREGAS

A ocupação da península Balcânica e das ilhas que formam o território grego por diversos povos, como aqueus, eólios, jônios e dórios, e o intercâmbio sociocultural entre eles propiciaram a formação da cultura grega.

A grande faixa litorânea favoreceu o desenvolvimento da navegação, as viagens marítimas, o intercâmbio e o comércio com diferentes povos. A presença de altas montanhas separando umas regiões de outras contribuiu para a formação de diversas comunidades isoladas e politicamente independentes. Apesar de estarem dispersas pelo território e de quase sempre lutarem entre si, é dos traços culturais comuns dessas comunidades que surge o mundo grego.

As comunidades foram organizadas em grupos de pessoas com laços de parentesco. Cada núcleo familiar era chamado de **genos** e incluía o chefe da comunidade, seus parentes, os dependentes e os escravos. Nos *gene* (plural de *genos*), praticava-se a agricultura de subsistência, a criação de gado e a produção de objetos, como vasos de cerâmica e vestimentas, ainda que, no caso destas, nem sempre a produção de lã ou de algodão ocorresse nas fazendas do próprio *genos* – havia casos em que os tecidos eram obtidos por meio da troca dos produtos feitos nos *gene* pelos tecidos trazidos por com mercadores estrangeiros.

O crescimento populacional e as disputas por terras mais férteis levaram certos *gene* a dominar outros. Com o tempo, os chefes de comunidade que acumulavam mais vitórias tornaram-se reis, governando com o apoio de uma assembleia composta de guerreiros.

Essa unificação dos *gene* sob o governo de um mesmo rei deu origem às **cidades-Estado**, conhecidas também como *poleis* (plural de *pólis*).

> **PARA EXPLORAR**
>
> *Ruth Rocha conta a* Ilíada e *Ruth Rocha conta a* Odisseia, de Ruth Rocha. São Paulo: Salamandra, 2011.
>
> Nesses livros, a autora reconta dois dos poemas épicos mais importantes da Antiguidade, *Ilíada* e *Odisseia*, ambos atribuídos ao poeta grego Homero e considerados importantes fontes para o estudo da formação do mundo grego.

A PÓLIS

Entre os séculos VIII a.C. e VI a.C., ocorreram transformações importantes no modo como os gregos se organizavam politicamente. Com a unificação dos *gene* em cidades-Estado, a posse das terras deixou de ser coletiva, o poder político passou a ser exercido por grupos de aristocratas e a vida social centralizou-se na **pólis**.

A *pólis*, termo grego que define cidade, abrangia tanto as áreas urbanas quanto as rurais em seu entorno. Havia casos em que compreendia também povoados menores. Cada *pólis* se organizava de maneira específica, mas, devido aos terrenos montanhosos e recortados, era comum que se distribuíssem em quatro partes: a parte alta, chamada de acrópole, onde se localizava o centro religioso; a parte baixa, nas quais ficavam as moradias de artesãos, comerciantes e proprietários de terras; a ágora, espaço público onde os moradores da *pólis* conviviam e os cidadãos se reuniam para discutir política e outros assuntos relacionados à cidade; e o campo, no qual viviam os agricultores e eram realizadas as atividades agrícolas.

Cada *pólis* era governada por uma aristocracia, o que significava que apenas as pessoas consideradas cidadãs poderiam interferir nos assuntos políticos. Com o passar do tempo, as formas de governo em cada região grega tornaram-se mais específicas, assim como outros traços culturais.

Apesar de integradas pela língua e pela religião, as várias *poleis* eram independentes, com características, exércitos, moedas, normas sociais e jurídicas próprios. Portanto, as decisões políticas e econômicas eram tomadas de maneira autônoma em cada uma delas, e não havia um controle centralizado que abarcasse todas elas.

> **CIDADANIA**
>
> Diferentemente da atual sociedade brasileira, na qual todas as pessoas nascidas no território nacional ou nele naturalizadas são consideradas cidadãs com direitos políticos assegurados, nem todas as pessoas que viviam nas *poleis* eram cidadãs. Os critérios que definiam a cidadania variavam de cidade para cidade, mas geralmente eram levados em conta aspectos como gênero, idade e origem social.

▼ Acrópole de Atenas, Grécia. Foto de 2022. As acrópoles eram os centros religiosos das *poleis* gregas. Das construções que ainda podem ser vistas nas ruínas dessa acrópole, destaca-se o Partenon (no alto da colina), templo dedicado à deusa Atena, patrona da cidade.

A EXPANSÃO GREGA

Os séculos entre VIII a.C. e VI a.C. foram chamados pelos historiadores de "séculos obscuros", pois não há muitos registros disponíveis sobre eles. Sabe-se, porém, que, além do governo das aristocracias, esse período foi marcado pelo aumento populacional e pela expansão das cidades-Estado gregas, o que provocou intenso crescimento das cidades e a escassez de terras férteis para o cultivo.

Essa conjuntura motivou a expansão grega para outras regiões. Assim, as colônias gregas espalharam-se da península Balcânica e da região insular para os territórios próximos ao mar Mediterrâneo, como as penínsulas Itálica e Ibérica, o norte da África e a Ásia Menor. Na península Itálica, os gregos fundaram muitas colônias, principalmente na região sul, que ficou conhecida como Magna Grécia. As colônias gregas mantinham relações comerciais e trocas culturais com os territórios da Grécia Antiga, considerados cidades-mãe.

▲ Templo de Hera em Capaccio Paestum, Itália atual, região que, nos tempos da colonização da Grécia Antiga, ficou conhecida como Magna Grécia. Foto de 2021.

insular: formada por ilhas.

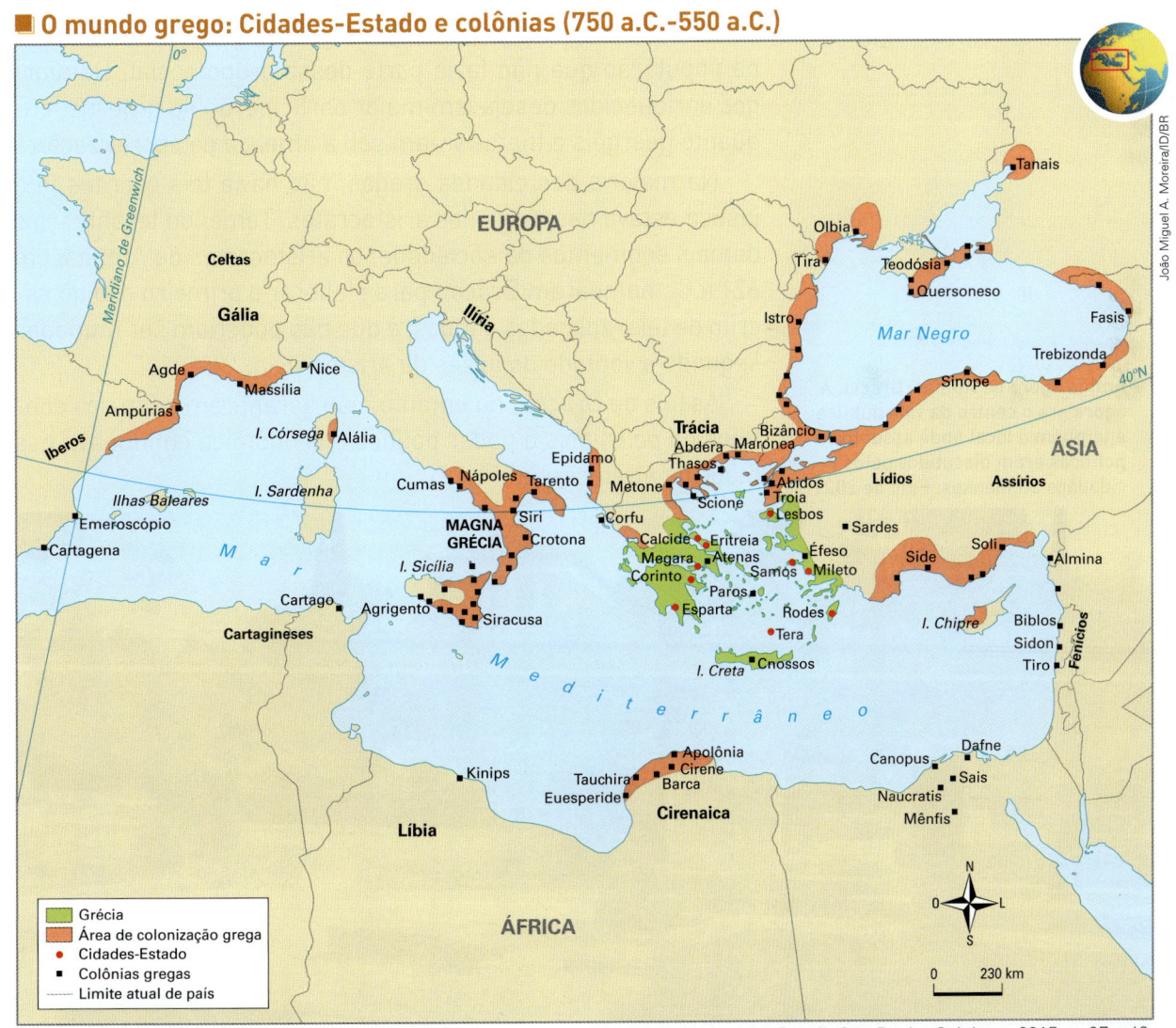

■ O mundo grego: Cidades-Estado e colônias (750 a.C.-550 a.C.)

Fonte de pesquisa: Cláudio Vicentino. *Atlas histórico*: geral e Brasil. São Paulo: Scipione, 2015. p. 37 e 43.

A SOCIEDADE ATENIENSE

Atenas era uma das *poleis* gregas. Nela, eram considerados **cidadãos** apenas os homens adultos livres, filhos de pais atenienses e que cumpriram o serviço militar. Somente os cidadãos podiam ser donos de terra, participar da vida política e exercer cargos públicos.

A sociedade ateniense era formada pelos **eupátridas**, aristocratas descendentes das famílias que chefiavam cada *genos* e que detinham o poder político e militar; pelos **georgóis**, pequenos proprietários de terra; e pelos **demiurgos**, comerciantes e artesãos. Georgóis e demiurgos podiam participar de assembleias, mas tinham menos poder que os eupátridas.

Os **thetas**, camponeses sem terra que trabalhavam nos *gene*, não eram considerados cidadãos. Também não tinham direito à cidadania os estrangeiros, chamados de **metecos**, e os **escravos**.

A ESCRAVIDÃO EM ATENAS

De acordo com o pesquisador Pedro Paulo Funari, os escravos eram, em sua maioria, prisioneiros de guerra e seus descendentes. Havia também atenienses e estrangeiros condenados à escravidão por dívidas. Eram responsáveis pelo trabalho nas minas de prata, nas fazendas e também nas cidades.

Por isso, muitos historiadores defendem a tese de que a democracia ateniense dependia do sistema escravagista, porque era ele que garantia aos cidadãos tempo para atuar no governo da cidade-Estado.

DRÁCON E AS LEIS ESCRITAS

Em Atenas, a concentração do poder militar, político e econômico nas mãos dos aristocratas gerava grande insatisfação na população que não fazia parte desse grupo social. Demiurgos enriquecidos desejavam maior participação no governo, enquanto georgóis e thetas viviam sob a ameaça de escravização.

Na maioria das cidades gregas, não havia leis escritas, e a justiça estava nas mãos dos aristocratas. Temendo levantes dos demais segmentos da sociedade, os aristocratas de Atenas, em 621 a.C., nomearam Drácon para elaborar o primeiro código escrito de leis, aplicadas a todos, e que não poderiam ser mudadas segundo a vontade de juízes da aristocracia.

As leis de Drácon, no entanto, não garantiram o fim dos conflitos na *pólis*, pois o poder político e econômico continuava nas mãos da aristocracia.

▼ Antiga ágora de Atenas, Grécia. A ágora era o centro da vida pública e também o local onde assuntos políticos eram discutidos pelos cidadãos atenienses. Foto de 2021.

A DEMOCRACIA ATENIENSE

As reformas políticas foram aprofundadas por Sólon, que, a partir de 594 a.C., redigiu novas leis. Sua principal medida foi a abolição da escravidão por dívidas. Outra mudança importante foi a extinção dos privilégios políticos da aristocracia: Sólon substituiu o critério do nascimento para participação no governo pelo critério da riqueza, o que permitiu aos demiurgos e georgóis ricos acesso ao governo da *pólis*. Além disso, também estendeu o direito à cidadania aos thetas.

Sólon instaurou uma assembleia chamada **Eclésia**, da qual todos os cidadãos poderiam participar, e também a **Bulé**, conselho formado inicialmente por 400 homens eleitos. Cabia à Bulé propor as leis e à Eclésia, aprová-las.

OSTRACISMO

No governo de Clístenes, foi instituído o ostracismo, uma punição imposta aos cidadãos julgados politicamente indesejáveis a Atenas. A pena aplicada era o exílio de dez anos, mas sem a perda dos bens. O banimento era votado em assembleia e os votos eram escritos em um pedaço de cerâmica, o *ostrakon*.

O GOVERNO DO POVO

As reformas de Sólon, no entanto, também não diminuíram as tensões sociais em Atenas, pois mantinham os cidadãos mais pobres excluídos da vida política. Foi somente a partir de 508 a.C., quando o aristocrata **Clístenes** assumiu o poder, que essas pessoas tiveram acesso à política.

As reformas políticas de Clístenes substituíram o critério da riqueza para a participação nos assuntos políticos por critérios regionais. Na prática, a *pólis* foi dividida em dez territórios ou tribos. Cada tribo congregava moradores ricos e pobres e elegia livremente cinquenta cidadãos para integrar a Bulé, principal órgão de governo da *pólis*, agora com quinhentos integrantes, e a Eclésia. Esse modelo, em que um maior número de cidadãos tinha direito à participação política, ficou conhecido posteriormente como **democracia** (do grego *demos*, povo, e *cracia*, governo).

A democracia ateniense foi consolidada no governo de Péricles, que instituiu a remuneração em dinheiro para servidores públicos e militares. Mais tarde, o pagamento aos integrantes da Assembleia permitiu aos cidadãos pobres ativa participação na vida política de Atenas. É importante notar que, apesar de ser mais abrangente que as formas de governo anteriores, a democracia ateniense ainda não acolhia a participação daqueles que não eram vistos como cidadãos da *pólis*, ou seja, as mulheres, os estrangeiros e os escravos.

> Examine os dados apresentados sobre **a história do voto no Brasil** e elabore uma linha do tempo.

Alegoria da Democracia coroando o povo ateniense. Relevo em mármore de cerca de 336 a.C., parte do acervo do Museu da Ágora Antiga, em Atenas, atual Grécia.

ATIVIDADES

Retomar e compreender

1. Leia as afirmações e faça o que se pede.

    I. A Magna Grécia corresponde às regiões da península Itálica nas quais os gregos fundaram muitas colônias.

    II. As *poleis* gregas deram origem às cidades-Estado.

    III. Todas as *poleis* gregas eram governadas por um mesmo imperador.

    IV. A principal medida adotada por Sólon foi abolir a escravidão por dívidas.

    Quais afirmações estão corretas? Anote a alternativa no caderno.

    a) I e IV.
    b) I, II e III.
    c) I, III e IV.
    d) II e IV.
    e) Todas as afirmações.

2. Quais foram as causas do processo de expansão grega?

Aplicar

3. A *pólis* ateniense é considerada o berço da democracia. O entendimento de democracia nessa sociedade, no entanto, era bastante diferente do da sociedade atual. Com base no que você estudou sobre democracia ateniense, responda às questões a seguir.

    a) Quem era considerado apto para participar da democracia ateniense?
    b) Quais eram os órgãos responsáveis pelo exercício político em Atenas?
    c) Em sua opinião, o atual sistema democrático é mais abrangente que o da Grécia Antiga? Por quê?

4. Explique o que é Antiguidade Clássica e como ela se relaciona com a história dos povos gregos.

5. Leia o texto citado, observe a imagem e responda às questões.

> Os escravos de Atenas eram em sua maioria prisioneiros de guerra (gregos ou "bárbaros", como eram chamados pejorativamente os não gregos) e seus descendentes, considerados não como seres humanos dignos, mas como "instrumentos vivos". Dos escravos, cerca de trinta mil trabalhavam nas minas de prata, das quais se extraía metal para armamentos, ferramentas e moedas, 25 mil eram escravos rurais e 73 mil eram escravos urbanos empregados nas mais variadas tarefas e ofícios, permitindo que seus donos se ocupassem dos assuntos públicos.
>
> Pedro Paulo Funari. *Grécia e Roma*. São Paulo: Contexto, 2002. p. 38.

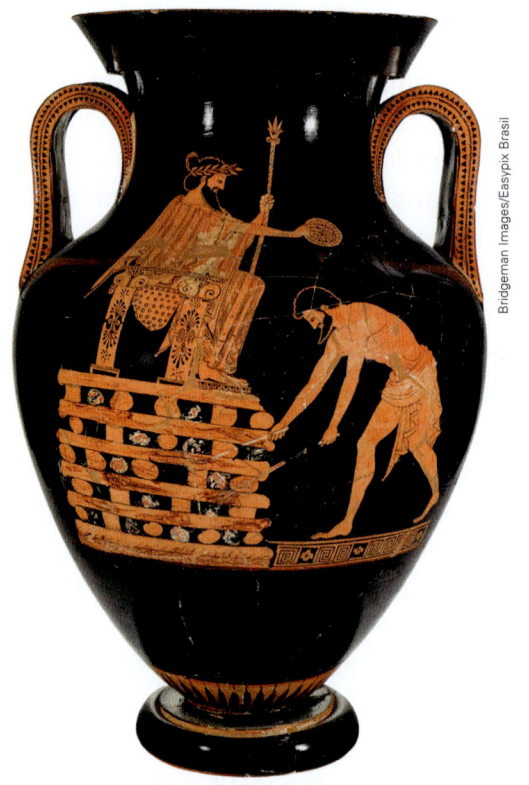

▲ Detalhe de ânfora grega do século V a.C. A imagem registra duas personagens da sociedade grega antiga.

a) Qual segmento da sociedade ateniense é abordado no texto? E na imagem?
b) Como o texto descreve esse segmento da sociedade de Atenas?
c) Essas pessoas eram consideradas cidadãs em Atenas?
d) Como esse segmento social aparece na imagem? O que essa personagem está fazendo? Explique suas hipóteses com base em elementos da cena representada.

HISTÓRIA DINÂMICA

As mulheres na *pólis* grega

Por muito tempo, as mulheres ficaram de fora das narrativas históricas. Sua participação nas sociedades foi costumeiramente tratada como um tema de pouco destaque ou um mero detalhe. Os registros produzidos por elas frequentemente foram silenciados ou se perderam ao longo do tempo.

Como você estudou neste capítulo, nas cidades-Estado gregas as mulheres não tinham direito à cidadania, por isso, não participavam das decisões políticas da *pólis*. Alguns estudiosos, porém, têm procurado aprofundar o conhecimento sobre a atuação das mulheres em outras esferas importantes da vida social nas *poleis* gregas.

As fontes literárias evidenciam a enorme diferença entre uma mulher "cidadã" pobre ou rica. O espaço ideal da mulher ateniense abastada era o recato do lar em que se ocupava com a fiação e tecelagem, saindo à rua apenas para buscar água nas fontes e poços [...], cultuar os mortos ou participar dos rituais religiosos. A mulher ateniense de baixa extração social, por sua vez, precisava colaborar economicamente no sustento da casa, trabalhando fora. Assim, os mercados estavam cheios de vendedoras de perfumes, de óleo e de quinquilharias em geral [...]. As mulheres de famílias campesinas humildes também deviam cooperar, fazendo a coleta dos frutos. Talvez cooperassem também no artesanato ou indústria urbana, na tecelagem, ou mesmo na olaria. Enquanto as cidadãs pobres, em suas raras aparições iconográficas, estão em contexto de trabalho, as cidadãs da elite aristocrática são representadas no ócio do gineceu. A diferença entre a rua e casa, para as mulheres livres, possuía também um sentido de classe social. As evidências iconográficas, contrariamente ao discurso historiográfico predominante, apontariam que, em determinadas situações, mulheres ocupariam espaços no mundo do trabalho, inclusive em atividades de cunho masculino, como em ofícios artesanais especializados.

Fábio Vergara Cerqueira. Interpretando evidências iconográficas da mulher ateniense. *Cadernos do Lepaarq*: textos de antropologia, arqueologia e patrimônio, Pelotas, Universidade Federal de Pelotas (UFPel-RS), v. 5, n. 9-10, p. 114-115, ago./dez. 2008.

▲ Ânfora grega do século VI a.C. com representações de mulheres em atividades cotidianas, como a coleta de água em uma fonte.

gineceu: parte da habitação ateniense reservada às mulheres.

Em discussão

1. Quais atividades eram realizadas pelas mulheres atenienses?
2. Qual era o critério utilizado para definir a atuação das mulheres em Atenas?
3. Em sua opinião, por que o autor, ao se referir à mulher ateniense, utiliza aspas em cidadã?

CAPÍTULO 2
A CULTURA GREGA

PARA COMEÇAR

Diversas expressões culturais de nossa cultura, bem como de muitas outras do Ocidente, foram influenciadas pela cultura grega. Você sabe dizer que elementos são esses?

A ARTE NA GRÉCIA

A arte na Grécia Antiga foi rica e diversificada, e exerceu influência sobre outras culturas, desde a Antiguidade até os dias atuais. Entretanto, o que conhecemos hoje dessa arte é uma pequena parcela do que foi produzido. Muitas esculturas e edifícios perderam-se ao longo do tempo, destruídos por saqueadores, terremotos, guerras, incêndios, entre outros fatores.

A passagem do tempo causou também um curioso efeito: desgastou as cores de estátuas e de edifícios, que, originalmente, eram bastante coloridos.

As esculturas são uma das expressões artísticas gregas mais conhecidas. Nos primeiros séculos de desenvolvimento da cultura grega, boa parte das esculturas representava deuses e deusas. Somente a partir do século V a.C., os gregos começaram a representar artisticamente pessoas de destaque.

Os relevos gregos estavam presentes na maioria dos edifícios públicos, como templos, ginásios e teatros. Tinham como característica a harmonia entre a forma, o espaço e a ornamentação. A maioria dos relevos representava temas mitológicos ou personalidades de destaque na vida pública grega.

▼ Vestígios do templo grego Erecteion, dedicado aos deuses Atena e Poseidon. A construção fica na Acrópole de Atenas, atual Grécia, e revela características da arquitetura grega antiga. Foto de 2022.

AS DIVINDADES GREGAS

A religião era um dos principais elementos que unificavam o mundo grego. Apesar de cada *pólis* prestar culto a deusas e deuses específicos, todas essas divindades faziam parte de um mesmo panteão. Segundo as crenças gregas, os deuses eram imortais, tinham poderes sobrenaturais e podiam interferir nos fenômenos da natureza e nos diversos aspectos da vida humana e controlá-los.

Os deuses do panteão grego eram apresentados com as mesmas virtudes e defeitos dos seres humanos. Sentiam raiva, amor, inveja, ciúme e, não raro, mostravam-se vingativos. Com bastante frequência, uniam-se a outros deuses, a seres fantásticos e até mesmo a humanos e geravam filhos. Acreditava-se que da união entre um deus e um ser humano nascia um semideus.

▲ **Busto de Zeus**, esculpido em bronze, com base em original grego datado do século IV a.C.

A MORADA DOS DEUSES

De acordo com a mitologia grega, quase todos os deuses habitavam o monte Olimpo, a mais alta montanha da Grécia. A morada divina era guardada por deusas chamadas Horas, e uma porta de nuvens era a passagem entre o mundo dos mortais e o dos imortais.

Os deuses que não moravam no Olimpo habitavam a terra, as águas ou o mundo subterrâneo. No entanto, todos eram convocados a comparecer ao palácio de Zeus, líder dos deuses, para se reunir e discutir os assuntos terrenos e celestes.

Nessas reuniões, eram servidos um alimento chamado ambrosia e uma bebida, o néctar. Enquanto isso, Apolo, deus da música, tocava sua lira e as musas cantavam. A reunião acabava ao pôr do sol, quando todos os deuses voltavam à própria morada.

musa: de acordo com a mitologia grega, as musas eram filhas de Zeus e Mnemósine, deusa da Memória. Eram nove ao todo, e cada uma tinha a missão de cuidar de um ramo diferente das artes e da ciência. Clio, por exemplo, era a musa da História, e Urânia, da Astronomia.

panteão: conjunto dos deuses da religião politeísta.

CIDADANIA GLOBAL

PANDEMIA DA COVID-19

Em 2020, a Organização Mundial de Saúde (OMS) caracterizou a covid-19 como pandemia e daquele momento em diante os países mobilizaram-se para conter o avanço dessa doença. Muitos eventos foram cancelados ou adiados em mais de um ano, caso das Olimpíadas e das Paralimpíadas do Japão, que foram realizadas sem a presença de público.

- Junte-se a um colega e façam uma lista das medidas que foram tomadas para conter o avanço da doença. Ela deve elencar medidas de responsabilidade do Estado e dos cidadãos. Depois, conversem entre si sobre essas medidas e seus efeitos.

▼ Cerimônia de abertura dos Jogos Olímpicos de Tóquio, realizada no estádio Olímpico de Tóquio, Japão. Em decorrência da pandemia de covid-19, os jogos foram realizados sem a presença de público. Foto de 2021.

JOGOS OLÍMPICOS

Um dos principais símbolos da união entre os gregos eram os jogos olímpicos. A cada quatro anos, os atletas das *poleis* gregas reuniam-se em **Olímpia** para competir em honra a Zeus. Tratava-se de um acontecimento tão importante que as guerras eram interrompidas na época das competições.

No início do verão do ano em que ocorriam os jogos olímpicos, enviavam-se mensageiros para todas as regiões da Grécia e suas colônias anunciando um período de trégua e paz.

Os jogos duravam sete dias, dos quais o primeiro e o último eram reservados a cerimônias religiosas. Durante os outros cinco dias, os atletas competiam em modalidades como corrida, arremesso de disco e de dardo, salto em distância, lutas corpo a corpo, pugilismo e corridas sobre cavalos. Apenas os homens gregos livres podiam competir. Escravos e mulheres solteiras podiam assistir aos jogos, mas as mulheres casadas eram proibidas de fazê-lo.

Havia um único vencedor em cada modalidade. Os vitoriosos eram premiados com uma coroa de folhas de oliveira. O maior prêmio, no entanto, era a fama que os vencedores adquiriam e que se estendia à família e à cidade de origem dos campeões. Cada atleta representava a própria *pólis*. Quando a vitória era espetacular, o atleta recebia homenagens e era imortalizado em estátuas e poemas.

Os jogos de Olímpia eram os principais, mas não os únicos. Os gregos competiam em outros grandes festivais em homenagem aos deuses.

FILOSOFIA

A partir do século VII a.C., alguns gregos passaram a refletir sobre a composição da matéria, a matemática da natureza, as noções de certo e errado, o que é o amor, entre outras questões.

Dessa reflexão sobre a natureza das coisas, surgiu a filosofia (do grego *filo*, amigo, e *sofia*, sabedoria). A filosofia se desenvolveu, principalmente, nas *poleis* que seguiam o modelo democrático, como Atenas, onde as assembleias de cidadãos permitiam a discussão dos problemas locais e externos à cidade.

Um dos mais importantes filósofos gregos foi Sócrates (470 a.C.-399 a.C.). Para ele, a melhor maneira de construir o conhecimento era dialogando. Ele fazia perguntas e, por meio da resposta do interlocutor, conseguia fazê-lo refletir e formular novas ideias, rejeitando antigas ideias que poderiam ser equivocadas. Acusado de não respeitar a religião, foi condenado à morte.

Sócrates não escreveu nenhum texto sobre seus ensinamentos. O responsável pela escrita e divulgação de suas ideias foi seu aluno Platão, que também se tornou um dos mais importantes filósofos do mundo clássico.

Os conhecimentos desenvolvidos nessas reflexões filosóficas, em muitos casos, serviram de base para diversas áreas de estudo existentes na atualidade, como a medicina, a matemática, a física, a geografia, entre outras.

Aristarco de Samos, por exemplo, propôs o heliocentrismo, modelo teórico segundo o qual a Terra gira em torno do Sol; Arquimedes demonstrou o poder da energia solar ao desenvolver um sistema para incendiar navios com o uso de espelhos; Herófilo examinou o corpo humano e percebeu a diferença entre veias e artérias, além de ponderar sobre a substância que fluía por elas.

PARA EXPLORAR

Só sei que nada sei: Sócrates, Platão e Aristóteles, de Silvana de Menezes. São Paulo: Salamandra, 2011 (Coleção Pensar Arte).
A obra apresenta uma incursão pelo pensamento grego antigo, com base, principalmente, no legado filosófico de Sócrates, Platão e Aristóteles. A linguagem, que mistura história e teatro, é divertida e atraente, tornando sua leitura leve e agradável.

Observe alguns **filósofos da Grécia Antiga** e conheça o contexto histórico ao qual o pensamento deles estava relacionado. Faça um resumo do que você compreendeu sobre esse assunto, organizando suas ideias.

Jacques-Louis David. *A morte de Sócrates*, 1787. Óleo sobre tela. A obra representa Sócrates na prisão, sentado ao centro, fazendo um gesto vigoroso aos seus discípulos, que estão desolados com a sentença de morte imposta ao filósofo.

ATIVIDADES

Retomar e compreender

1. No caderno, escreva um parágrafo explicando a relação entre os deuses cultuados na Grécia Antiga e os jogos olímpicos. Em seu texto, deve ser evidenciada a organização dos jogos em Olímpia, de acordo com a mitologia grega.

2. As frases a seguir contêm informações erradas. Identifique quais são os erros e corrija-os, reescrevendo cada frase no caderno.
   a) A maioria das obras realizadas pelos gregos foi preservada, inclusive com as cores originais.
   b) Os *gene*, governados pela aristocracia, incentivaram o desenvolvimento da filosofia por causa de suas características urbanas.
   c) Sólon foi um dos mais importantes filósofos gregos porque defendia que a melhor forma de adquirir conhecimento era pela exposição de ensinamentos de um mestre a seus discípulos.
   d) Os gregos deram grandes contribuições para o desenvolvimento de conhecimentos filosóficos, mas, para outras áreas do conhecimento, suas experiências não foram muito significativas.

Aplicar

3. Leia o trecho da reportagem sobre os Jogos Paralímpicos realizados em 2021 e, depois, responda às questões.

> A lista dos nomes dos atletas com deficiência que viriam a compor a delegação brasileira em Tóquio trouxe várias novidades, entre elas, uma em especial: a maior participação feminina em Jogos Paralímpicos da história. Dos 259 atletas convocados, 96 [eram] mulheres, o que representou 37% do total da delegação convocada. Apesar da participação feminina ainda ser inferior [à] masculina em números, a porcentagem ainda foi maior na última edição, no Rio 2016, quando 30% da equipe brasileira era composta por mulheres.
>
> Desde 2004, a participação feminina vem ganhando força na delegação brasileira graças ao aumento da divulgação do paradesporto nas mídias e, principalmente, das iniciativas de promoção do paradesporto em diversas cidades. Segundo o presidente do Comitê Paralímpico Brasileiro (CPB), Mizael Conrado, a expectativa é que, nas próximas edições do megaevento paradesportivo, a proporção entre homens e mulheres seja igualitária. [...]
>
> Ao todo, as atletas brasileiras foram responsáveis pela conquista de 29 medalhas para o Brasil, sendo sete de ouro, oito de prata e 14 de bronze. [...]
>
> Finalizar um ciclo com conquistas em representatividade e medalhas traz satisfação e um sentimento de missão cumprida para as atletas que agora fazem parte da história e se tornaram fonte de inspiração para as novas gerações de mulheres do esporte. [...]
>
> Comitê Paralímpico Brasileiro. Com maior participação feminina nos Jogos Paralímpicos, atletas apontam inclusão e legado após Tóquio. Disponível em: https://www.cpb.org.br/noticia/detalhe/3614/com-maior-participacao-feminina-nos-jogos-paralimpicos-atletas-apontam-inclusao-e-legado-apos-toquio. Acesso em: 9 jan. 2023.

   a) O que são os jogos paralímpicos?
   b) Como se deu a participação das atletas mulheres com deficiência nas paralimpíadas de Tóquio?
   c) Em sua opinião, como os jogos paralímpicos se relacionam com os jogos olímpicos? Escreva, no caderno, uma frase sobre o assunto e, depois, leia-a para a turma.
   d) Agora, você e os colegas vão refletir sobre o seguinte tema: De que modo a comunidade em que vocês vivem (como bairro, município e a comunidade escolar) proporciona acessibilidade aos diferentes espaços e atividades para as pessoas com deficiência?

Acompanhamento da aprendizagem

4. Observe o relevo desta atividade, leia a legenda e faça o que se pede.

▲ Detalhe do friso do Partenon, em Atenas, feito aproximadamente entre os anos 447 a.C. e 432 a.C, representando os deuses Poseidon, Apolo e Ártemis (da esquerda para a direita).

a) Descreva como é a ornamentação das roupas dos deuses representados.
b) Além da aparência semelhante à dos humanos, quais eram outras características que os deuses tinham em comum com os mortais?
c) Em que tipo de edifício público os relevos eram comuns?

5. Leia o texto citado sobre Sócrates, um dos mais importantes filósofos gregos, e responda às questões propostas.

[...]
Defensor do diálogo como método de educação, Sócrates considerava muito importante o contato direto com os interlocutores — o que é uma das possíveis razões para o fato de não ter deixado nenhum texto escrito. Suas ideias foram recolhidas principalmente por Platão, que as sistematizou, e por outros filósofos que conviveram com ele.

Sócrates se fazia acompanhar frequentemente por jovens, alguns pertencentes às mais ilustres e ricas famílias de Atenas. Para Sócrates, ninguém adquire a capacidade de conduzir-se, e muito menos de conduzir os demais, se não possuir a capacidade de autodomínio. Depois dele, a noção de controle pessoal se transformou em um tema central da ética e da filosofia moral. Também se formou aí o conceito de liberdade interior: livre é o homem que não se deixa escravizar pelos próprios apetites e segue os princípios que, por intermédio da educação, afloram de seu interior.
[...]

Márcio Ferrari. Sócrates, o mestre em busca da verdade. Revista *Nova Escola*, São Paulo, 1º out. 2008. Disponível em: https://novaescola.org.br/conteudo/177/socrates-mestre-verdade. Acesso em: 9 jan. 2023.

a) Qual é o conceito de liberdade interior mencionado no texto?
b) Em sua opinião, qual é o sentido da palavra **apetites** utilizada pelo autor do texto?
c) Você concorda com as ideias de Sócrates mencionadas no texto? Explique.

CAPÍTULO 3
O PERÍODO HELENÍSTICO

PARA COMEÇAR

No século IV a.C., a cultura grega difundiu-se por boa parte do Oriente, do Egito e da Índia. Você sabe como essa difusão ocorreu? Qual foi o resultado da união dos elementos culturais típicos do mundo grego com os das diversas culturas orientais?

▼ Detalhe da obra *A travessia do Grânico*, 1665, de Charles Le Brun. Óleo sobre tela. Ela retrata as tropas de Alexandre atravessando o rio Grânico, na atual Turquia, em confronto com os persas, em 334 a.C. Essa batalha é considerada a primeira grande vitória de Alexandre Magno.

A CONQUISTA MACEDÔNICA

A Macedônia era um pequeno reino ao norte da Grécia. A língua e a cultura de seus habitantes eram semelhantes às gregas, e os deuses por eles cultuados eram os mesmos dos gregos. Ainda assim, os cidadãos das *poleis* consideravam a população macedônica **bárbara**, isto é, estrangeira, e, portanto, inferior.

Após a Guerra do Peloponeso, conflito entre as cidades gregas ocorrido entre 431 a.C. e 404 a.C. e que fragilizou diversas *poleis*, o rei da Macedônia, **Filipe II**, aproximou-se das enfraquecidas cidades gregas oferecendo-lhes aliança militar contra os persas, antigos inimigos dos gregos. Na verdade, Filipe pretendia se beneficiar da rivalidade existente entre essas cidades para conquistá-las, e assim o fez.

As cidades de Atenas e Tebas ofereceram maior resistência às tropas de Filipe. Apesar disso, em 338 a.C., os macedônios derrotaram os gregos e dominaram toda a Grécia. O passo seguinte da expansão da Macedônia seria a conquista da Pérsia, mas, antes disso, Filipe II foi assassinado em seu próprio reino. Seu filho, **Alexandre Magno**, aos 20 anos de idade, assumiu o poder e continuou o processo de expansão.

Vencedor de uma série de batalhas, Alexandre Magno ampliou seu reinado, que se estendeu dos Bálcãs à Índia, incluindo o Egito e a região onde hoje é o território do Afeganistão.

AS CONQUISTAS DE ALEXANDRE

Alexandre Magno foi educado pelo filósofo grego Aristóteles e tornou-se um grande conhecedor e admirador da cultura e da filosofia gregas. Com a morte do pai, assumiu o projeto dele de expandir o reino macedônico.

Reuniu macedônios e gregos em um grande exército e marchou contra os domínios dos persas. Em poucos anos, conquistou a Fenícia, o Egito, a Mesopotâmia e a Pérsia, chegando até a região do rio Indo, na Índia. A região sob seu domínio ficou conhecida como **Império Macedônico**.

Alexandre Magno fundou 32 cidades, dando a todas elas o nome de Alexandria. Seu objetivo era transformar essas cidades em grandes centros de difusão da cultura helenística. Todas elas demonstraram grande vigor e tornaram-se polos culturais e econômicos de considerável importância no mundo antigo.

Ele pretendia prosseguir na conquista de terras desconhecidas. No entanto, seus soldados, já exaustos, recusaram-se a continuar. Contrariado, ele retornou à Babilônia, capital do Império, com suas tropas. Em 323 a.C., o imperador adoeceu e morreu precocemente, aos 33 anos de idade.

Após a morte de Alexandre Magno, seus generais disputaram o controle dos territórios conquistados. O resultado foi a divisão do grande Império Macedônico em vários reinos. Os principais deles foram o Egito, a Pérsia Selêucida e a Macedônia, que incluía a Grécia. Observe o mapa.

> **ARISTÓTELES**
>
> Nascido na cidade de Estagira no ano de 384 a.C., Aristóteles foi um importante filósofo grego, assim como Tales, Pitágoras, Sócrates e Platão, entre outros.
>
> Seus estudos contribuíram para o desenvolvimento de diversas áreas do conhecimento, como a ética, a política, a física, a psicologia, a poesia e a biologia.

■ O Império de Alexandre Magno (século IV a.C.)

Fonte de pesquisa: Cláudio Vicentino. *Atlas histórico*: geral e Brasil. São Paulo: Scipione, 2015. p. 44.

A CULTURA HELENÍSTICA

A política de conquista macedônica não incluía destruir as tradições dos povos conquistados, mas, sim, acrescentar a elas características da cultura grega. Essa união das culturas grega e oriental, iniciada por Alexandre, ficou conhecida como **cultura helenística**, em razão de os gregos chamarem a si próprios de helenos e à Grécia de Hélade.

Apesar de a união política do Império Macedônico ter sido breve, a cultura helenística subsistiu em diversas regiões por muitos séculos.

ALEXANDRIA, A CAPITAL DO CONHECIMENTO

A Alexandria do Egito, situada no delta do rio Nilo, transformou-se na maior, mais rica e populosa metrópole do Mediterrâneo Oriental, capital cultural do mundo helenístico.

Ponto de encontro da milenar sociedade egípcia com a filosofia e as ciências gregas, essa Alexandria tornou-se célebre pelos cientistas que viveram e estudaram no Musaeum, instituição considerada a casa das musas, da qual fazia parte a famosa biblioteca de Alexandria, que guardava obras de arte, papiros e pergaminhos com os mais importantes trabalhos intelectuais produzidos na Antiguidade.

O maior símbolo do poder de Alexandria do Egito era uma estrutura de 120 metros de altura, construída na entrada do porto. Ali, todas as noites acendia-se uma chama que era visível aos navegantes a 50 quilômetros de distância. Essa torre de sinalização marítima ficou conhecida como "farol" em referência à ilha de Faros, onde estava localizada.

> **ESCULTURAS HELENÍSTICAS**
>
> Muitas das esculturas gregas que conhecemos são do período helenístico, quando a riqueza dos grandes reinos favoreceu a produção de obras de arte. As personagens das esculturas helenísticas são representadas, em geral, em posições retorcidas, exibindo expressões de dor ou de alegria.

Veja um mapa sobre a **cultura no mundo helênico** por volta do século V a.C. e anote no caderno o que mais chamou sua atenção.

▼ Representação do Farol de Alexandria, construído no século III a.C. Pintura de autor desconhecido, do século XVIII.

ATIVIDADES

Retomar e compreender

1. Qual foi a consequência da Guerra do Peloponeso para as *poleis* gregas?

2. Depois de assumir o trono da Macedônia, quais foram as ações de Alexandre Magno?

3. As frases a seguir contêm informações diversas sobre a cidade de Alexandria. Identifique quais são as frases incorretas e reescreva-as no caderno fazendo os ajustes necessários.
    I. Alexandre Magno fundou a cidade de Alexandria no Egito, mas também havia outras cidades com o mesmo nome em outras regiões do Império Macedônico.
    II. Alexandria do Egito localizava-se no delta do rio Nilo, assim como Alexandria Susiana e Alexandria Opiana.
    III. Dois locais de destaque da cidade de Alexandria do Egito eram o Musaeum e o farol, localizado na ilha de Creta.

Aplicar

4. Reveja o mapa "O Império de Alexandre Magno (século IV a.C.)". Considere a configuração política atual da região cartografada e responda: O Império de Alexandre abrangeu quais continentes?

5. Observe a imagem, leia a legenda e responda às questões.

▲ Detalhe de relevo esculpido no altar de Pérgamo, cujo tema é a gigantomaquia, ou a luta de Zeus e Atena contra os inimigos gigantes. Construído no século II a.C., o altar de Pérgamo encontra-se no Museu de Pérgamo, em Berlim, Alemanha.

   a) Na legenda, qual informação indica que o relevo pertence à cultura helenística?
   b) Que característica, nessa representação, revela o estilo helenístico da obra?

CONTEXTO
PRODUÇÃO ESCRITA

História em quadrinhos (HQ)

Proposta

A história em quadrinhos (HQ) é um gênero textual que mescla textos verbais e não verbais. Ainda não há um consenso sobre qual teria sido a primeira história em quadrinhos moderna, embora fontes indiquem que, no fim do século XIX, esse tipo de narrativa foi publicado em Londres, nos Estados Unidos e no Brasil.

Apesar de esse tipo de narrativa ter ganhado diferentes estilos expressivos ao longo do tempo, quase todas as HQs têm textos escritos em balões de fala, fazem uso de onomatopeias e possuem tiras para apresentar a "voz do narrador".

onomatopeia: figura de linguagem que reproduz, aproximadamente, um som natural com recursos linguísticos, por exemplo: tique-taque, atchim ou snif snif.

Desde seu surgimento, as HQs abordam assuntos diversos, inclusive eventos históricos. Assim, é possível encontrar HQs com narrativas que se passam na Grécia ou na Roma antigas ou mesmo que explorem as divindades desses povos. Há também as paródias, nas quais personagens contemporâneos se encontram com personalidades da Antiguidade.

Nesta seção, você e os colegas vão elaborar uma HQ que apresente um traço cultural ou um evento histórico da Grécia Antiga.

▶ Capa da HQ *Chico Bento: o burrico de Troia*, de Mauricio de Sousa, 2005. Nessa narrativa, Chico Bento e sua turma se aventuram pelo mundo grego antigo.

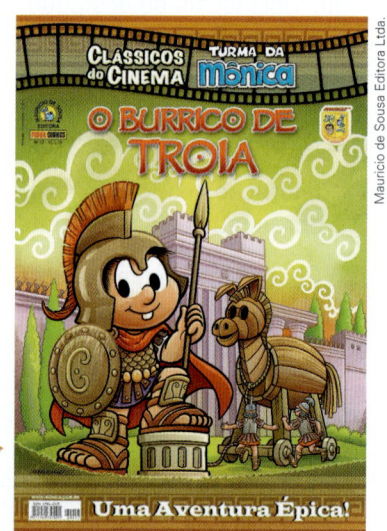

Público-alvo	Comunidade escolar.
Objetivo	Produzir uma história em quadrinhos sobre um traço cultural ou um evento histórico da Grécia Antiga.
Circulação	*Blog* da turma ou distribuição de impresso.

Planejamento e elaboração

1 Junte-se a dois colegas e analisem os elementos verbais dos quadrinhos a seguir, com base nestas perguntas:
- Quem são as personagens representadas nos quadrinhos?
- Como as falas das personagens são apresentadas?
- Que tipo de diferença vocês observam entre os textos dos balões e os textos fora dos balões?
- Em sua opinião, por que a palavra "aaiii" está escrita com cor e tamanho diferentes das demais?
- Vocês acham que a divisão das cenas nos retângulos facilita a leitura sequencial? Expliquem.

▲ Bill Amend. *FoxTrot*, publicado nas redes sociais em janeiro de 2015.

2 Relembrem o que estudaram nesta unidade e escolham, em consenso, um tema ou evento que desejem transformar em HQ.

3 Coletem informações para aprofundar seus conhecimentos acerca da cultura ou do evento histórico da Grécia Antiga escolhido por vocês.

4 Após a escolha do tema e a análise do quadrinho desta página, é o momento de elaborar o enredo da HQ que será produzida e criar as personagens.

5 Além dos elementos textuais que caracterizam o gênero HQ, caprichem nos desenhos que vão ilustrar a história. Fiquem atentos ao uso da cor, à representação dos cenários e das vestimentas e às características físicas das personagens.

Revisão

1. Leiam a HQ considerando as perguntas a seguir:
   - A HQ aborda o tema ou evento de forma coerente com o que foi estudado e pesquisado?
   - As personagens foram caracterizadas de acordo com o contexto histórico do qual fazem parte?
   - A narrativa da HQ apresenta introdução, desenvolvimento e conclusão?
   - Vocês utilizaram todos os elementos verbais característicos do gênero textual HQ?

2. Elaborem a versão final da HQ com imagem, balões de fala, onomatopeias, entre outros recursos, fazendo os ajustes que julgarem necessários, e finalizem a arte.

Circulação

- Digitalizem a HQ para publicá-la no *blog* da turma ou promover uma troca da versão impressa entre os colegas. Caso optem pela versão digital, compartilhem o *link* com a comunidade escolar, os familiares e os amigos.

ATIVIDADES INTEGRADAS

Retomar e compreender

1. Organize os fatos a seguir em ordem cronológica.
   - Conquista da Grécia por Filipe II.
   - Reformas de Sólon e de Clístenes.
   - Interrupção dos jogos olímpicos.
   - Início da ocupação da península do Peloponeso por povos que formaram o povo grego.
   - Reformas de Drácon.
   - Guerra do Peloponeso.

2. Por que a cidade de Alexandria do Egito foi importante para os povos da Antiguidade?

Aplicar

3. Leia o texto citado e, em seguida, responda às questões.

> O casamento é um dos fundamentos da sociedade cívica grega na época clássica; na Atenas democrática, embora não fosse objeto de uma regulamentação propriamente dita por parte da cidade-Estado, não deixava de ser definido por um certo número de práticas mais ou menos institucionalizadas. Desde a lei de Péricles em 451, o casamento só teria caráter legal se unisse um cidadão à filha de um cidadão. Quem quer que fizesse passar por sua esposa legítima [...] uma estrangeira ou uma escrava, estava sujeito a pagar pesada multa, e os filhos nascidos dessa união não poderiam ser considerados atenienses. O casamento em si, no entanto, continuava ser um ato privado, unindo duas casas.
>
> Claude Mossé. *Dicionário da civilização grega*. Rio de Janeiro: Zahar, 2004. p. 59-60.

   a) Quem foi Péricles?
   b) Como o autor classifica o casamento na Grécia Antiga?
   c) Que tipo de casamento tinha caráter legal, segundo a lei de Péricles?
   d) De acordo com o texto, o que acontecia com um cidadão que se casava com uma mulher estrangeira ou com uma escrava?

Analisar e verificar

4. O texto citado fala de um tipo de personagem feminina retratado nas obras da literatura teatral da Grécia Antiga. Leia-o e, depois, responda às questões.

> [...] há muitas mulheres sem nome, que são conhecidas apenas por serem "aquela que" fez isto ou aquilo. Embora nas narrativas tenham uma identidade, o seu nome não subsistiu na memória [...]. No entanto, estas "mulheres sem nome" da literatura têm traços que identificamos [...] como modernos. Contrárias à ideia veiculada da esposa recatada no gineceu (influenciada pelo exemplo de Penélope), ou da que ama o marido a ponto de morrer por ele (literalmente falando), como Alceste, estas mulheres, se situadas no nosso século não se sentiriam completamente deslocadas: saem à rua, passeiam, veem espetáculos, ou ficam em casa [...].
>
> Foi o acesso a essas mulheres que a época helenística (aqui citaremos Teócrito e os romances de amor e aventuras) nos proporcionou. [...]
>
> Adriana Freire Nogueira. Mulheres na literatura grega antiga: recursos estilísticos?. Em: Virgínia S. Pereira; Ana L. Curado (org.). *A Antiguidade Clássica e nós*: herança e identidade cultural. Braga: Universidade do Minho, 2006. p. 94.

a) Que tipo de personagem feminina é abordado no texto?

b) De que forma a autora aproxima o comportamento dessas mulheres do mundo antigo com as mulheres do mundo moderno?

c) Quais personagens famosas são citadas? Você conhece a mitologia sobre elas? Em caso negativo, busque-a em publicações impressas ou digitais e, depois, compartilhe suas descobertas com a turma.

5. Observe as imagens desta atividade e leia as legendas. Em seguida, escreva um parágrafo sobre a arte grega, mencionando aspectos que você analisou nas imagens.

A
Museu Metropolitano de Nova York, Estados Unidos. Fotografia: Fletcher Fund, 1936

B
Museu Arqueológico de Nápoles, Itália. Fotografia: De Agostini/Getty Images

◀ Cratera de cerâmica, século V a.C. Crateras são vasos gregos utilizados para misturar diferentes tipos de bebida. No detalhe, está representada uma procissão em honra ao deus Dionísio.

C
Coleção particular. Fotografia: AKG Images/Fotoarena

Este espelho feito de bronze, em 550 a.C., é um exemplo ▶ de como a arte estava incorporada ao dia a dia dos gregos. Objetos de uso cotidiano e íntimo demonstravam a habilidade do artesão em seu ofício, século XIV a.C.

◀ Essa escultura em mármore, do final do século IV a.C., mostra uma senhora (à direita) e sua escrava (à esquerda). A representação evidencia o tipo de relação social: pelo tamanho das personagens, é possível supor qual delas teria mais relevância na sociedade grega antiga.

Criar

6. Reúna-se com um colega e elaborem uma competição de poesia no estilo *slam*. Para isso, leiam as orientações a seguir.

    - Escolham dois deuses, de qualquer gênero, da mitologia grega e levantem informações sobre a origem, fatos marcantes da vida deles, pontos fracos e fortes e características físicas.
    - Escrevam, em seguida, uma batalha em versos na qual essas divindades vão duelar entre si.
    - Por meio das ideias expostas nos versos, cada divindade deverá mostrar-se mais poderosa que sua oponente.
    - Elaborem a batalha poética e releiam o texto final que deverá ser apresentado aos colegas.
    - Na apresentação, vocês podem ler ou declamar os versos e, se preferir, utilizem figurinos compatíveis com as divindades que vão representar no duelo poético.

7. **SABER SER** Na abertura da unidade, você comentou a respeito de seus hábitos para preservar a saúde física. Reflita agora sobre os hábitos que preservam sua saúde mental: Que atividades de seu cotidiano contribuem para isso? Faça uma lista.

CIDADANIA GLOBAL
UNIDADE 6

3 SAÚDE E BEM-ESTAR

Retomando o tema

Nesta unidade, você aprendeu que os jogos olímpicos simbolizavam um momento de grande união para os gregos da Antiguidade Clássica. Ainda hoje, grandes eventos esportivos, como as olimpíadas ou o campeonato mundial de futebol, configuram-se como momentos de união, de celebração e também de cooperação entre os governos dos países envolvidos.

No âmbito particular, os momentos de interação com pessoas da comunidade da qual fazemos parte são a conexão de que precisamos para manter não só a saúde mental, mas também a qualidade de vida, pois, nesses momentos, reforçamos os laços de amizade, de confiança e de companheirismo.

1. Em quais momentos você costuma se reunir com as pessoas de sua comunidade? Como são esses momentos?

2. Imagine um evento para promover a interação e o companheirismo entre os membros de sua comunidade escolar. Como seria esse evento e como o organizaria? Redija um texto apresentando sua proposta.

Geração da mudança

- Agora, você e os colegas de turma vão elaborar um fôlder de um evento cuja finalidade será promover a união entre os membros da comunidade escolar. Para tanto, retomem as respostas apresentadas na atividade **2** desta seção e façam uma votação para escolher a proposta da turma.

- Após a escolha da proposta, elaborem um fôlder para apresentá-la à direção da escola, que avaliará a possibilidade de realizar o evento. Para isso, é importante que o fôlder seja visualmente atrativo e apresente informações como: nome do evento, descrição e finalidade, datas possíveis de realização, sugestão de local para a realização, número previsto de participantes, atividades que serão desenvolvidas no dia do evento, recursos necessários para sua realização e cronograma das etapas de trabalho.

- Finalizado o fôlder, apresentem-no à diretoria da escola e verifiquem a possibilidade de realizar o evento.

Autoavaliação

ROMA: FORMAÇÃO E EXPANSÃO

UNIDADE 7

PRIMEIRAS IDEIAS

1. O nome oficial do nosso país é República Federativa do Brasil. O que esse nome indica sobre a maneira como o Estado brasileiro é organizado?
2. Você sabe quais são os requisitos para um cidadão ou cidadã eleger-se para o Senado no Brasil atual? E quais requisitos você imagina que eram necessários para ocupar o Senado na Roma Antiga?
3. Você já assistiu a algum filme ou seriado sobre a Roma Antiga? Em caso afirmativo, compartilhe com os colegas suas impressões sobre o modo de vida dos romanos antigos: como se vestiam, quais atividades costumavam realizar, do que se alimentavam, como se divertiam, etc.

Conhecimentos prévios

Nesta unidade, eu vou...

CAPÍTULO 1 — As origens de Roma

- conhecer o processo de formação da Roma Antiga por meio da análise de mapas históricos e da mitologia sobre a origem de Roma.
- compreender o mito de fundação de Roma e identificá-lo como uma das fontes para a história do período.
- identificar as características da divisão social e das dinâmicas de inclusão e exclusão da Roma Antiga.
- examinar as atribuições de cada instituição republicana na Roma Antiga.
- entender o processo de fortalecimento do Exército romano associado às conquistas militares e, portanto, à expansão da cultura e do comércio romanos, que podem ser observadas em monumentos e em textos de época.

CAPÍTULO 2 — A consolidação do Império Romano

- compreender o processo que resultou no fim da república e no estabelecimento do governo imperial.
- identificar as diferentes formas de contato entre os romanos e os outros povos e o consequente intercâmbio cultural refletido em mitos e eternizados em monumentos.
- reconhecer as modificações da natureza e da paisagem causadas pela expansão das cidades romanas, observada principalmente por meio de mapas.
- entender o significado do cristianismo durante o Império Romano, destacando o papel das mulheres nas fontes históricas materiais.

INVESTIGAR

- pesquisar fontes bibliográficas.
- realizar análise documental e entrevista.
- produzir um folheto de divulgação.

CIDADANIA GLOBAL

- reconhecer a importância das instituições governamentais nas ações que promovam e mantenham a paz.
- refletir sobre a cultura de paz e suas consequências nos âmbitos individual e coletivo.

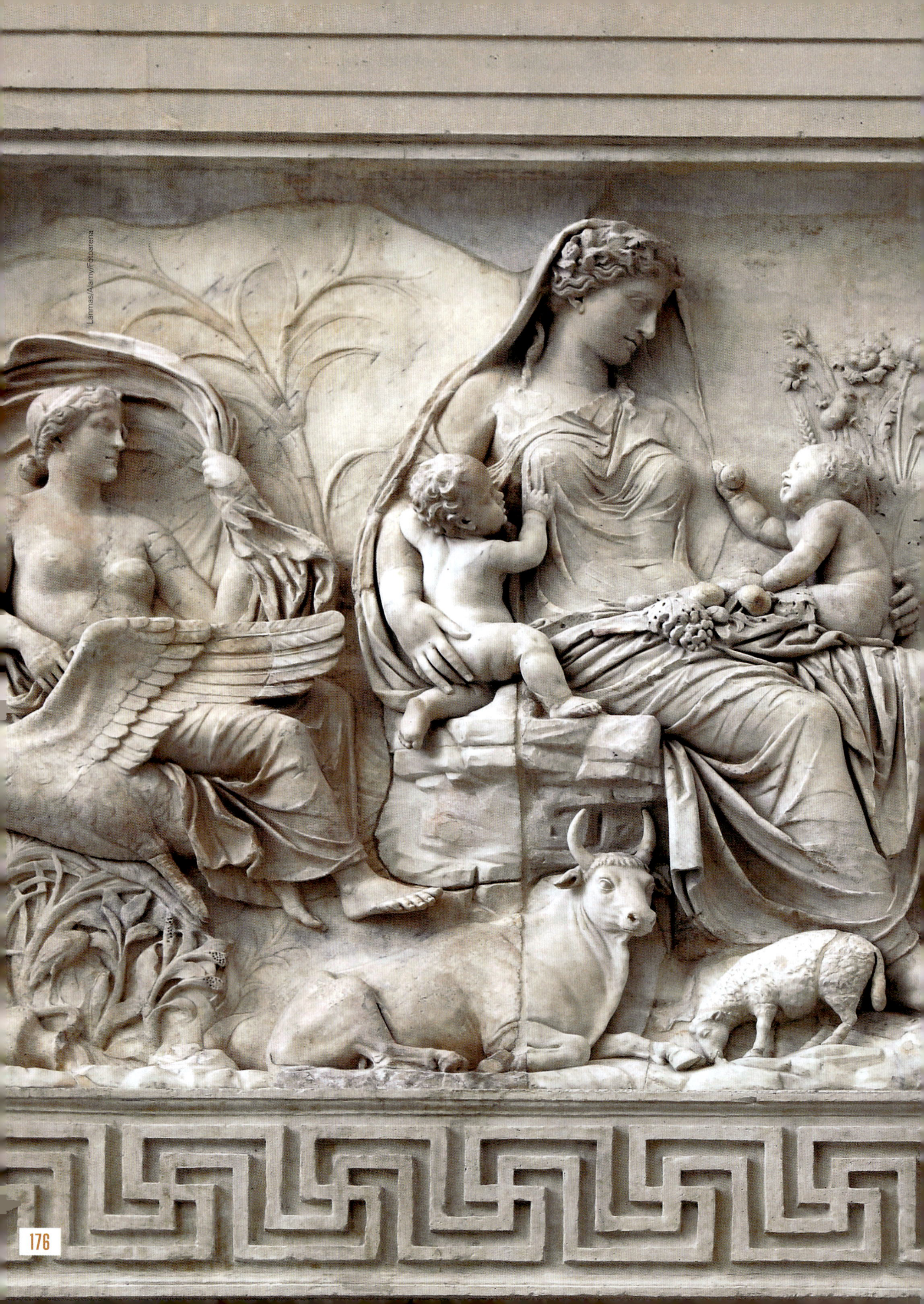

Lanmas/Alamy/Fotoarena

LEITURA DA IMAGEM

1. Qual das personagens representadas nessa imagem é a deusa Pax? Como você chegou a essa conclusão?

2. Na imagem, há bebês gêmeos. Localize-os e depois responda: Em que posição eles foram representados?

3. O que a representação dessas personagens – a deusa Pax e os gêmeos – pode indicar sobre o momento histórico vivido na Roma Antiga, na época em que o monumento foi feito? Levante hipóteses com os colegas.

CIDADANIA GLOBAL

16 PAZ, JUSTIÇA E INSTITUIÇÕES EFICAZES

O *Ara Pacis Augustae* (ou Altar da Paz de Augusto) foi um monumento construído pelo Senado romano para celebrar a paz conquistada durante o governo do imperador Augusto, na Roma Antiga. Atualmente, a paz também é buscada por governantes e cidadãos.

1. Para você, por que a cultura de paz é importante, tanto na vida privada quanto na vida pública?

2. Em sua opinião, por que é importante que as instituições governamentais desenvolvam e apoiem as políticas de paz?

Veja o **Ara Pacis** sob diferentes ângulos e observe as personagens e os símbolos representados nos diversos relevos do monumento. Anote os elementos observados que comprovam as hipóteses que você levantou na atividade 3 e converse com os colegas sobre o tema.

Detalhe do relevo Saturnia Tellus, disposto na face oeste do monumento romano *Ara Pacis Augustae*. Esse detalhe representa a deusa romana Pax, responsável por garantir a paz na Roma Antiga. Esse monumento foi construído entre 13 a.C. e 9 a.C. Foto de 2020.

177

CAPÍTULO 1

AS ORIGENS DE ROMA

PARA COMEÇAR

A cidade de Roma surgiu no século VIII a.C. como um vilarejo no centro da atual Itália. Nos séculos seguintes, tornou-se uma grande potência militar do mundo antigo. O que você sabe a respeito do processo de fortalecimento e da expansão militar de Roma?

A OCUPAÇÃO DA PENÍNSULA ITÁLICA

A península Itálica, onde fica Roma, já era ocupada por vários povos desde o primeiro milênio antes de Cristo.

A região apresenta características estratégicas para a sobrevivência das comunidades: solo fértil, clima ameno e área cercada por montanhas. Os montes Apeninos cortam o território do centro até o leste. Ao norte, há os Alpes. As duas formações montanhosas serviam como muralhas naturais que impediam a chegada dos ventos frios do norte (que poderiam arruinar a agricultura) e dificultavam a entrada de potenciais invasores.

Essas características favoreceram a ocupação sucessiva da península Itálica, assim como as trocas culturais, as alianças e os conflitos entre os diferentes grupos que habitaram a região.

Os povos **itálicos**, também denominados italiotas, entre os quais estavam os úmbrios, os latinos e os sabinos, foram os primeiros a chegar, ocupando o centro da península. Eles fundaram aldeias agrícolas e pastoris nessa região.

Em seguida, vieram os **etruscos**, uma comunidade de comerciantes e navegadores. Os **gregos** povoaram o sul da península e a Sicília, fundando colônias nessa área.

Possivelmente, a cidade de Roma surgiu em meados do século VIII a.C. da união de sete aldeias sabinas e latinas, estabelecidas às margens do rio Tibre. Essas comunidades mantiveram contato estreito com os gregos e os etruscos.

▼ Vista de Roma, atual capital da Itália, de onde é possível observar vestígios da Roma Antiga, como o Coliseu, na área central da imagem. Foto de 2022.

Sean Pavone/iStock/Getty Images

A SOCIEDADE ROMANA

A sociedade romana era formada por quatro grupos principais: patrícios, plebeus, clientes e escravizados.

Os **patrícios** eram os membros da aristocracia e proprietários de vastas extensões de terras e de grandes rebanhos. Denominavam-se assim pois acreditavam ser os descendentes dos fundadores de Roma. Eram os únicos com direito a fazer parte do Senado romano.

Os pequenos proprietários, os agricultores, os artesãos e os comerciantes, chamados **plebeus**, eram pessoas livres e formavam a maioria da população de Roma. Exerciam as principais atividades econômicas e, durante o período monárquico, não tinham direitos políticos.

Os **clientes**, pessoas livres e pobres, dependiam das famílias patrícias, às quais prestavam regularmente favores e serviços, além de dar-lhes apoio político e militar. Em troca, recebiam ajuda econômica e proteção. Quanto mais clientes um patrício tivesse sob sua proteção, mais importância política e social ele conquistava.

Havia também os **escravos**, que eram, em geral, prisioneiros de guerra ou plebeus e clientes endividados. Eles realizavam todo tipo de trabalho, principalmente os que envolviam esforço físico. No período monárquico, a população escrava não era numerosa.

A FAMÍLIA ROMANA

A origem da palavra **família** é latina e designava o conjunto de bens que um *pater familias*, chefe da família patrícia, tinha. Esses bens incluíam familiares, escravos, clientes, terras, animais, plantações, moradias, meios de transporte e todo tipo de objeto considerado do patriarca.

Dessa forma, na Roma Antiga, a ideia de família estava relacionada à posse, diferentemente do modo como a compreendemos hoje. Na sociedade ocidental contemporânea, as famílias são constituídas de vínculos afetivos e ou consaguíneos; além disso, objetos e propriedades não são considerados membros da família. Nas famílias de plebeus, o conceito de família também estava ligado à figura do pai, liderança masculina. Apesar de não dispor de tantos bens quanto os patrícios, os chefes de famílias plebeias também tinham autoridade sobre a vida dos filhos, que não os desacatavam mesmo depois de se casarem.

> **PARA EXPLORAR**
>
> **Projeto Roma 360**
> O Laboratório de Arqueologia Romana Provincial da Universidade de São Paulo (Larp/USP) desenvolveu um aplicativo que permite a interação virtual em ambientes da Roma Antiga, construídos com base em pesquisas arqueológicas. Para experienciar o cotidiano dos romanos antigos, acesse o *link* indicado e siga as instruções do *site*. Disponível em: http://www.larp.mae.usp.br/rv/roma-360/. Acesso em: 13 mar. 2023.

▼ Relevo romano, em estela fúnebre, feito por volta do século II a.C. Ele representa algumas das pessoas que faziam parte de uma família romana. A personagem representada à direita, em tamanho menor que as demais, é, possivelmente, um escravo.

OS REIS DE ROMA

Os primeiros reis romanos eram latinos. Depois, passaram a ser etruscos, pelo avanço do domínio desse grupo.

Os reis romanos exerciam poder público sobre a população e as instituições do governo. No âmbito privado, isto é, das famílias, o poder pertencia ao *pater familias*.

república: sistema de governo em que o poder do Estado é exercido por representantes eleitos pelo povo.

A MONARQUIA

A monarquia foi a primeira forma de governo dos romanos. O **rei**, que desempenhava funções legislativas, judiciárias, administrativas, militares e religiosas, era escolhido e tinha seus poderes limitados por um conselho de anciãos chamado **Senado**, composto de homens de origem nobre e chefes de famílias aristocráticas. As decisões do Senado, por sua vez, eram aprovadas ou rejeitadas pela **Assembleia das cúrias**.

A INSTAURAÇÃO DA REPÚBLICA

O último rei etrusco, Tarquínio, o Soberbo, tentou ampliar seu poder aliando-se aos plebeus enriquecidos, o que desagradou à aristocracia romana. Por isso, em 510 a.C., os patrícios depuseram esse rei e expulsaram os etruscos da cidade. Após a deposição de Tarquínio, foi instituída uma forma de governo chamada república.

Três instituições formavam a administração republicana romana: o Senado, as Magistraturas e as Assembleias Populares.

O Senado era formado apenas por patrícios e tinha diversas funções: propor leis, administrar as finanças públicas, fiscalizar o trabalho dos magistrados e cuidar da política externa e da religião. Os magistrados eram eleitos anualmente pelas Assembleias Populares e exerciam atividades diversificadas.

Os mais importantes magistrados eram os **cônsules**, que convocavam o Senado e as Assembleias, chefiavam o exército e coordenavam a administração pública. Os demais eram: os **pretores**, que se encarregavam da administração da justiça; os **questores**, que geriam as finanças públicas; os **censores**, que fiscalizavam a conduta moral e faziam o recenseamento da população e de seus bens; e os **edis**, responsáveis pelo policiamento, pela coleta de lixo, etc. Nos primeiros séculos da república, apenas os patrícios podiam ser magistrados.

As Assembleias Populares, como o Conselho da Plebe, votavam as leis e as declarações de guerra, elegiam os magistrados e julgavam as acusações passíveis de pena de morte. Contudo, não tinham permissão para exercer cargos políticos.

◀ Atores recriando cenas dos senadores e soldados romanos, em Mérida, Espanha. Foto de 2019.

A EXPANSÃO MILITAR

Durante o período da república, ocorreu o fortalecimento do Exército romano, o que propiciou a expansão dos domínios de Roma por toda a península Itálica e por outras regiões além dela.

Com a expansão militar, as **legiões romanas** deslocaram-se para regiões cada vez mais distantes, e as campanhas prolongavam-se por vários anos. No entanto, o Exército romano, que até então era formado por cidadãos comuns – desde que tivessem a quantidade de terras necessárias para ingressar na instituição –, não tinha o preparo necessário para conquistar novas províncias e ocupar as províncias conquistadas.

Para lidar com essa situação, o general Caio Mário adotou medidas revolucionárias: aboliu o recrutamento mediante a posse de terras e instituiu o pagamento aos soldados. Essas medidas permitiram a profissionalização do Exército e o ingresso de plebeus pobres na instituição.

O sistema de conquista romano também foi alterado: após a vitória dos legionários, formava-se uma aliança entre os romanos e as elites locais. Muitas vezes, a cidadania romana era concedida aos governantes dos reinos dominados, de modo que apenas alguns colonos romanos eram designados para manter o novo território.

Esse contexto da expansão militar proporcionou uma intensa valorização dos generais do exército, que conquistavam também cada vez mais prestígio e poder entre os romanos.

GUERRAS PÚNICAS

Em 264 a.C., Roma e Cartago, importante cidade comercial no norte da África, disputaram a posse da fértil ilha da Sicília (na atual Itália), dando início às Guerras Púnicas, assim nomeadas porque os romanos chamavam os cartagineses de *poeni*, que significa fenícios. Em 146 a.C., Roma saiu vitoriosa desse conflito e aumentou consideravelmente sua influência na região do mar Mediterrâneo.

▼ Homens vestidos como antigos soldados romanos durante desfile de comemoração da fundação da cidade de Roma. Foto de 2022.

AS LUTAS PLEBEIAS

A participação dos plebeus no Exército romano não lhes proporcionava muitos benefícios. Os patrícios ficavam com a maior parte na divisão do butim da conquista, não restando praticamente nada para a plebe. Além disso, as longas ausências nas campanhas militares prejudicavam o andamento das atividades comerciais ou a prática da agricultura.

Na época, havia a ideia de que os pequenos agricultores romanos que partissem para a guerra como legionários retornariam enriquecidos. No entanto, a realidade era outra: na ausência dos agricultores, especialmente dos que não tinham escravizados para manter as atividades agrícolas, as terras ficavam abandonadas. Assim, muitos legionários plebeus deixavam de pagar impostos e acumulavam dívidas. Sem recursos para saldá-las, eles eram escravizados.

Devido às dificuldades enfrentadas, os plebeus passaram a pressionar os patrícios para ampliar seus direitos civis e políticos. Essa pressão crescia e, em tempos de guerra, os soldados tiravam vantagem da situação: diversas vezes ameaçavam abandonar as atividades militares, caso suas reivindicações não fossem atendidas.

Com essa estratégia, os plebeus conquistaram uma magistratura própria, o **Tribunato da Plebe**, com poder de vetar leis que os desfavorecessem. Outra conquista importante foi a adoção de uma legislação escrita, a **Lei das Doze Tábuas**. Até então, as leis em Roma eram transmitidas oralmente e interpretadas de forma arbitrária pelos patrícios. O registro escrito de leis uniformizou o entendimento delas, diminuindo, assim, a arbitrariedade de sua aplicação. A instituição do plebiscito também favoreceu a plebe. Entre outras conquistas desse grupo social, destacam-se, ainda, a abolição da escravidão por dívidas e o fim da proibição do casamento entre plebeus e patrícios.

butim: conjunto de bens materiais e de escravizados tomados pelo vencedor em um conflito militar.

plebiscito: consulta sobre um assunto específico feita à população, que se manifesta pelo voto a favor ou contra.

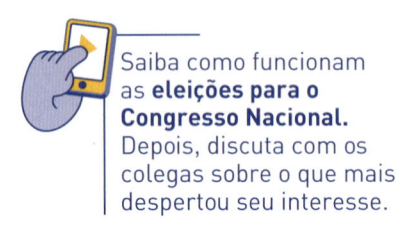

Saiba como funcionam as **eleições para o Congresso Nacional.** Depois, discuta com os colegas sobre o que mais despertou seu interesse.

▼ No centro da Roma Antiga, ficava o Fórum, que, além de lojas e praças, contava com inúmeros templos e prédios públicos. Era ali que estava sediado o Senado, onde ocorria a maioria dos embates entre os senadores patrícios e os representantes da plebe. Na foto, ruínas do Fórum Romano, em 2020.

A QUESTÃO DA TERRA

Com a expansão romana, os patrícios aumentaram sua fortuna, pois se apropriavam das terras conquistadas e eram beneficiados com o aumento do número de prisioneiros de guerra escravizados. Alguns plebeus também enriqueceram com a ampliação do comércio e a cobrança de impostos. Esse grupo de homens, conhecidos como **cavaleiros** ou **homens novos**, ascendeu socialmente, constituindo, assim, um novo segmento social em Roma.

A maioria da população, no entanto, empobreceu. O aumento do número de escravizados diminuiu a oferta de trabalho livre no campo e os trabalhadores urbanos não conseguiam competir com os produtos das províncias do império, que eram vendidos a preços mais baixos.

OS IRMÃOS GRACO E A REDISTRIBUIÇÃO DE TERRAS

No século II a.C., aumentaram os problemas sociais em Roma. Tibério Graco, um prestigiado patrício eleito tribuno da plebe, reabilitou uma antiga lei que limitava a apropriação de terras públicas a 125 hectares por indivíduo, e determinava que o excedente fosse repartido entre os cidadãos pobres. Essa medida tinha a intenção de desconcentrar a posse de terras cultiváveis, permitindo que mais pessoas tivessem acesso a elas. Os grandes proprietários de terra, no entanto, sentiram-se prejudicados por essa medida e, durante um conflito entre seus apoiadores e opositores, Tibério foi assassinado.

Dez anos depois, o irmão de Tibério, Caio Graco, empreendeu uma nova tentativa de redistribuição de terras, mas também não obteve sucesso e foi assassinado.

CIDADANIA GLOBAL

PLEBISCITO: A VOZ DO POVO

O plebiscito é a forma mais direta de consultar os cidadãos sobre alguma questão. Cada indivíduo vota a favor de determinada proposta ou contra ela, e a opinião da maioria vence.

No Brasil atual, o último plebiscito nacional ocorreu em 1993. Os cidadãos foram convocados a decidir quais seriam a forma e o sistema de governo do país (respectivamente, monarquia ou república; parlamentarismo ou presidencialismo).

1. Em sua opinião, por que é importante que os cidadãos reconheçam a importância do plebiscito?
2. Para você, quais assuntos da atualidade deveriam ser votados em plebiscito? Por quê?

▼ Afresco romano do século I d.C. representando o ofício de carpinteiros. A atividade era realizada, geralmente, por plebeus – os homens que carregam a estrutura de madeira – e escravos – identificados pela estatura reduzida.

PARA EXPLORAR

Nos passos de... Júlio César, de Stéphanie Morillon. Rio de Janeiro: Rocco, 2005.

Júlio César foi uma figura fundamental para a transição da república para o Império Romano. Nesse livro, a autora apresenta diversas informações sobre a vida de César e o contexto em que ele viveu.

TRANSIÇÃO PARA O IMPÉRIO

Os séculos II a.C. e I a.C. foram marcados por tensões sociais na república romana. Havia levantes esporádicos de plebeus em diversos pontos de Roma. Nos campos de batalha, os soldados plebeus ameaçavam parar de guerrear e exigiam mudanças políticas que os privilegiassem. Os patrícios percebiam a perda de hegemonia política a cada conquista da plebe. Além disso, os generais prestigiados pelas guerras tinham cada vez mais influência política nas instituições públicas e tornavam-se populares entre os plebeus, garantindo o apoio dos tribunos da plebe.

OS TRIUNVIRATOS

Nesse contexto, os generais Júlio César, Pompeu e Crasso uniram-se e formaram o **Primeiro Triunvirato**, por volta de 60 a.C. Nesse modo de governo e de aliança política, três cônsules centralizavam o poder sobre Roma.

Após a morte de Crasso, Júlio César e Pompeu empreenderam uma disputa pelo poder, da qual Júlio César saiu vitorioso, tornando-se o único governante de Roma. Durante seu governo, medidas importantes foram tomadas, como a obrigatoriedade de os patrícios empregarem homens livres, a reforma do calendário – com a introdução do ano bissexto – e a fundação de diversas colônias. Essas medidas possibilitaram a reorganização das finanças de Roma e a expansão colonial. No entanto, o crescente poder de César desagradou aos senadores, que, temendo uma tentativa de retomada da monarquia, o assassinaram em 44 a.C.

Com a morte de César, teve início o **Segundo Triunvirato**, formado por Caio Otávio (também chamado de Otávio Augusto), Marco Antônio e Marco Lépido.

O INÍCIO DO IMPÉRIO

Marco Antônio e Caio Otávio disputaram o poder sobre as províncias romanas, e o segundo saiu vitorioso. Caio Otávio continuou o projeto de centralização política até que, em 27 a.C., após uma série de manobras políticas e militares, tornou-se o primeiro imperador de Roma. O Senado e outras instituições romanas originadas na república continuaram existindo, porém seus poderes foram diminuídos.

◀ Escultura do primeiro imperador romano, Caio Otávio, feita no século I a.C. Sob o título de Otávio Augusto, ele governou o Império Romano por mais de quarenta anos, de 27 a.C. a 14 d.C., ano de sua morte.

ATIVIDADES

Acompanhamento da aprendizagem

Retomar e compreender

1. Quais povos ocupavam a península Itálica no século VI a.C.?
2. Como era organizada a sociedade na Roma Antiga?
3. Explique como funcionava a monarquia romana.
4. Descreva as instituições que formavam a administração da república romana.

Aplicar

5. Leia o texto citado e, depois, responda às questões.

Tábua nona

Do direito público

1. Que não se estabeleçam privilégios em leis. (Ou: que não se façam leis contra indivíduos).

2. Aqueles que foram presos por dívidas e as pagaram gozam dos mesmos direitos como se não tivessem sido presos; os povos que foram sempre fiéis e aqueles cuja defecção foi apenas momentânea gozarão de igual direito.

3. Se um juiz ou um árbitro indicado pelo magistrado recebeu dinheiro para julgar a favor de uma das partes em prejuízo de outrem, que seja morto. [...]

Fragmentos da Lei das XII Tábuas. Em: Sílvio A. B. Meira. *A Lei das XII Tábuas*: fonte do direito público e privado. Rio de Janeiro: Forense, 1972. p. 173.

a) Há palavras do texto cujo significado você desconhece? Em caso afirmativo, consulte um dicionário e anote os significados delas.

b) A qual código de leis se refere o trecho indicado?

c) Qual dos itens do texto indica que esse código se referia a todos os cidadãos, sem arbitrariedade?

6. Observe a imagem desta atividade e responda às questões.

Vincenzo Camuccini. *A morte de César*, c. 1804. Óleo sobre tela.

a) Que pessoas e qual evento são retratados nessa pintura?
b) A qual processo da história de Roma esse evento está relacionado?

ARQUIVO VIVO

O mito de fundação de Roma

Os romanos eram politeístas como os gregos. A religião desempenhava um importante papel nessa sociedade, regendo desde o cotidiano na vida privada até os grandes assuntos de Estado. Ela estava tão presente na vida em Roma que a própria origem da cidade era atribuída à ação de deuses e heróis.

Segundo a mitologia, os irmãos gêmeos Rômulo e Remo, filhos da princesa latina Reia Silvia e de Marte, deus da guerra, teriam sido condenados à morte logo ao nascer, pois Amúlio, o tio-avô deles, temia que pleiteassem o trono da cidade de Alba Longa, que ele havia usurpado de Numitor, o avô dos meninos.

Já adultos, Rômulo e Remo mataram Amúlio e devolveram o trono ao avô. Como recompensa, puderam fundar a própria cidade. Entretanto, após um desentendimento, Rômulo assassinou o irmão e reinou sozinho na cidade, que batizou de Roma em sua homenagem.

Leia, a seguir, o relato do historiador romano Tito Lívio, que viveu no século I d.C., no qual ele descreve sua versão sobre a origem de Roma.

> Amúlio expulsa seu irmão e apodera-se do trono. Depois deste crime, cometeu outro: ele extermina todos os filhões varões do irmão e, sob o pretexto de honrar sua sobrinha Reia Silvia colocando-a entre as vestais, ele lhe tira toda esperança de se tornar mãe, condenando-a à virgindade perpétua.
>
> Mas acredito que o destino estava encarregado da fundação de uma cidade tão poderosa: era a ele que cabia lançar os alicerces desse vasto império que iguala o dos deuses. A vestal [...] deu à luz dois filhos e [...] designou Marte para a duvidosa paternidade. Contudo, nem os deuses, nem os homens puderam salvar a mãe e os filhos da crueldade do rei. Acorrentada, a sacerdotisa é colocada na prisão e manda-se jogar os filhos no rio. O acaso ou a bondade dos deuses fez com que as águas do Tibre, estagnadas nas margens, não chegasse até o curso normal do leito; porém, aos executantes das ordens reais, apesar da lentidão da corrente, pareceram suficientes para submergir as crianças. Persuadidos de ter cumprido sua missão, eles as deixaram à beira do rio [...]. Conta-se que a água pouco profunda fez flutuar logo o berço que continha as crianças; que, ouvindo o ruído de seus vagidos, uma loba vinda com sede das montanhas vizinhas se desviou de seu caminho e se deitou para dar-lhes de mamar com tanta doçura a ponto de lamber as criancinhas, como testemunhou o chefe dos pastores do rei. Este homem chamava-se Fáustolo. Levou-as para a casa e encarregou sua mulher Laurentia de criá-las. [...]
>
> Tito Lívio, I, 3-4 passim. Em: Jaime Pinsky. *100 textos de história antiga*. São Paulo: Contexto, 2009. p. 52-53.

vagido: voz ou choro característico dos recém-nascidos.
varão: pessoa do sexo masculino.
vestal: sacerdotisa da deusa romana Vesta.

▲ Fonte composta das estátuas de Rômulo e Remo, os míticos fundadores de Roma. Piazza del Popolo (Praça do Povo), Roma, Itália. Foto de 2022.

Os mitos que descrevem a origem de um local ou de uma instituição são conhecidos como mitos fundadores ou mitos de fundação. No caso do mito de Rômulo e Remo, por exemplo, a origem de Roma é atribuída à ação de filhos de um deus; logo, a própria cidade é elevada a uma condição divina.

Os mitos de fundação são comuns em diversas culturas pelo mundo e, geralmente, buscam associar o elemento que fundamentam à ideia de uma grandeza que vai além da realidade humana.

Organizar ideias

1. Em qual trecho o historiador romano atribui uma grandeza divina a Roma? Como essa grandeza está associada ao mito de Rômulo e Remo?
2. De que forma a imagem desta seção está associada ao mito de fundação de Roma?
3. Você conhece outros mitos de fundação? Em caso afirmativo, o que eles têm em comum com o mito de fundação de Roma?

CAPÍTULO 2
A CONSOLIDAÇÃO DO IMPÉRIO ROMANO

PARA COMEÇAR

Durante o período imperial, Roma alcançou o apogeu político, econômico e militar. Com territórios em três continentes, tornou-se um dos maiores e mais duradouros impérios do Ocidente. Que fatores contribuíram para a ascensão do Império Romano?

▼ Detalhe de relevo da face sul do monumento *Ara Pacis*, ou Altar da Paz. Nessa face, foram retratadas algumas pessoas da família de Otávio Augusto, seguindo-o em procissão. O monumento foi construído entre 13 a.C. e 9 a.C.

O FIM DA REPÚBLICA E O GOVERNO IMPERIAL

Como vimos, após diversas manobras políticas, Caio Otávio, agora conhecido como Otávio Augusto, ampliou seus poderes e, com o apoio do Senado, tornou-se o primeiro imperador romano, em 27 a.C. Para muitos historiadores, no entanto, o período em que Júlio César esteve no poder, de 49 a.C. a 44 a.C., ainda na república, marca o início da era imperial romana, já que Júlio César governou sozinho e centralizou ao máximo seu poder.

Otávio Augusto governou durante quarenta anos com grande habilidade política. Boa parte das instituições republicanas foi mantida, apesar de o imperador concentrar o poder. Ele era o chefe máximo de todas as instituições e os títulos que foram concedidos a ele refletiam essa posição: *princeps senatus*, ou primeiro senador; *imperator*, ou comandante-chefe do Exército; **tribuno da plebe**, que lhe dava o direito de falar em nome do povo nas reuniões do Senado; **pontífice máximo**, que lhe concedia a chefia da religião oficial do império; **procônsul**, com autoridade sobre as províncias (territórios conquistados pelos romanos); e, o mais importante de todos, o de **Augusto** ou "o venerável". Esse título significava que o poder do imperador se assemelhava ao dos deuses: era incontestável e vitalício.

A *PAX* ROMANA

Uma das razões que explicam a volta de um sistema político em que um único líder governa Roma, após o longo período da república, foi a instabilidade política que marcou a história romana entre os séculos II a.C. e I a.C. Diante das revoltas e com o Senado desacreditado, os romanos não impuseram resistência ao novo imperador.

Durante seu governo, Otávio Augusto obteve uma grande vitória militar: a conquista e a anexação do Egito. Havia muito tempo essa região era disputada pelos romanos, e as investidas militares remontavam ao tempo de Júlio César. O uso das riquezas egípcias, como ouro e pedras preciosas, fruto da habilidosa administração da rainha Cleópatra, possibilitou o financiamento do Exército romano, fortalecendo, assim, o poder do imperador. Além do apoio armado, Otávio Augusto tornou-se popular ao utilizar o trigo produzido no Egito para alimentar a população que passava fome em Roma.

Outra estratégia para garantir a longevidade de seu governo foi visitar os territórios anexados, em vez de governá-los a distância. Ao deslocar-se para as províncias distantes, o imperador era visto por todos (desde os membros do Exército até os povos conquistados), o que reforçava sua autoridade.

As atividades comerciais também foram ampliadas com a unificação da moeda, favorecendo os negócios com os diferentes povos que integravam o império.

A estabilidade do governo de Otávio Augusto inaugurou o período conhecido como **pax romana** (paz romana), pela relativa paz interna que perdurou até a morte do imperador Marco Aurélio, em 180 d.C.

> O desenvolvimento da arquitetura foi um dos elementos de prosperidade da *pax* romana. Observe como os **aquedutos**, construções empregadas no transporte de água, foram utilizados pelos romanos. Anote suas conclusões sobre o funcionamento dessa tecnologia e responda: Qual é a importância de tecnologia no cotidiano da população?

O APOGEU DAS CIDADES ROMANAS

Durante o século II d.C., sob o governo do imperador Trajano, o Império Romano atingiu sua máxima extensão. Seus territórios iam da Britânia (atuais Inglaterra e Escócia) ao norte da África (atuais Marrocos, Argélia, Tunísia, Líbia e Egito) e atuais territórios da Síria e do Iraque. Observe o mapa.

VIAS ROMANAS

Nas zonas fronteiriças, os exércitos romanos estabeleceram acampamentos permanentes. E para garantir a chegada das tropas até as regiões mais distantes do império, os romanos construíram milhares de quilômetros de estradas, as vias romanas.

As estradas abertas interligavam todo o império. A pavimentação delas era um trabalho árduo, realizado por escravos ou, em períodos de paz, por soldados. As estradas tinham uma ligeira inclinação para escoar a água da chuva até os pequenos canais laterais, o que evitava a formação de poças de água.

■ O Império Romano (século II)

Fonte de pesquisa: Juan Santacana Mestre; Gonzalo Zaragoza Rovira. *Atlas histórico*. Madrid: SM, 2002. p. 29.

Conheça detalhes da construção do **Coliseu de Roma** e registre as informações mais importantes. Depois, produza uma maquete dessa construção.

▼ Os romanos foram os primeiros a utilizar vasos sanitários com descarga e tampa. Em Roma, essas peças eram feitas de mármore. Na foto de 2018, vestígios de sanitários romanos em Éfeso, na atual Turquia, construídos por volta do século II d.C.

A expansão dos territórios aumentou a arrecadação de impostos, o que possibilitou a ampliação dos investimentos na infraestrutura do império. O fórum, considerado o centro da vida pública da cidade, foi remodelado, e os principais edifícios públicos, embelezados. Praças e novos templos foram erguidos, evidenciando a riqueza de Roma; aquedutos irrigavam regiões distantes dos rios, possibilitando o aumento da atividade agrícola e o abastecimento das cidades.

As atividades de lazer também ganhavam espaços públicos como as termas, que eram casas de banho coletivas, e as arenas – nesse caso, o Coliseu, na atual Itália, é um dos exemplos mais famosos.

A arquitetura, porém, não apenas embelezava Roma ou facilitava a vida urbana dos romanos, era utilizada também como propaganda dos governantes, já que alterava de modo permanente as paisagens. Cada construção pública tornava-se um registro dos feitos do governante, dos generais e dos soldados, como os arcos do triunfo, as colunas honoríficas, as estátuas dos imperadores e monumentos como o *Ara Pacis*.

O CRISTIANISMO E A ORIGEM DA IGREJA

O território habitado pelos hebreus – mais tarde conhecidos como judeus –, na costa oriental do Mediterrâneo, também foi conquistado pelos romanos e incorporado ao império. Os hebreus eram monoteístas e acreditavam que seu deus, Javé, enviaria um messias (salvador) para pacificar a humanidade e reconstruir o Reino de Israel.

Segundo a Bíblia (livro sagrado do **cristianismo**), naquela região, por volta do ano 30, um profeta chamado Jesus teria feito pregações acerca da existência de um deus único e de valores como compaixão, respeito e igualdade. Jesus criticava as autoridades romanas e hebraicas por não estarem, segundo a sua visão, agindo de acordo com as leis de Deus, a quem considerava a única autoridade que realmente deveria ser obedecida. Sentindo-se ameaçadas, as autoridades hebraicas pediram ajuda aos governantes romanos para condenar aquele que consideravam um rebelde e alegava ser o enviado de Deus. Com isso, Jesus foi julgado pelo administrador romano, Pôncio Pilatos, e executado.

Ainda de acordo com a narrativa bíblica, Jesus, chamado Cristo ("messias", em grego), teria ressuscitado três dias após a morte. Foi com base nessa crença e nas ideias disseminadas por Jesus e seus seguidores que surgiu uma nova religião: o cristianismo. Os primeiros cristãos, seguidores de Jesus, não aceitavam a religião romana e começaram a difundir clandestinamente os ensinamentos da religião que passaram a professar. Mais tarde, formaram uma comunidade que chamaram de **igreja** (do latim *ecclesia*). Seu primeiro chefe teria sido Pedro, um dos 12 apóstolos (discípulos) que acompanharam Jesus em sua jornada na Palestina. Contudo, os romanos não podiam tolerar que os cristãos se negassem a cultuar o imperador e não reconhecessem muitas de suas leis. Dessa forma, começaram a perseguir os cristãos e a puni-los com crueldade.

▲ O peixe é um dos símbolos mais antigos do cristianismo e teria sido usado entre os primeiros cristãos como forma de identificação e reconhecimento. Na imagem, detalhe de estela funerária romana, do século III d.C., com inscrições cristãs em grego.

▼ Pintura em câmara funerária romana, do século III d.C. Ela representa os 12 discípulos de Jesus. Segundo a tradição bíblica, os apóstolos teriam sido os primeiros a difundir a fé cristã.

O CRISTIANISMO PRIMITIVO

Os seguidores de Jesus difundiam seus ensinamentos pelos lugares que visitavam. Alguns deles chegaram a escrever sobre a vida e o pensamento de Jesus em livros que, posteriormente, foram chamados de evangelhos (palavra de origem grega que significa "boa-nova"). A pregação dos seguidores de Cristo atraía, em especial, os pobres e os escravizados.

À medida que o cristianismo se propagava, as autoridades romanas mostravam-se intolerantes. A rejeição dos seguidores de Cristo à escravidão e a recusa em aceitar a divindade do imperador eram atitudes vistas como desobediência a Roma. De tempos em tempos, os cristãos sofriam ondas de repressão do Estado romano. Essas perseguições intensificaram-se principalmente entre os séculos II e III.

AS GRANDES PERSEGUIÇÕES

Com medo da repressão, os cristãos praticavam seus rituais em segredo, reunindo-se às escondidas em cemitérios subterrâneos, as catacumbas. Nesses locais, além dos ritos funerários e da comemoração do aniversário dos mártires – os que morreram por não negar a fé cristã –, os cristãos realizavam seus cultos.

Contudo, as cerimônias subterrâneas levantaram ainda mais suspeitas. Como consequência, em época de crise política, os governantes apontavam os cristãos como responsáveis pelos problemas que ocorriam no império, ordenando perseguições em massa e punições públicas, como o açoite, a decapitação e a crucificação.

A primeira grande perseguição aconteceu durante o governo do imperador Nero, em 64 d.C., e a última – e mais violenta – deu-se em 305 d.C., sob o governo do imperador Diocleciano.

▲ Detalhe de pintura do século III d.C. em catacumba romana. Proibidos de professar sua fé, os primeiros cristãos reuniam-se nas catacumbas. Imagens como essa podem ser encontradas em diversas catacumbas romanas e são importantes documentos sobre a história dos primeiros cristãos.

▼ Detalhe de mosaico romano do século III d.C., encontrado na Líbia atual, uma região dominada pelos romanos na Antiguidade. O mosaico retrata um prisioneiro (ao centro), possivelmente cristão, condenado à morte na arena. Essa forma de condenação era bastante frequente nos primeiros séculos do cristianismo.

ROMA TORNA-SE CRISTÃ

A perseguição aos cristãos não desestimulou a disseminação da nova fé. Ao contrário, o número de adeptos só aumentou, como se pode observar no mapa.

Contudo, o cristianismo só pôde ser praticado livremente após o imperador Constantino (272 d.C.-337 d.C.) se converter a essa religião e instituir, em 313 d.C., a liberdade de culto no império com o Édito de Milão.

Ele também proibiu o trabalho aos domingos, pois esse dia era considerado sagrado para os cristãos. Com essas mudanças, a disseminação do cristianismo pelo império acelerou, e restrições à antiga religião romana foram impostas. Em 353, o imperador Constâncio II, filho de Constantino, determinou o fechamento dos templos pagãos e o fim de sacrifícios aos deuses.

Em 391, o imperador Teodósio tornou o cristianismo a religião oficial do império e aboliu os cultos aos antigos deuses. A partir de então, os cristãos começaram a perseguir os pagãos com a mesma violência com que foram perseguidos em Roma, no início da Era Cristã.

■ A expansão do cristianismo (século IV)

Fonte de pesquisa: Geoffrey Parker. *Atlas da história do mundo*. São Paulo: Folha de S.Paulo, 1995. p. 92.

édito: ordem expedida por uma autoridade e divulgada por anúncios (editais) fixados em lugares públicos.

CIDADANIA GLOBAL

MULHERES: DA ROMA CRISTÃ À ONU

Em Roma, as mulheres não exerciam cargos públicos porque não eram consideradas cidadãs. Para os romanos antigos, o principal papel social das mulheres era cuidar da família e do lar. Com a oficialização do cristianismo, a situação não se alterou muito: esperava-se que as mulheres, a quem os cristãos consideravam responsáveis pelo pecado original, fossem obedientes e submissas aos homens, como forma de alcançar a salvação e o perdão de seus pecados.

Hoje, no mundo contemporâneo, a participação feminina está em diversas instituições, públicas ou privadas. Leia o texto a seguir sobre a participação das mulheres na Organização das Nações Unidas (ONU).

A comunidade internacional reconheceu que a participação das mulheres é fundamental para alcançar e manter a paz. As mulheres são agentes de mudança comprovadas e são capazes de fazer muito mais se tiverem a oportunidade de se manifestar. Em 2000, o Conselho de Segurança da ONU aprovou a histórica Resolução 1325 sobre mulheres, paz e segurança. Ela exige a participação das mulheres na construção da paz, a proteção das violações dos direitos humanos, e a promoção do acesso à justiça e aos serviços para enfrentar a discriminação.

Paz e segurança. ONU Mulheres. Disponível em: https://www.onumulheres.org.br/areas-tematicas/paz-e-seguranca/. Acesso em: 20 abr. 2023.

- Reúna-se com um colega. Juntos, elaborem um parágrafo sobre outras instituições nas quais a participação da mulher colabora para a promoção de paz, justiça e eficiência na atualidade.

ATIVIDADES

Acompanhamento da aprendizagem

Retomar e compreender

1. De que modo a militarização de Roma influenciou a vida política do império?
2. Como Caio Otávio tornou-se o primeiro imperador de Roma?
3. O que foi a *pax* romana e como ela se relaciona com o governo do imperador Otávio Augusto?
4. Quais foram as consequências da ampliação do território do Império Romano?
5. Por que os cristãos foram considerados um risco à estabilidade do Império Romano?

Aplicar

6. O mapa mostra os produtos comercializados no Império Romano. Observe-o e faça o que se pede.

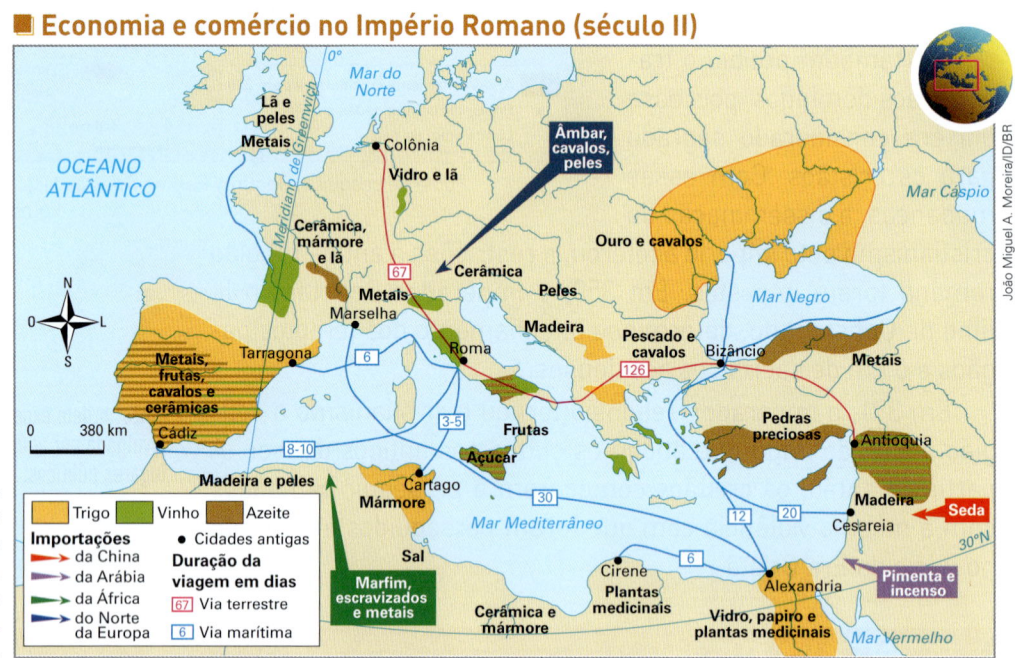

■ Economia e comércio no Império Romano (século II)

Fonte de pesquisa: Geoffrey Parker. *Atlas da história do mundo*. São Paulo: Folha de S.Paulo, 1995. p. 90-91.

a) Identifique os produtos oriundos de algumas poucas regiões e anote-os no caderno.

b) Que fator ajudou a promover o comércio no Império Romano?

7. O texto a seguir faz parte de um documento romano do século IV. Leia-o e faça o que se pede.

> Eu, Constantino Augusto, e eu também, Licínio Augusto, reunidos felizmente em Milão [...] temos tomado esta saudável e retíssima determinação de que a ninguém seja negada a faculdade de seguir livremente a religião que tenha escolhido para o seu espírito, seja a cristã ou qualquer outra que achar mais conveniente; a fim de que a suprema divindade a cuja religião prestamos esta livre homenagem possa nos conceder o seu favor e benevolência.
>
> Citado por: Maria Guadalupe Pedrero-Sánchez. *História da Idade Média*: textos e testemunhas. São Paulo: Ed. da Unesp, 2000. p. 27.

a) Com base no que você estudou neste capítulo, identifique esse documento.

b) Qual parcela da população romana foi beneficiada pelo comunicado expresso nesse documento? Por quê?

HISTÓRIA DINÂMICA

As imagens femininas nas catacumbas romanas

As catacumbas eram cemitérios subterrâneos e foram encontradas em várias regiões banhadas pelo mar Mediterrâneo, como nos atuais Egito, Grécia e Itália, e, nesta última área, principalmente em Roma.

A historiadora Silvia Márcia Alves Siqueira, da Universidade Estadual do Ceará (Uece), dedicou-se à pesquisa de questões relacionadas às mulheres no início do cristianismo em Roma, porém logo percebeu que as fontes escritas eram escassas. Em busca de outras fontes históricas, a pesquisadora analisou imagens femininas encontradas nas catacumbas romanas entre os séculos II d.C. e IV d.C.

Na pesquisa, a historiadora identificou os elementos que caracterizam esses cemitérios subterrâneos em diferentes períodos: as catacumbas do século II são simples e com pinturas de flores e de pássaros; no século III, surgiram túmulos com o retrato das falecidas. Como as catacumbas eram frequentemente visitadas em cultos fúnebres e rituais cristãos, as imagens eram mensagens ao mundo dos vivos e não simples decoração. Leia um trecho do artigo da historiadora.

> As efígies nos monumentos funerários, nosso objeto de análise, são registros com mensagens relativas à memória daquelas pessoas ali depositadas, mas também uma advertência e conselho para os visitantes do local. Mensagens iconográficas que expressam [...] por meio de imagens pictóricas suas reflexões sobre o comportamento das mulheres cristãs. Para as autênticas discípulas de Cristo, deveria haver o comprometimento com a simplicidade e a modéstia, as mulheres estão sempre representadas em indumentária simples, em posição de oração com os braços abertos, vestidas com um modelo básico da clássica túnica com mangas longas e uma pala que sobe para cobrir a cabeça e os pés descalços que remete à humildade e o perene olhar devocional da piedade cristã.
>
> Silvia M. A. Siqueira. As efígies femininas em catacumbas romanas: uma análise da figuração paleocristã. Em: Leni Ribeiro Leite e outros (org.). *Figurações do masculino e do feminino na Antiguidade*. Vitória: PPGL, 2011. p. 101.

efígie: representação de uma pessoa ou coisa personificada.

pala: tipo de capa, semelhante ao manto.

Em discussão

1. Quais foram as principais fontes históricas utilizadas pela historiadora? Por que ela buscou esse tipo de fonte para fazer sua pesquisa?
2. Como as mulheres foram retratadas nessas fontes?
3. De acordo com a historiadora, o que essa forma de representação sugere sobre o papel das mulheres no cristianismo desse período?

INVESTIGAR

Latim e Língua Portuguesa: ditados populares

Para começar

Você estudou instituições, formas de governo e características culturais desenvolvidas pelos romanos antigos há cerca de dois mil anos; e pôde perceber que muitas delas foram se transformando no decorrer do tempo. Algumas ainda existem, mas modificadas de acordo com as características da época que atravessaram e dos povos que as absorveram.

No Brasil, a influência romana chegou com os colonizadores portugueses. O idioma português, por exemplo, originou-se do latim, a língua oficial da cidade romana na Antiguidade e, posteriormente, do império. O modo como nos comunicamos e o idioma que falamos refletem a maneira como percebemos o mundo. Por isso, a forma como pensamos e nos expressamos ainda guardam a influência dos romanos antigos. Os ditados populares, também chamados de provérbios, são exemplos disso. Você costuma utilizá-los no dia a dia?

O problema

Quais ditados populares usados no Brasil atual derivam do latim?

A investigação

- Práticas de pesquisa: análise documental e entrevista.
- Instrumento de coleta: publicações e relatos orais.

Material

- Livros, jornais e revistas
- Material pesquisado na internet
- Canetas coloridas, lápis de cor e borracha
- Cola e tesoura de pontas arredondadas
- Folha de papel avulsa (colorida ou branca)

Procedimentos

Parte I – Levantamento de informações

1. Reúnam-se em grupos para conversarem sobre os ditados populares que vocês conhecem. Depois, montem uma lista coletiva com esses ditados, indicando também o significado deles e as situações em que costumam ser utilizados.

2. Individualmente, entrevistem alguns adultos que vocês conhecem (funcionários e professores da escola, membros da família ou da comunidade, entre outros) e perguntem que ditados populares eles costumam usar no dia a dia. Elaborem uma segunda lista do mesmo modo como fizeram na primeira.

Parte II – Consolidação das informações pelo grupo

1. Com base nas duas listas, busquem a origem desses ditados. Isso pode ser feito em publicações impressas ou digitais.
2. Separem apenas os ditados cuja origem seja em latim. Se não houver ditados derivados do latim, retomem as listas e busquem novos ditados.
3. Em uma folha de papel avulsa, montem um folheto ilustrado com os ditados populares de origem latina.
4. Usem a criatividade para dispor as informações sobre os ditados selecionados. No folheto, devem constar, pelo menos:
   - a versão em português dos ditados;
   - a versão dos ditados em latim;
   - uma imagem que mostre a situação abordada; pode ser uma foto ou um desenho feito à mão ou impresso;
   - as fontes utilizadas na pesquisa (tanto a pessoa que informou o ditado quanto a fonte consultada para descobrir a origem latina do ditado).

Questões para discussão

1. Vocês conheciam todos os ditados recolhidos pelo grupo? Sabiam o significado de todos eles e as situações em que são comumente utilizados? Contem como foi essa experiência.
2. Quais fontes foram consultadas na realização da pesquisa? Elas são consideradas confiáveis?
3. Dos ditados que vocês pesquisaram, há aqueles que se originaram de outros povos? Em caso afirmativo, que povos eram esses? Como a influência deles pode ter chegado ao Brasil?
4. Na opinião de vocês, por que há ditados populares dos romanos antigos que fazem sentido para nossa sociedade?

Comunicação dos resultados

Verificação de ditados

Em data combinada com o professor, compartilhem com os colegas o folheto que vocês criaram e vejam os produzidos pelos outros grupos. Observem se há ditados que se repetiram (considerados mais comuns) e se há os que apareceram poucas vezes (menos comuns). Analisem se os grupos representaram os ditados de modo parecido ou se houve interpretações distintas.

ATIVIDADES INTEGRADAS

Retomar e compreender

1. Quais formas de governo foram adotadas em Roma durante a Antiguidade? Defina cada uma delas.

2. Complete o quadro com as informações solicitadas.

	Monarquia romana	República romana
Principal instância de poder público		
Outras instituições do poder público		
Principal instância do poder particular (familiar)		
Principais grupos sociais		

3. Em 27 a.C., Otávio Augusto tornou-se imperador romano. Em seu governo, estabeleceu a *pax* romana, que se prolongaria por cerca de duzentos anos. No caderno, identifique a afirmativa que apresenta características relativas a esse período da história romana.

   a) Poder centralizado no Senado e governo do rei sob a dependência da Assembleia.
   b) Fim das guerras civis e processo de romanização de estrangeiros.
   c) Desenvolvimento e prosperidade em todos os setores sociais.
   d) Perda de territórios, principalmente na Europa, e aumento dos tributos.
   e) Poder exercido pelos tribunos da plebe, com o Senado na oposição.

Aplicar

4. Leia o texto citado e faça o que se pede.

> Desde a conquista de Alexandre, o Grande, toda a Palestina fazia parte da área de influência grega e muitos judeus que viviam fora da Palestina, em importantes comunidades judaicas dispersas, passaram a falar o grego. Sob domínio romano, que conquistou a região em 63 a.C., viviam na Palestina muitos povos, judeus, samaritanos, gregos, romanos. Entre os judeus, havia diversos grupos, com ideias diferentes sobre sua própria religião e sobre como relacionar-se com os conquistadores.
>
> Foi neste contexto que nasceu Jesus, um judeu [...], de quem sabemos, praticamente, apenas o que nos dizem os Evangelhos, livros escritos por volta de 70 d.C. pelos seguidores de Jesus e que, posteriormente, foram agrupados com outros textos no chamado Novo Testamento. [...]
>
> O cristianismo não teve êxito duradouro na Palestina, mas se expandiu muito rápido em todas as regiões que margeavam o Mediterrâneo, no mundo romano. O próprio Paulo chegou a pregar na Síria, na Ásia Menor, na Grécia e na cidade de Roma. Além dos judeus convertidos, engrossavam as fileiras da nova seita não judeus, escravos, povos submetidos pelos romanos, gente humilde. Por que essas pessoas se convertiam ao cristianismo? Para os pobres, que constituíam a grande maioria desses primeiros cristãos, a nova religião dava a esperança de uma vida melhor. Eles acreditavam que Jesus voltaria e instauraria o Reino de Deus na terra, destruindo o anticristo, o imperador romano. Ou seja, era uma religião de explorados que acreditavam numa revolução, num mundo de justiça, o paraíso na terra.
>
> Pedro Paulo A. Funari. *Grécia e Roma*. São Paulo: Contexto, 2002. p. 127-129 (Coleção Repensando a História).

   a) Segundo o autor, qual foi o contexto de surgimento do cristianismo?
   b) Por que o cristianismo se propagou rapidamente nas regiões que margeavam o Mediterrâneo?
   c) Escreva, no caderno, um parágrafo explicando a relação entre gregos, judeus e romanos antigos no contexto da Antiguidade abordado pelo autor.

Analisar e verificar

5. As estátuas, a seguir, retratam dois deuses romanos. Uma delas representa Marte, o deus da guerra, e a outra é Diana, deusa da caça e das florestas. Observe-as e, depois, faça o que se pede.

▲ Estátua de mármore representando o deus Marte, século I d.C.

Museus Capitolinos, Roma, Itália. Fotografia: Werner Forman Archive/Heritage Images/Getty Images

▲ Estátua de mármore representando a deusa Diana, feita entre os séculos I e II d.C.

Museu do Louvre, Paris, França. Fotografia: DEA/G. Dagli Orti/De Agostini/Getty Images

a) Que elementos nessas estátuas indicam as características relacionadas aos deuses retratados?

b) Escolha um desses deuses e levante informações sobre que mito romano está relacionado a ele. Depois, em data combinada com o professor, compartilhe com os colegas o mito que selecionou. Você pode ler o mito ou contá-lo de memória.

6. **SABER SER** Durante o Império Romano, houve vários protestos populares em que eram reivindicadas mudanças sociais em Roma. Essa é uma situação que ocorre no Brasil atual. Você sabe quais são as pautas dos protestos atuais? Já participou de algum protesto? Em sua opinião, essa é uma prática importante? Por quê? Converse com os colegas sobre essas questões.

Criar

7. Nesta unidade, você estudou o mito de fundação de Roma. Como você representaria esse mito? Escolha um tipo de expressão artística (pintura, desenho, escultura, dança, teatro, música, etc.) e crie uma representação para a narrativa dos gêmeos Rômulo e Remo. Na data combinada, apresente sua obra à turma.

CIDADANIA GLOBAL

UNIDADE 7

16 PAZ, JUSTIÇA E INSTITUIÇÕES EFICAZES

Retomando o tema

Instituições são organizações públicas ou privadas que atendem interesses sociais e coletivos. Nesta unidade, você conheceu algumas das instituições públicas da sociedade romana, como o Senado, que, no contexto da república romana, desempenhava funções relacionadas à proposição de leis, à administração das finanças públicas, entre outras.

De maneira semelhante, o Senado Federal e a Câmara dos Deputados são instituições que compõem o Poder Legislativo no Brasil atual e, entre outras coisas, elaboram e aprovam novos projetos de lei para toda a sociedade.

1. Cite outras atribuições dessas duas instituições em nossa sociedade.
2. Em sua opinião, como são os processos de elaboração e aprovação de uma lei?

Geração da mudança

- De maneira semelhante aos parlamentares integrantes das instituições legislativas de nossa sociedade, você e os colegas de turma vão elaborar coletivamente um projeto de lei que estabeleça medidas de combate ao *bullying* e a outras formas de violência na escola.

- Para tanto, organizem uma roda de conversa e para discutirem situações de violência presenciadas na escola. Em seguida, levantem ações e estratégias que podem ser adotadas pela turma para impedir que situações como essas se repitam no ambiente escolar.

- Por fim, anotem em uma folha de papel avulsa as medidas identificadas na forma de um projeto de lei e assinem o documento em sinal de comprometimento com o que foi acordado coletivamente para o combate à violência na escola.

Autoavaliação

Liniker Eduardo/ID/BR

A FORMAÇÃO DA EUROPA FEUDAL

UNIDADE 8

PRIMEIRAS IDEIAS

1. Por vezes, o período conhecido como Idade Média é também chamado de Idade das Trevas. Você imagina por que esse período também foi chamado dessa forma?
2. Você já assistiu a algum filme ou leu alguma história sobre a Idade Média? Comente com os colegas.
3. Como você imagina a vida das pessoas nesse período? Será que era muito diferente da sua vida hoje? Por quê? Comente sua opinião.

Conhecimentos prévios

Nesta unidade, eu vou...

CAPÍTULO 1 — A desagregação do Império Romano

- compreender os fatores econômicos, políticos e sociais que levaram à desagregação do Império Romano do Ocidente.
- caracterizar os chamados "povos bárbaros", com base em aspectos culturais dessas comunidades, e entender a relação desses povos com o Império Romano.
- caracterizar o processo de ruralização do Império Romano nos séculos III e IV por meio de mapa e de vestígios materiais.
- refletir sobre os aspectos atuais que levam grupos a migrar e sobre as dificuldades enfrentadas por esses grupos no processo de migração nos dias de hoje, como a miséria.

CAPÍTULO 2 — O mundo feudal

- entender criticamente a noção de Idade Média estabelecida pelos humanistas.
- identificar elementos culturais romanos e germânicos no universo medieval e compreender a organização das terras e da produção medieval.
- identificar as relações de vassalagem e de soberania e de senhores e servos, retratadas em diversas fontes visuais.
- compreender de que forma a Igreja católica influenciou aspectos do cotidiano e do pensamento medieval, com base na análise de vestígios históricos de diversos tipos.
- refletir sobre a insegurança alimentar e a fome, identificando-as como aspectos relevantes para a erradicação da pobreza no mundo atual.

CIDADANIA GLOBAL

- identificar a falta de mobilidade social como aspecto que reforça a pobreza e as desigualdades sociais.
- refletir sobre a importância da mobilidade social para o meu projeto de vida e também para a diminuição da pobreza.

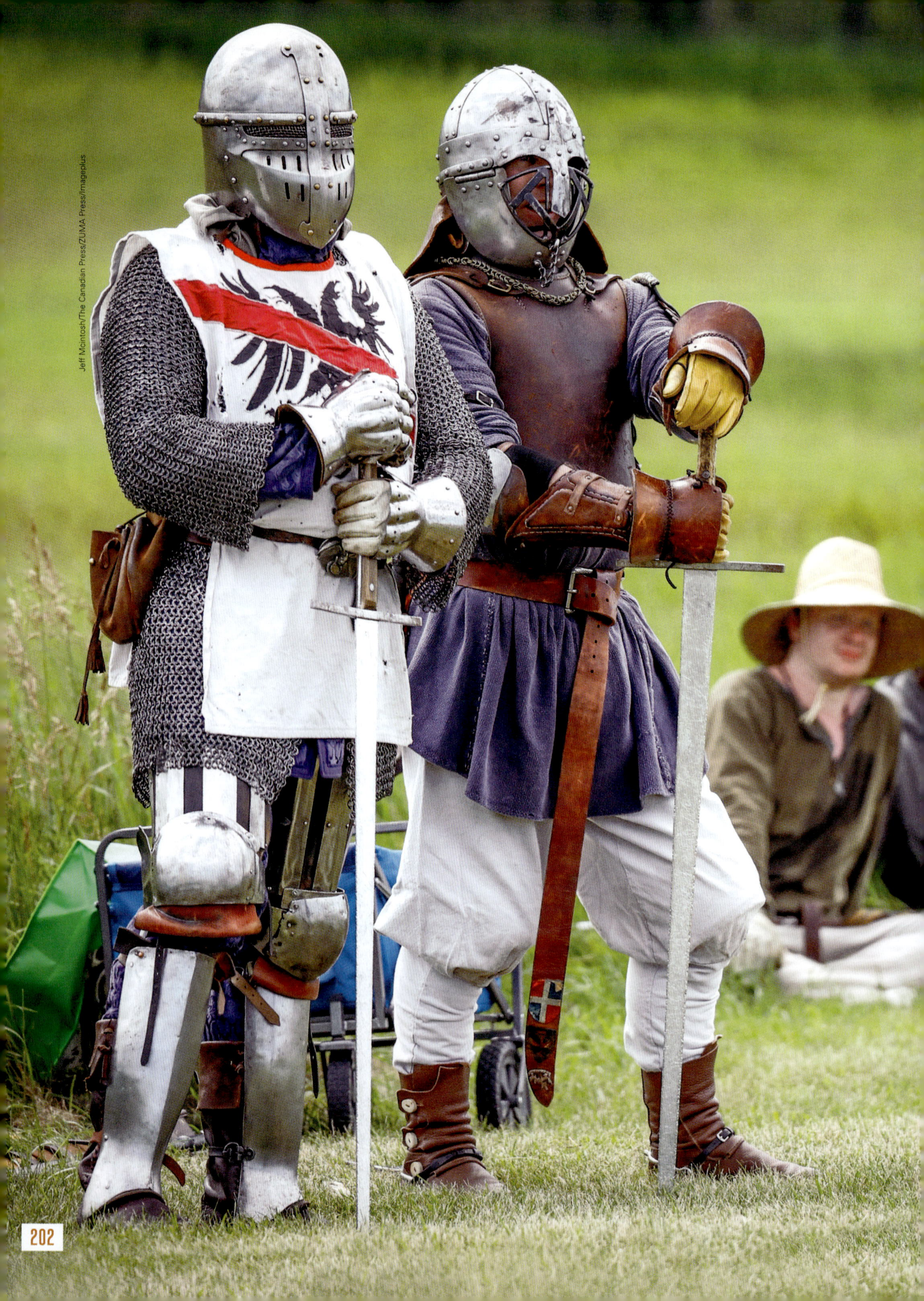

Jeff Mcintosh/The Canadian Press/ZUMA Press/Imageplus

LEITURA DA IMAGEM

1. Você conhece grupos que realizam encenações históricas, como o retratado na foto? Compartilhe suas experiências com a turma.
2. Quais elementos das fantasias permitem identificar que se trata de cavaleiros medievais e de camponeses?
3. Apesar de não ter sido produzida no contexto da Idade Média, essa imagem pode ser considerada um documento histórico. Por quê? O que ela documenta?

CIDADANIA GLOBAL

1 ERRADICAÇÃO DA POBREZA

Na Europa Ocidental, durante o período conhecido como Idade Média, a ocupação de uma pessoa era definida segundo o grupo social ao qual pertencia sua família. Por exemplo: apenas os indivíduos nascidos em famílias nobres poderiam se tornar cavaleiros e receber títulos da nobreza; aqueles que nasciam em famílias camponesas permaneceriam camponeses. Por isso, os pesquisadores dizem que havia pouca mobilidade social nesse período.

1. Em relação à mobilidade social, a sociedade brasileira é semelhante ou diferente da sociedade medieval? Explique suas ideias aos colegas.
2. De que modo a falta de mobilidade social, como a que ocorria na Idade Média europeia, pode impactar hoje seus sonhos e projetos profissionais para o futuro?

Conheça as diferentes peças que compõem a armadura de um **cavaleiro medieval**. Depois, responda: Atualmente, há vestimentas feitas especificamente para proteger a pessoa que as utiliza? Quais grupos costumam utilizá-las? E em quais situações?

Pessoas com roupas e adereços de cavaleiros (à frente) e de camponeses medievais (ao fundo), durante o festival *Days of yore* (ou Dias de outrora, em tradução livre do inglês), realizado em Alberta, Canadá. Foto de 2022.

CAPÍTULO 1
A DESAGREGAÇÃO DO IMPÉRIO ROMANO

PARA COMEÇAR

O Império Romano sofreu sucessivas crises a partir do século III. Em sua opinião, que fatores causaram essas crises? De que forma elas modificaram o cotidiano de Roma, capital do Império, e dos territórios sob seu domínio?

A CRISE ECONÔMICA

A prática da escravidão desempenhava um importante papel na economia romana, principalmente nas atividades agrícolas, realizadas em grandes porções de terras.

Em seu auge, o Império Romano era o principal produtor de gêneros agrícolas. A riqueza gerada enriquecia os patrícios – donos das terras – e os comerciantes. Parte dessa riqueza ficava com o Império, sob a forma de impostos, e servia para custear o exército, responsável pelas conquistas militares, que garantiam mão de obra escrava e ampliação dos territórios do Império.

Com a *pax* romana, houve uma diminuição das guerras de conquista. O declínio dos conflitos, no entanto, resultou na redução do número de prisioneiros de guerra e, por consequência, na escassez de mão de obra escrava.

A produção agrícola diminuiu e houve aumento tanto no preço de escravizados quanto no preço de alimentos, configurando o cenário de uma grande crise. Com o encarecimento das mercadorias, as províncias ocidentais passaram a gastar muito mais para comprá-las, o que diminuiu a quantidade de moedas em circulação. Isso provocou a redução das atividades comerciais na parte ocidental do Império Romano e gerou o acúmulo de moedas na porção oriental.

▼ Detalhe da cena de batalha entre romanos e ostrogodos, em relevo de sarcófago romano feito no século III. A batalha retratada nesse sarcófago é um exemplo dos inúmeros conflitos e crises que assolaram o Império Romano, chamados por muitos historiadores de "a crise do século III".

BÁRBAROS EM ROMA

Mais fatores agravaram a situação. No final do século II, o Império recolhia cada vez menos impostos e já não tinha como subsidiar o exército nem manter os territórios conquistados. A ausência de pagamento às legiões ocasionou diversos levantes militares e fragilizou as defesas do Império no Ocidente.

Para os romanos, qualquer povo que não estivesse integrado à cultura latina era chamado de **bárbaro**, palavra que vem do latim *barbarus* e significa "estrangeiro", "grosseiro", "não civilizado". Esse termo era usado de forma pejorativa para designar as dezenas de povos, de diferentes origens e lugares, que os romanos consideravam culturalmente inferiores.

A relação entre os romanos e os ditos povos bárbaros era instável, marcada por momentos de conflito e de paz. Durante o período da expansão romana, alguns desses povos se opuseram à dominação e guerrearam pela manutenção de seus territórios e de suas culturas. Outros, no entanto, integraram-se à cultura latina com facilidade e mantiveram relações políticas e comerciais com o Império Romano. Muitos deles receberam, inclusive, a cidadania romana em troca da defesa do Império.

Desde o século II, a falta de mão de obra escrava nas lavouras e de soldados para integrar o exército levou à incorporação de grupos estrangeiros à vida no Império. Isso ocorreu – de maneira pacífica – tanto nas cidades quanto nas áreas rurais. Esses grupos passaram a participar da produção agrícola e das legiões.

O descontentamento interno gerado pela crise econômica, aliado aos problemas administrativos e ao desmantelamento das legiões romanas, que integravam cada vez mais estrangeiros, tornou as defesas militares de Roma ineficientes. Esse cenário deteriorou rapidamente o Império Romano, que, por fim, passou a ser um alvo fácil para povos invasores. Em pouco tempo, vários grupos ocuparam e desagregaram os territórios romanos.

HUNOS

Os hunos eram povos nômades que viviam principalmente do pastoreio na região da atual Mongólia, na Ásia. Experientes cavaleiros e temidos guerreiros, eles eram habilidosos no uso de lanças e do arco e flecha. A partir do século IV, expandiram-se para o oeste, provavelmente em busca de novas pastagens, ameaçando os povos do norte da Europa. A expansão dos hunos provocou a fuga de vários povos e a consequente invasão de Roma.

Sob o governo de Átila, os hunos subjugaram diversos povos e, assim, ampliaram seus exércitos. Geralmente, negociavam previamente as invasões: em troca da passagem pacífica pelas cidades, seus habitantes deveriam pagar tributos em ouro. Caso isso não ocorresse, era comum que as cidades fossem arrasadas. A expansão huna, no entanto, perdeu força após a morte de Átila, em 453.

▲ Ilustração colorida de Átila, rei dos Hunos, de autor desconhecido.

CELTAS

Os celtas dividiam-se em diferentes povos, como os bretões e os gauleses, e ocupavam boa parte do norte da Europa Ocidental. Eram guerreiros e praticavam a agricultura.

Além disso, eram adeptos do politeísmo, e muitas de suas divindades estavam relacionadas a elementos da natureza, como rios, montanhas e bosques. Seus sacerdotes, os druidas e as druidesas, tinham muita influência na comunidade e, por serem considerados sábios, eram consultados sobre questões jurídicas, filosóficas e medicinais.

Tanto bretões como gauleses foram derrotados pelos romanos; suas terras acabaram sendo invadidas e, com o tempo, sua cultura se romanizou. Porém, com o esfacelamento das instituições romanas, houve espaço para que algumas tradições celtas sobrevivessem. A comemoração do Halloween, por exemplo, é originária da cultura dos povos celtas.

◀ Thomas Thornycroft. *Boadiceia e suas filhas*, escultura em bronze, feita entre 1856 e 1883, exposta na ponte de Westminster, em Londres, Inglaterra. Foto de 2021. Boadiceia foi uma rainha guerreira celta que liderou os icenos contra as legiões romanas no século I d.C. As mulheres celtas tinham muitos direitos que não eram compartilhados por suas contemporâneas romanas e, não raramente, integravam e lideravam batalhas.

GERMÂNICOS

Os povos germânicos foram os que exerceram maior pressão e influência sobre o Império Romano. Apresentavam culturas distintas, mas falavam línguas aparentadas e mantinham alguns costumes em comum. Entre os povos germânicos estão os **godos**, os **anglo-saxões**, os **francos** e os **vândalos**.

Esses povos habitavam a região norte da Europa, onde praticavam a agricultura e a pecuária. Conheciam também a metalurgia e confeccionavam utensílios de aço.

Eles se dispunham em comunidades familiares autônomas, cuja liderança estava centrada em uma figura masculina. A sociedade era formada basicamente por guerreiros, camponeses, artesãos e escravizados. Apesar da descentralização política, as elites guerreiras costumavam se organizar em **comitatus**, nome atribuído pelos romanos aos grupos de guerreiros germânicos liderados por um **chefe**, com quem os guerreiros mantinham forte relação de lealdade e compromisso. Periodicamente, os germânicos realizavam encontros para celebrar conquistas e datas comemorativas, em geral de cunho religioso.

Suas leis eram baseadas em seus costumes e transmitidas de forma oral, assim como suas tradições religiosas. Eram politeístas e acreditavam que, caso morressem de forma honrosa em batalha, poderiam ser levados ao salão dos deuses, conhecido como **Valhala**. Essa característica indica que as atividades bélicas eram muito importantes para esses povos. As mulheres também podiam participar das guerras, embora isso não fosse comum. Em relação à sociedade romana, elas tinham mais liberdade. Podiam, por exemplo, exigir o divórcio e se casar com outra pessoa sem pedir permissão ao chefe.

▲ Os povos germânicos eram habilidosos no trabalho com metais preciosos, fabricando peças delicadas como essas joias, feitas pelos visigodos no século VI: broche (**A**), colar (**B**), brinco (**C**) e fivela de cinto (**D**).

Há marcas da influência dos povos germânicos em nossa cultura: algumas personagens famosas de desenhos animados e filmes foram inspiradas em deuses desses povos. Thor, Loki e Odin, por exemplo, eram nomes de divindades germânicas. O primeiro era associado aos trovões e às batalhas; o segundo, à astúcia e às mentiras; e o terceiro, à sabedoria, à magia e à guerra.

Ferdinand Leeke. *Viagem de Siegfried ao Reno. O crepúsculo dos deuses. Cantor Hubert Leuer como Siegfried*, 1908. Óleo sobre tela. Siegfried é um guerreiro lendário da mitologia nórdica.

A RURALIZAÇÃO DO IMPÉRIO

Entre os séculos III e IV, devido à instabilidade política do Império Romano, houve um aumento nas invasões de povos estrangeiros nas cidades romanas. Tal situação, aliada à elevação do preço dos alimentos e à escassez de mão de obra escrava, fez com que os proprietários de terra começassem a arrendar parte de seus terrenos. Essa estratégia permitia que as terras fossem cultivadas e, desse modo, garantia trabalho aos plebeus pobres e alimentos aos donos de terras e suas famílias.

Muitas pessoas que viviam nas cidades romanas migraram para as áreas rurais para trabalhar em porções de terras arrendadas. Esses novos camponeses, chamados de **colonos**, davam aos donos das terras parte dos gêneros que produziam em troca de moradia e de alimento para subsistência.

Esse modo de vida atraiu plebeus pobres, ex-escravizados e ex-soldados. As comunidades formadas pelas famílias de colonos e famílias de donos de terras foram chamadas de **vilas**. Ao redor delas, ergueram-se muralhas para proteger os moradores contra invasores e evitar saques, que eram comuns nas cidades.

O cotidiano dessas pequenas comunidades rurais ocorria no interior das vilas, e a segurança era muito valorizada nesses locais. Com o passar do tempo, houve aumento significativo da população nas áreas rurais do Império Romano, e as comunidades das vilas se fortaleceram. Nessas vilas, eram produzidos praticamente todos os alimentos necessários para manter seus habitantes. Aos poucos, a população das cidades romanas foi diminuindo, e a maior parte de seus habitantes migrou para essas propriedades rurais. Esse processo é chamado de **ruralização**.

CIDADANIA GLOBAL

MIGRAÇÃO

Assim como os moradores das cidades romanas nos séculos III e IV buscaram refúgio nas áreas rurais contra a crise econômica e as invasões estrangeiras, muitas pessoas na atualidade migram para locais diferentes da região onde nasceram.

As pessoas que fogem de seus lugares de origem para garantir a sobrevivência e a integridade física e emocional são consideradas refugiadas.

1. Em sua opinião, o que leva pessoas a se refugiar em outros países atualmente?
2. Como você receberia, na escola, um grupo de colegas refugiados? Quais atitudes poderiam contribuir para que eles se sentissem bem-vindos?

Conheça quais são os principais **grupos de refugiados** recebidos pelo Brasil atualmente. Escolha um desses grupos e crie um cartaz de boas-vindas para ele.

▲ Detalhe de mosaico do Mausoléu de Constanza, em Roma, Itália, feito no século V. Ele retrata colonos trabalhando na colheita de uvas de uma grande propriedade rural.

A FRAGMENTAÇÃO DO IMPÉRIO

As dificuldades para proteger e gerir o Império em decadência levaram os imperadores a buscar novas soluções administrativas e políticas. Em 330, Constantino transferiu a capital do Império para a cidade de Bizâncio, no Oriente, que passou a se chamar Constantinopla. Na época, essa porção do Império era mais bem protegida e tinha mais chances de suportar os ataques dos povos germânicos do que a cidade de Roma. Com o processo de ruralização, Roma, a antiga capital, esvaziou-se, assim como diminuíram o exército e as riquezas do Império.

Em 395, com a morte do imperador Teodósio, o Império foi dividido em dois: **Império Romano do Ocidente**, com capital em Roma, e **Império Romano do Oriente**, com capital em Constantinopla.

Os esforços para assegurar o controle sobre o Império, no entanto, não foram suficientes para evitar a crise. As disputas pelo poder entre generais e governadores de província, bem como a corrupção, contribuíram para agravar ainda mais os problemas.

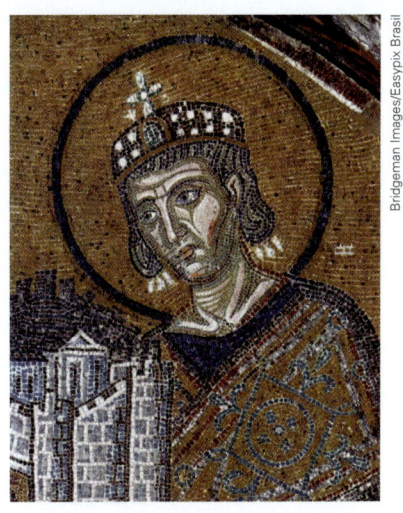

▲ Detalhe de mosaico da Basílica de Santa Sofia, em Istambul, Turquia, feito no século X. Ele representa o imperador Constantino guardando a cidade de Constantinopla.

O FIM DO IMPÉRIO ROMANO DO OCIDENTE

A partir do século IV, as pressões aumentaram sobre os romanos. Diversos povos, ameaçados pelos hunos e atraídos pelas terras férteis e pelas riquezas romanas, invadiram o território romano na Europa Ocidental. Com o Império enfraquecido, não houve como deter militarmente os povos invasores. Em 476, Roma foi tomada por Odoacro, um chefe germânico, fato que marcou o fim do Império Romano do Ocidente.

■ Invasões no Império Romano (séculos IV e V)

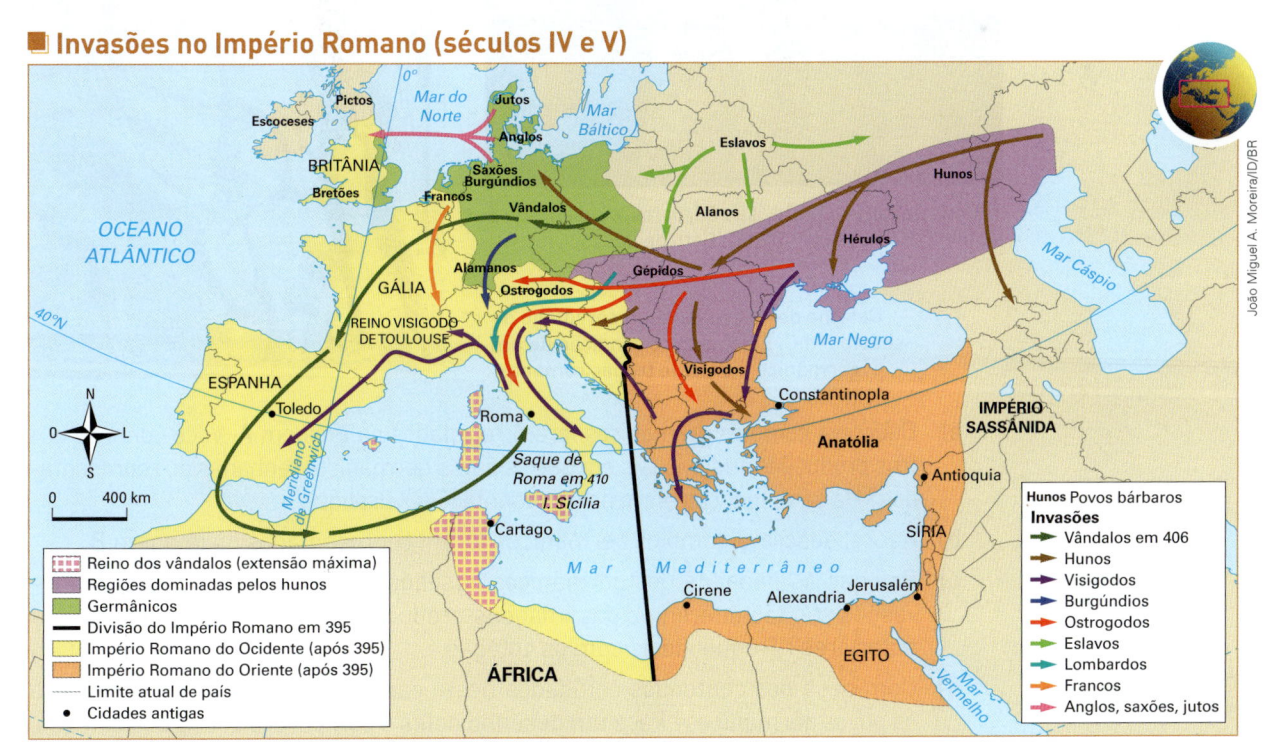

Fonte de pesquisa: Cláudio Vicentino. *Atlas histórico*: geral e Brasil. São Paulo: Scipione, 2013. p. 51.

ATIVIDADES

Acompanhamento da aprendizagem

Retomar e compreender

1. Qual era a situação do Império Romano no século III?
2. Por que o Império Romano foi dividido?
3. Quem eram os bárbaros? Quem os chamava dessa forma e por quê?
4. Por que a população nas áreas rurais do Império aumentou?
5. Escreva um parágrafo explicando o que era o *comitatus* na Antiguidade.
6. O que motivou a diminuição do comércio nas províncias ocidentais do Império Romano?
7. Observe o mapa "Invasões no Império Romano (séculos IV e V)" e responda: Quais povos invadiram as regiões da Britânia, da África e da Espanha?

Aplicar

8. Os relatos das invasões no Império Romano marcaram profundamente a imaginação dos ocidentais. É com base nesses relatos que artistas e diversos meios de comunicação atuais representam os guerreiros germânicos do modo como você vê na cena retratada imagem **A**. Contudo, se observarmos as representações feitas pelos próprios romanos antes do período das invasões, como o relevo na imagem **B**, teremos outra ideia a respeito de como eram os povos que viviam além das fronteiras do Império. Observe as duas imagens e faça o que se pede.

▲ Cena da série de televisão *Bárbaros*, cujo enredo é ambientado no século IX d.C. Foto de 2022.

▶ Detalhe de relevo feito em sarcófago do século II d.C. Ele mostra a rendição de um germânico diante de tropas romanas.

a) Descreva como os germânicos foram retratados na imagem **A**. Você conhece outras produções audiovisuais em que os povos germânicos tenham sido representados? Há semelhanças entre as representações? Explique.

b) Agora, descreva como os germânicos foram representados na imagem **B**.

c) Por que as imagens dos germânicos baseadas nos relatos da época das invasões são tão diferentes das imagens produzidas pelos romanos em épocas anteriores? Troque ideias com os colegas.

d) Com base nos conteúdos estudados neste capítulo, como você representaria os povos germânicos? Faça um desenho deles e compare-o com o dos colegas.

CAPÍTULO 2
O MUNDO FEUDAL

PARA COMEÇAR

Com a desagregação do Império Romano do Ocidente, importantes transformações econômicas, políticas e culturais ocorreram na Europa. Quais foram essas transformações? Como elas afetaram o modo de vida das sociedades da Europa Ocidental?

humanista: adepto do movimento filosófico e cultural, surgido na Europa entre os séculos XIV e XV, que valoriza o conhecimento e o uso da razão e vê a humanidade como o centro de todas as coisas.

▼ Castelo de Alnwick, construído no século XI, Inglaterra. Construções de estilo medieval, como esta, podem ser encontradas em diversas partes da Europa Ocidental. Foto de 2018.

IDADE MÉDIA, UMA INVENÇÃO

A desagregação do Império Romano do Ocidente propiciou a expansão dos francos, povos germânicos que viviam na Europa Ocidental, em uma região no oeste da atual Alemanha. Esse movimento expansionista deu início a várias transformações que marcariam o período que conhecemos como Idade Média. Entre essas transformações destacaram-se a ruralização da Europa Ocidental, o estabelecimento de relações de suserania e vassalagem e o fortalecimento do poder da Igreja católica.

Acredita-se que o termo **Idade Média** tenha sido criado pelos humanistas, por volta do século XV. Os humanistas admiravam a tradição cultural e intelectual clássica, ou seja, o legado greco-romano da Antiguidade. A esse período, chamaram de Idade Antiga e, ao período em que eles viviam, de Idade Moderna. Por considerarem o período entre os séculos V e XV um período de estagnação cultural, chamaram-no de Idade Média ou Idade das Trevas.

Segundo essa periodização, o marco de início da Idade Média foi a deposição do imperador romano do Ocidente, Rômulo Augusto, em 476, pelos hérulos. A tomada da capital do Império Romano do Ocidente, Constantinopla (atual Istambul), pelos turcos otomanos, em 1453, sinalizou o fim da Idade Média.

UM MILÊNIO DE TRANSFORMAÇÕES NA EUROPA

A imagem da Idade Média como um período de estagnação cultural ainda hoje está presente no imaginário popular. Basta ver que muitos filmes e livros representam essa época enfatizando apenas os conflitos sangrentos, a opressão ou as superstições. A própria expressão **Idade das Trevas** demonstra um juízo de valor, como se nenhuma cultura tivesse se desenvolvido nesse período.

É importante notar, ainda, que os limites da Idade Média, ou seja, seu início (século V) e seu fim (século XV), foram definidos pelos humanistas europeus. Para isso, eles se basearam em acontecimentos e transformações que afetaram a Europa Ocidental. Dessa forma, não podemos falar de Idade Média na África ou na América, por exemplo, pois os povos dessas regiões vivenciavam processos históricos próprios.

Tanto a herança greco-romana quanto a herança germânica foram importantes para formar a cultura europeia desse período, mas os humanistas valorizavam apenas a primeira.

A história medieval, no entanto, foi muito mais dinâmica do que eles afirmavam. Nesse longo período, criaram-se instituições como os bancos e as universidades. Invenções como a prensa de tipos móveis, o relógio mecânico, os jogos de carta e a pintura a óleo também datam dessa época. E, apesar do controle da Igreja católica sobre o pensamento e a cultura, foram seus monges que, por meio de transcrições, garantiram a preservação de muitas obras escritas na Antiguidade.

Uma das mais importantes mudanças ocorridas nesse período foi a formação do modelo social feudal, que se tornou predominante em praticamente toda a Europa Ocidental cristã.

Quando as cidades se esvaziaram e os imperadores e reis se tornaram menos poderosos, o centro da organização política, econômica e social dos povos europeus deslocou-se para as áreas rurais, mais especificamente para as grandes propriedades de terras pertencentes aos senhores feudais.

OS PERÍODOS DA IDADE MÉDIA

Tradicionalmente, os historiadores classificam a Idade Média de diversas maneiras. A classificação mais conhecida é a que divide esse período em Alta Idade Média e Baixa Idade Média.

A Alta Idade Média (do século V ao século XI) compreende o período entre a queda do Império Romano do Ocidente e o Império Carolíngio. Foi nessa época que se consolidou, na Europa Ocidental, o modelo feudal.

A Baixa Idade Média (do século XI ao século XV) corresponde à época em que a vida urbana e o comércio recuperaram, gradualmente, sua importância.

Conheça aspectos da produção de **livros na Idade Média**. Em seguida, pesquise como é a produção de livros atualmente. Faça uma tabela apontando semelhanças e diferenças entre esses processos.

Miniaturas feitas pelo monge Guyart des Moulins, séculos XIII e XIV. A representação ilustra cenas bíblicas da história do rei Davi com personagens caracterizados com estilo de vestimenta medieval.

A INTEGRAÇÃO DE CULTURAS E POVOS

A conquista dos territórios romanos pelos povos germânicos e os posteriores conflitos entre esses povos não significaram a eliminação de todos os hábitos e instituições já existentes no mundo romano.

Pelo contrário, houve a integração das tradições romanas e germânicas na constituição de novos costumes. As populações germânicas se uniram, por meio de casamentos e laços de fidelidade, aos descendentes dos povos que já viviam no território romano.

O Império Carolíngio, que se formou com o rei franco Carlos Magno, é um exemplo da integração de instituições e hábitos germânicos e romanos. Elementos como a relação de lealdade e compromisso, característica do *comitatus* germânico, bem como o regime econômico romano, conhecido como colonato, foram preservados, originando uma nova forma de organização social.

Como vimos, no *comitatus*, os guerreiros germânicos reconheciam a autoridade de um chefe militar sobre os demais, mantendo com ele uma relação de lealdade e honra. No regime de colonato, por sua vez, os grandes proprietários romanos arrendavam partes de suas terras para que os camponeses pobres pudessem cultivá-las. Em troca, esses camponeses deveriam pagar tributos em forma de gêneros agrícolas. Tanto a relação do *comitatus* quanto a do colonato estabeleciam vínculos duradouros, às vezes até o fim da vida. Elas fundaram as bases do chamado modelo feudal.

O AUMENTO DO PODER DA IGREJA

Em estreita aliança com os reis e os imperadores medievais, a Igreja católica se fortaleceu, inclusive financeiramente. A coroação de Carlos Magno como imperador, realizada pelo papa Leão III, em 800, confirmou o poder do governante, mas principalmente consolidou a influência do chefe da Igreja nos rumos políticos da Europa.

Dessa forma, também foi durante o Império Carolíngio que a Igreja católica, já consolidada na sociedade romana, passou a ter mais poder de decisão sobre os governantes e sobre a população em geral.

▼ Coroação de Carlos Magno pelo papa Leão III, em iluminura produzida no século XV. O fortalecimento do poder da Igreja é uma das principais características do período medieval.

AS RELAÇÕES FEUDAIS

Carlos Magno distribuiu terras e cargos a nobres aliados, a fim de garantir a administração de seu império. Em troca, esses nobres juraram fidelidade a ele e se comprometeram a apoiá-lo nas guerras, na política e na economia. Essa relação, conhecida como **vassalagem**, foi mantida por seus sucessores e se estendeu aos membros da nobreza. Na vassalagem, firmavam-se compromissos mútuos: o **suserano**, que era a parte mais poderosa, concedia terras e benefícios a seu **vassalo**; este, em troca, jurava-lhe fidelidade e apoio.

Os bens recebidos pelos vassalos foram chamados de **feudos**. Embora o feudo estivesse, geralmente, associado a uma grande extensão de terra, também poderia ser um benefício, como um cargo importante ou o direito de cobrar impostos da população. Além disso, o vassalo, que administrava as terras do suserano, tinha ampla autoridade sobre os camponeses que nelas viviam e trabalhavam.

Com o passar das gerações, o juramento de fidelidade de um vassalo ao suserano adquiriu regras e se transformou em uma cerimônia denominada **homenagem**. A divisão sucessiva dos bens e da autoridade levou à descentralização do poder político na Europa Ocidental. Como muitos aspectos da vida medieval giravam em torno das relações feudais, esse modelo de organização política, econômica e social ficou conhecido como **feudalismo**.

▼ Representação de cerimônia de homenagem em iluminura catalã do século XIII. O vassalo, de joelhos, declara sua submissão ao suserano, que está sentado. Ao centro, o notário registra a cerimônia.

A SOCIEDADE ESTAMENTAL

Como a divisão de terras e de funções era feita por nobres e clérigos, fundamentada na crença de que Deus predeterminava o lugar que todos os seres deveriam ocupar no mundo, a mobilidade social no período medieval era rara. A possibilidade de ter terras ou benefícios era estabelecida hereditariamente. Mesmo na Igreja católica, os altos cargos eram restritos a filhos de nobres. Essas divisões rígidas e predeterminadas são chamadas de **estamentos** ou **ordens**.

A sociedade feudal era dividida em três estamentos, de acordo com as funções desempenhadas: os membros do clero formavam o grupo dos que rezavam (*oratores*); os membros da nobreza estavam incluídos no grupo dos que guerreavam (*bellatores*); e os servos eram maioria no grupo dos que trabalhavam (*laboratores*), sendo, geralmente, camponeses.

O clero e a nobreza compunham a camada dominante da sociedade feudal, ou seja, a eles cabiam os direitos e os privilégios sociais e políticos, em detrimento da camada menos favorecida, a dos trabalhadores.

No século X, o cristianismo era a principal doutrina religiosa na Europa. O papa, além de líder da Igreja, sagrava reis e legitimava os senhores feudais. Tanto ele quanto os bispos e os abades tinham origem nobre e formavam o chamado **alto clero**. O **baixo clero**, por sua vez, era constituído de párocos e monges, homens de origem mais humilde que viviam de forma bastante modesta em comparação aos membros do alto clero. A proibição de casamento dos clérigos e as doações da nobreza proporcionaram à Igreja católica um intenso acúmulo de terras e bens, fazendo dela a instituição mais rica da Europa.

Já a nobreza era formada por reis, senhores feudais, cavaleiros e seus familiares. Conforme a tradição germânica, competia à nobreza dedicar-se à guerra, a fim de expandir seus domínios e proteger seus habitantes de ataques de inimigos. Juntos, clero e nobreza exerciam poder político, econômico e cultural sobre a sociedade feudal.

CIDADANIA GLOBAL

INSEGURANÇA ALIMENTAR

Durante a Idade Média, cada região da Europa tinha sua própria cultura alimentar.

De modo geral, na alimentação dos nobres, havia mais carnes de vaca, porco, cordeiro, carneiro, etc. Já os servos eram proibidos de comer algumas carnes, como as de caça.

Os camponeses comiam carne de aves e de peixes, mas mesmo esses tipos de carne eram raros no dia a dia, por serem alimentos caros. Com isso, a dieta alimentar dos mais pobres era à base de cereais e legumes.

Naquele período, como nos dias atuais, é possível observar que a comida é um sinal importante de distinção social, sendo a pobreza associada a uma grande carência alimentar.

A insegurança alimentar, expressão cada vez mais utilizada em noticiários, ocorre quando uma pessoa ou uma família não tem acesso regular a alimentos nutritivos.

- Junte-se a um colega para elaborar um texto com base neste título: Pobreza e desperdício de alimentos.

clérigo: aquele que pertence a uma ordem da Igreja.

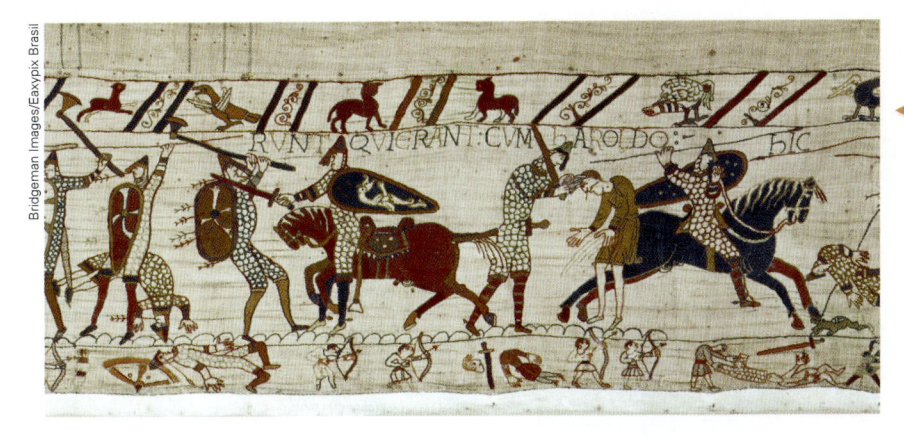

◀ Bordado de lã em linho, feito no século XI, representando a Batalha de Hastings, um dos principais eventos atribuídos à conquista do reino da Inglaterra pelos normandos. Na cena representada, é possível identificar os nobres e seus símbolos de distinção social, como o uso de armas e armadura, os brasões e a montaria.

SERVOS E ESCRAVOS

Tanto a servidão quanto a escravidão praticadas no contexto do feudalismo são remanescentes de costumes do mundo romano e germânico. A escravidão já era amplamente praticada na Antiguidade, e a principal mão de obra no mundo romano era escravizada. Já a servidão tem origem no sistema de colonato.

Apesar da estreita semelhança entre essas duas práticas na sociedade feudal, pode-se dizer que os servos não podiam ser retirados da porção de terra à qual estavam ligados, ao passo que os escravizados podiam desempenhar funções em outras localidades.

OS TRABALHADORES

A camada mais populosa da sociedade feudal era formada pelos trabalhadores, que, em sua maioria, desempenhavam funções relacionadas às áreas rurais.

Os servos eram camponeses que passavam a vida inteira ligados à gleba – porção de terra sob o domínio de um senhor. Eles aravam, semeavam e faziam a colheita das culturas. Também realizavam construções e reformas. Os servos viviam em pequenas aldeias, distantes do castelo e quase sempre cercadas por florestas. Suas casas eram simples, sem janelas, em geral feitas de barro, palha e pedra. A maioria das casas tinha apenas um ou dois cômodos, onde as pessoas cozinhavam, comiam, se vestiam e dormiam. No local, também eram abrigados os animais de criação.

Entre os trabalhadores, havia também os **vilões**. Eles eram camponeses livres que cultivavam pequenas porções de terra sem estarem ligados a elas. Porém, como os conflitos com árabes, húngaros, eslavos, normandos e outros povos continuaram causando instabilidade e medo na Europa até o fim da Alta Idade Média, muitos vilões preferiram se abrigar nos domínios de um senhor feudal em busca de proteção, vinculando-se à terra e tornando-se servos. Tanto servos quanto vilões eram obrigados a pagar tributos aos senhores feudais e a cumprir certas obrigações.

Embora em número reduzido, também havia **escravizados** na Europa medieval. Em geral, eles eram encarregados das tarefas domésticas.

A ORGANIZAÇÃO DO SENHORIO

O **senhorio** era a propriedade agrícola senhorial, geralmente dividida em três áreas:

- **Manso senhorial**: uma grande porção de terra na qual tudo o que era produzido pelos servos e vilões se tornava propriedade do senhor feudal.
- **Manso servil**: pequenos lotes de terra cultivados pelos servos para o próprio sustento.
- **Terras comunais**: florestas, pastagens e outras áreas não cultivadas do senhorio utilizadas tanto por servos como por senhores feudais.

◂ Ilustração, em cores-fantasia, da organização dos espaços físicos de um feudo europeu.

A PRODUÇÃO NAS PROPRIEDADES FEUDAIS

Com o esvaziamento das cidades e a ascensão do modelo feudal, o comércio e as atividades econômicas urbanas na Europa perderam parte de sua importância. A maioria das pessoas se dedicava às atividades rurais no interior das propriedades feudais, produzindo somente o necessário para garantir seu sustento e o de outras pessoas que ali viviam.

Os servos e vilões plantavam, principalmente, cereais como trigo e centeio, utilizados na produção de farinha, pois o pão era a base da alimentação medieval, sobretudo entre os trabalhadores. Também cultivavam verduras e hortaliças e criavam animais como galinhas, porcos e cabras. Os senhores tinham prioridade no fornecimento de carnes e derivados.

Além disso, quase todos os utensílios necessários para o dia a dia eram fabricados nos domínios do senhor feudal e a ele pertenciam. A circulação de moedas era escassa e, em geral, cada propriedade feudal cunhava as próprias moedas, mesmo quando integrava com outras propriedades um mesmo reino. Como havia diferentes moedas pelo continente, esse era mais um fator que dificultava o comércio.

AS OBRIGAÇÕES E OS TRIBUTOS DOS TRABALHADORES

Em troca da proteção do senhor feudal e do direito de utilizar as terras e os instrumentos dele para produzir alimentos, os servos e vilões pagavam uma série de tributos na forma de trabalho, produção ou moedas. A **corveia**, por exemplo, era o tributo pago pelos servos na forma de trabalho, de duas a três vezes por semana, no manso senhorial. Os servos também deviam destinar ao senhor feudal cerca de um terço da produção do manso servil. Esse tributo era chamado de **talha**.

Mesmo cuidando da manutenção da estrutura do feudo, os servos tinham de pagar as chamadas **banalidades** para utilizar equipamentos como o moinho e o forno. As banalidades também eram pagas pelos vilões que usavam os equipamentos.

Além disso, todos os membros da sociedade, com exceção do clero, eram obrigados a contribuir com o dízimo, imposto cobrado pela Igreja. Ele correspondia a 10% da produção e do ganho mensal de cada homem e mulher.

▼ Miniatura feita no século XI representando servos em atividades rurais, como semeadura e colheita (à direita), e oferecendo tributos aos estamentos superiores (à esquerda).

IMAGINÁRIO E RELIGIOSIDADE

Desde o reconhecimento do catolicismo como religião oficial do Império Romano, a Igreja católica foi conquistando cada vez mais influência até se tornar, durante a Idade Média, a instituição mais poderosa da Europa. Seu poder, como autoridade espiritual, superava até mesmo o poder dos reis, que, segundo a mentalidade da época, eram investidos do poder de governar pela Igreja em acordo com a vontade divina.

Durante a Idade Média, a Igreja católica influenciava os hábitos, costumes e modos de pensar e de agir de todos os segmentos da sociedade. Em consequência disso, a maior parte da produção artística e intelectual desse período alicerçou-se na visão de mundo e na moral cristãs.

Segundo essa visão de mundo, todos os fenômenos naturais podiam ser explicados pela vontade divina; a Igreja e seus clérigos eram os porta-vozes dessa vontade. Acreditava-se, por exemplo, que as doenças estavam relacionadas ao universo espiritual e, por consequência, a cura delas cabia aos representantes da Igreja.

Paralelamente, no entanto, as populações recorriam a tratamentos caseiros baseados nos saberes populares, como os emplastros, os chás e os xaropes feitos com ervas. Muitos desses saberes foram originados de povos seguidores de crenças religiosas anteriores ao estabelecimento do cristianismo, a quem os clérigos chamavam de **pagãos**.

A vigilância da Igreja, no que se refere a costumes e práticas que desafiassem seu poder, era constante. Atos que confrontassem suas ideias podiam ser punidos com a excomunhão e, em alguns casos, até com a morte. O corpo das pessoas era vigiado e controlado, especialmente o corpo das mulheres, pois era considerado instrumento propenso ao pecado, que ligava os seres humanos ao mundo natural e os afastava de Deus.

▲ Reprodução de mapa do século XIII feito sob a perspectiva católica da organização do mundo. Jerusalém está no centro do mapa; o mundo, representado em formato circular, é observado por Jesus Cristo e pelos anjos, retratados na parte superior.

emplastro: tipo de curativo, feito com medicamento envolvido em tecido, para ser aplicado sobre a pele levemente aquecido.

excomunhão: expulsão da Igreja. Acreditava-se que a alma de um excomungado não seria salva no Juízo Final.

▶ Cenas do Juízo Final, de acordo com a tradição cristã, representadas em esculturas da fachada da catedral de Berna Minster, Suíça, cuja construção começou em 1421 e só foi concluída em 1893. A representação faz referência à crença cristã de que, no fim dos tempos, todos os seres que já viveram serão julgados por Deus. Foto de 2019.

HÁBITOS E COSTUMES

O medo da fome era justificável, pois, por muito tempo, foram usadas técnicas de cultivo que não rendiam uma produção grande e esgotavam o solo. Havia também o risco de pragas nas plantações. Os nobres tinham preferência na obtenção de alimentos: sua dieta incluía verduras, ovos, laticínios (principalmente queijo), carnes de animais de criação (carneiro, aves, entre outros) e também de caça (coelho, javali, etc.). Os servos e vilões comiam principalmente pães, bolos e outros derivados de farinha, acompanhados de legumes e temperos.

As ovelhas forneciam lã, principal matéria-prima para a confecção de roupas. O couro de animais diversos também era muito utilizado na produção de roupas e de calçados. Os trajes dos nobres eram mais variados e complexos: para confeccioná-los, usavam-se materiais como a seda e ornamentos diversos, inclusive fios de ouro.

Apesar das limitações de convívio social à época e das duras condições de trabalho dos mais pobres, havia divertimento na Idade Média. Os nobres ofereciam banquetes para comemorar casamentos e alianças, com farta comida e bebida, além de apresentações de artistas ambulantes e jograis. Também havia torneios, com competições entre cavaleiros, e praticavam-se jogos como o xadrez. Os camponeses tinham os próprios jogos e promoviam disputas e lutas ao ar livre.

Porém, os acontecimentos mais importantes eram as festas católicas. Além das festividades anuais, como a Páscoa e o Natal, batizados e casamentos eram cerimônias de grande importância. Eram comuns ritos como procissões, que reuniam pessoas de todos os estamentos.

▲ Peça de xadrez em marfim representando o rei, feita provavelmente na região da atual Noruega, no século XII.

PARA EXPLORAR

Na Idade Média era assim, de Bruna Renata Cantele. São Paulo: Ed. do Brasil, 2011.
Esse livro apresenta diversas manifestações do cotidiano medieval, como a alimentação, o vestuário, entre muitas outras.

◀ Iluminura feita no século XV por Loyset Liédet, representando um banquete de casamento entre nobres. Além dos servos circulando com os alimentos e dos nobres que estão sendo servidos, há a presença de músicos, no canto superior direito, e de um animal domesticado (o cão, na parte inferior).

ATIVIDADES

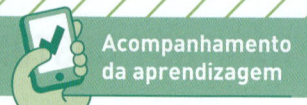

Acompanhamento da aprendizagem

Retomar e compreender

1. O sistema feudal herdou elementos culturais tanto dos romanos quanto dos povos germânicos. O colonato, por exemplo, tem suas raízes no mundo romano; já as relações do *comitatus* se originam dos germânicos. Com base no que você estudou sobre esse assunto, faça o que se pede a seguir.

    a) Escreva um parágrafo definindo o que foram o colonato e o *comitatus*.

    b) Explique como as características do colonato e as do *comitatus* contribuíram para o surgimento do feudalismo.

2. Leia as afirmações desta atividade e, no caderno, classifique-as em verdadeiras ou falsas. Em seguida, reescreva as afirmações falsas no caderno, corrigindo-as.

    a) Ao longo da Idade Média, a instituição que mais ganhou poder foi a Igreja católica.

    b) Durante o período feudal, as relações conhecidas como suserania e vassalagem eram estabelecidas entre os senhores feudais e os camponeses.

    c) Muitas obras da Antiguidade só sobreviveram graças ao trabalho dos monges copistas nas clausuras de mosteiros.

    d) A mobilidade social era um fato comum na Idade Média; muitos cavaleiros e membros do alto clero eram provenientes de famílias camponesas.

3. Os itens a seguir listam obrigações e tributos medievais e explicações sobre estes. Com base no que você estudou sobre o assunto, relacione as obrigações e os tributos às definições correspondentes, associando letras e algarismos romanos.

    a) Corveia
    b) Talha
    c) Banalidades

    I. Tributo pago ao senhor feudal, pelos servos, em troca do uso de equipamentos do feudo.

    II. Tributo pago pelos servos sob a forma de trabalho no manso senhorial durante alguns dias da semana.

    III. Porcentagem de produção realizada no manso servil e destinada ao senhor feudal.

Aplicar

4. Leia o texto e faça o que se pede a seguir.

   > A Europa feudal é um mundo rural em que a riqueza repousa na terra. A sociedade é dominada pelos proprietários de latifúndios, os senhores, cujo poder é ao mesmo tempo econômico e político. A feudalidade [...] se apoia em dois elementos essenciais: o compromisso de vassalagem e a concessão do feudo.
   >
   > O vassalo é um senhor mais ou menos fraco, que, por obrigação ou interesse, vincula-se a um senhor mais forte, a quem promete fidelidade.
   >
   > Michel Pastoureau. *No tempo dos cavaleiros da Távola Redonda*. São Paulo: Companhia das Letras, 1989. p. 35.

    a) Explique a frase: "A Europa feudal é um mundo rural em que a riqueza repousa na terra".

    b) Quem são os senhores mencionados no texto? Por que eles tinham poder político e econômico?

    c) A que relação de dependência o texto se refere? No que ela consiste?

5. Nesta miniatura, estão representados três estamentos (ou ordens) que compõem o mundo feudal. No caderno, identifique-os e explique as atribuições sociais de cada um.

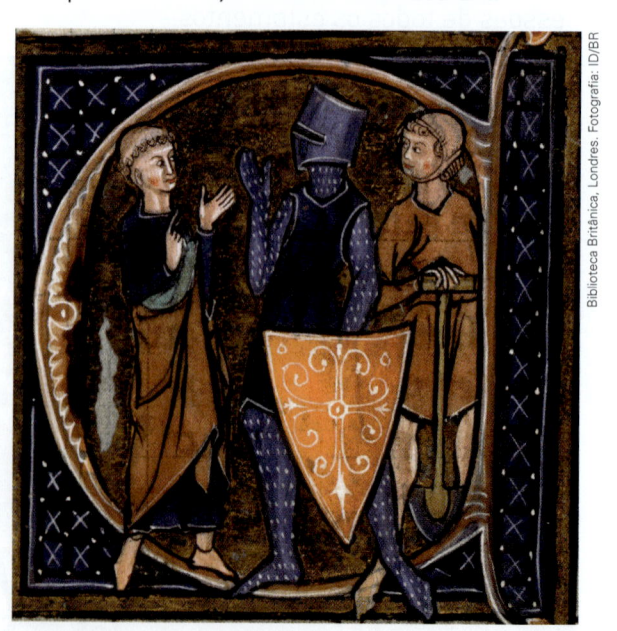

▲ Detalhe de iluminura do século XV.

ARQUIVO VIVO

As crianças na Idade Média

Você já parou para pensar sobre como era a vida das crianças durante a Idade Média? O texto a seguir, do historiador francês Philippe Ariès, trata do conceito de infância durante esse período.

Leia-o e, em seguida, observe a imagem reproduzida nesta página, feita no século XIV.

Até por volta do século XII, a arte medieval desconhecia a infância ou não tentava representá-la. É difícil crer que essa ausência se devesse à incompetência ou à falta de habilidade. É mais provável que não houvesse lugar para a infância nesse mundo. Uma miniatura [...] do século XI nos dá uma ideia impressionante da deformação que o artista impunha então aos corpos das crianças, num sentido que nos parece muito distante de nosso sentimento e de nossa visão. O tema é a cena do Evangelho em que Jesus pede que se deixe vir a ele as criancinhas [...]. Ora, o miniaturista agrupou em torno de Jesus oito verdadeiros homens, sem nenhuma das características da infância: eles foram simplesmente reproduzidos numa escala menor. Apenas seu tamanho os distingue dos adultos. [...]

▲ Representação do rei da França, Carlos V, com sua esposa e filhos. Iluminura anônima do século XIV.

Philippe Ariès. *História social da criança e da família*. 2. ed. Rio de Janeiro: Zahar, 1981. p. 39.

Organizar ideias

1. De acordo com Philippe Ariès, como os artistas medievais representavam as crianças?

2. Como ele explica essa maneira de representar a infância?

3. Compare a iluminura com o texto. A imagem reafirma ou contraria a ideia do autor do texto? Justifique sua resposta.

4. Procure em livros ou na internet algumas pinturas de artistas brasileiros que retratem crianças. Você pode buscar obras de artistas como Candido Portinari, Tarsila do Amaral e Caribé. Selecione uma das obras e faça uma breve descrição dela, observando como as crianças são representadas. Depois, compare sua descrição com as observações feitas pelo historiador Philippe Ariès. Há semelhanças entre o modo de representar as crianças na obra que você descreveu e na analisada por Ariès? E diferenças? Comente.

CONTEXTO

PRODUÇÃO ESCRITA

Resenha de filme

Proposta

Os irmãos Lumière criaram, em 1895, o cinematógrafo, aparelho que permitia capturar imagens em movimento. Inicialmente, registravam-se nesse aparelho apenas cenas do cotidiano. Com o passar do tempo e a sofisticação dos equipamentos, essas cenas cederam espaço a peças dramáticas.

A **resenha** é um gênero textual em que são apresentados ao leitor argumentos e críticas sobre uma obra arte.

▲ Cena do filme *A chegada do trem na estação*, dos irmãos Lumière, de 1895.

A obra pode ser um filme, um livro, um álbum musical, etc. Nesta seção, você será um crítico de cinema e vai escrever uma resenha sobre um filme cuja trama ocorra durante a Idade Média na Europa Ocidental.

Público-alvo	Colegas da turma e leitores em geral.
Objetivo	Descrever e divulgar um filme cuja trama seja ambientada na Europa durante a Idade Média.
Circulação	*Blog* da turma.

Planejamento e elaboração

1 Junte-se a dois colegas de turma para escolher um filme cuja trama se passe na Europa Ocidental durante a Idade Média. Vejam algums sugestões a seguir.

▲ Cena do filme *Ophélia*, releitura da tragédia *Hamlet*.

▲ Cena do filme *Robin Hood: príncipe dos ladrões*.

2 Assistam ao filme juntos. Durante a sessão, anotem os pontos que mais lhes chamarem a atenção. **Dica:** anotem a minutagem das cenas que julgarem marcantes, se tiverem de revê-las no caso de uma descrição mais detalhada.

3 Uma resenha deve conter os itens que aparecem no esquema: nomes dos integrantes do grupo; dados do filme; título do filme analisado, introdução, desenvolvimento e conclusão; referências bibliográficas.

4 Você e os colegas do grupo deverão conversar para eleger as cenas mais emblemáticas do filme, descrever essas cenas e apontar seus pontos positivos e negativos.

- Lembrem-se de que as resenhas podem ser críticas ou descritivas, isto é, podem conter a opinião do(s) resenhista(s), trazendo uma avaliação crítica do conteúdo do filme, ou apenas comentar o conteúdo do filme, sem fazer nenhum julgamento.

5 Em seguida, redijam o texto da resenha na terceira pessoa do singular, utilizando linguagem formal e respeitando a norma de prestígio da língua.

6 No desenvolvimento do texto da resenha, vocês devem contextualizar o momento histórico retratado no filme.

7 Apesar de alguns filmes tratarem de eventos históricos, o objetivo principal dos filmes é entreter os telespectadores. Por isso, é importante, na análise do grupo, diferenciar ficção de realidade. Para isso, vocês podem consultar o professor para o esclarecimento de eventuais dúvidas.

▲ O grupo pode seguir essa proposta de organização de uma resenha de filme.

Revisão e reescrita

Após a elaboração do texto, verifiquem se ele atende aos requisitos solicitados, respondendo às questões a seguir.

1. Foram apresentados os dados técnicos do filme?
2. O filme escolhido é ambientado na Idade Média da Europa Ocidental?
3. O texto da resenha tem introdução, desenvolvimento e conclusão?
4. Os argumentos apresentados para apontar os aspectos positivos e negativos do filme são consistentes?
5. Depois de responderem aos itens anteriores, façam os ajustes necessários no texto da resenha.

Circulação

1. Organizem-se para publicar as resenhas no *blog* da turma.
2. Depois, compartilhem o *link* com a comunidade escolar, os familiares e os amigos.

ATIVIDADES INTEGRADAS

Retomar e compreender

1. Organize os fatos a seguir na sequência cronológica em que ocorreram.
   a) Carlos Magno conquistou inúmeros territórios e foi coroado imperador pelo papa Leão III.
   b) Com a desagregação do Império Romano, os francos expandiram-se pela Europa Ocidental.
   c) Os altos gastos públicos, a crise da produção agrícola e as migrações germânicas foram fatores que enfraqueceram progressivamente o Império Romano.
   d) A relação de vassalagem descentralizou o poder político na Europa Ocidental.

2. Com base no que você estudou nesta unidade e nas unidades anteriores, estabeleça uma comparação entre os servos do feudalismo e os escravizados das diversas sociedades da Antiguidade. Depois, leia seu texto para os colegas e ouça a leitura dos textos deles.

Aplicar

3. Leia o texto e, depois, responda às questões.

> [...] Utilizadas pelos soberanos carolíngios para reforçar a aliança com as camadas superiores, [as relações entre vassalos e suseranos] revelam-se frequentemente como um instrumento contraditório que muitos grandes do reino manejam em proveito próprio. O fim do Império Carolíngio (887) e o aparecimento de novas conflitualidades nos reinos herdeiros do império dão um impulso posterior a esta situação. Impossibilitados de dominar o território do reino com um aparelho administrativo, os reis do século X procuram fortalecer as relações pessoais concedendo bens ou cargos em troca do juramento de fidelidade de vassalagem. [...]
>
> Giuseppe Albertoni. O feudalismo. Em: Umberto Eco (org.). *Idade Média*: bárbaros, cristãos e muçulmanos. Alfragide: Dom Quixote, 2010. p. 185.

   a) Como as relações entre vassalos e suseranos foram utilizadas pelos soberanos carolíngios?
   b) De acordo com o que você estudou nesta unidade, de que maneira os vassalos substituíam o aparelho administrativo do reino?

4. Leia o texto a seguir, escrito no século XI.

> A casa de Deus, que cremos ser uma, está, pois, dividida em três: uns oram, outros combatem e os outros, enfim, trabalham. [...] os serviços prestados por uma são a condição da obra das outras duas; e cada uma, por sua vez, se encarrega de aliviar o todo. [...] é assim que a lei tem podido triunfar e que o mundo tem podido gozar de paz.
>
> Bispo Adalbéron de Laon. Em: Jacques Le Goff. *A civilização do Ocidente medieval*. Lisboa: Estampa, 1984. v. 2, p. 9-10.

   a) O texto busca descrever a sociedade de qual lugar e época?
   b) Identifique os três grupos sociais citados no texto e suas respectivas funções.
   c) Explique a afirmação do bispo Adalbéron de Laon: "os serviços prestados por uma [das partes] são a condição da obra das outras duas".

5. Observe a imagem e responda às questões.

▲ Iluminura do século XV publicada no livro *As crônicas de Jacques de Lalain*.

a) Descreva a cena retratada nessa imagem.
b) Que tipo de evento provavelmente está acontecendo nessa cena? Quais elementos levaram você a inferir isso?
c) A qual estamento pertencem as pessoas retratadas nessa cena? Por quê?

Analisar e verificar

6. O texto a seguir defende que uma tendência surgida no final do Império Romano teria se aprofundado na Idade Média.

> [...] desde o século IV, diante da fraqueza [...] [do Império Romano], os latifundiários romanos contavam com grupos armados, os bucellarii, para preservar a ordem dentro de seus domínios e protegê-los do banditismo e de incursões bárbaras. Entre os germanos [...] havia o companheirismo ou *comitatus*. [...]
>
> [...] a resistência aos invasores só poderia ser feita pelos condes e outros efetivos detentores de poder em cada região. [...] Para sobreviver, a Europa católica cobriu-se de castelos e fortalezas. A fragmentação política completou-se, pois a regionalização da defesa era uma necessidade.
>
> Hilário Franco Jr. *O feudalismo*. 10. ed. São Paulo: Brasiliense, 1991. p. 20-21.

a) Que motivo o autor aponta para a proliferação de castelos e fortalezas no período medieval?
b) O processo que o texto relata significou a diminuição do poder dos reis. Por quê?

7. Leia o texto e responda às questões.

> [...] Os germanos não tinham noção de Estado organizado, de propriedade privada [...] nem de vida urbana. Eram povos seminômades, cuja base era o clã. [...] O nível tecnológico que possuíam era rudimentar, e, esgotada a produtividade das terras, iam sempre em busca de novos locais para se instalar. Eram sociedades militares por excelência, vivendo da pilhagem e da guerra, como atestam os achados arqueológicos, e o artesanato existia em função das armas de combate. [...]
>
> Os primeiros contatos entre romanos e germanos se deram ainda no século I a.C., nas fronteiras do império, através de pequenas incursões isoladas: por falta de terras, obrigações rituais de jovens que tinham de buscar fortuna fora dos seus limites territoriais. [...]
>
> Daniela Buono Calainho. *História Medieval do Ocidente*. Petrópolis: Vozes, 2014. p. 21.

a) Selecione três características das sociedades germânicas que a diferem da sociedade em que vivemos.
b) Elabore hipóteses sobre quais seriam os achados arqueológicos que indicariam a pilhagem, isto é, o saque de objetos provenientes de guerras.

8. **SABER SER** Como vimos nesta unidade, os privilégios sociais eram restritos a alguns estamentos na sociedade feudal, ou seja, tratava-se de uma sociedade desigual. Na sociedade brasileira atual, em sua opinião, existem privilégios que são restritos a certas parcelas da população? Explique.

Criar

9. Forme dupla com um colega. Juntos, escrevam um texto, com até quatro parágrafos, comparando a expansão romana na Antiguidade com as incursões germânicas que marcaram a desagregação de Roma.

- Primeiro, listem os itens de comparação, evidenciando as semelhanças e as diferenças entre os dois processos históricos.
- Com base nos itens discutidos por vocês, elaborem o rascunho do texto. Lembrem-se de que a produção textual deve ter começo, meio e fim. No primeiro parágrafo, escrevam a introdução; nos próximos dois parágrafos, desenvolvam o tema; por fim, no último parágrafo, redijam a conclusão a que chegaram.
- Releiam o texto, fazendo os ajustes necessários e, depois, passem a limpo em uma folha de papel avulsa, escrevendo à mão ou imprimindo uma versão digital.
- Reúnam todos os textos produzidos pela turma e montem uma revista informativa sobre o assunto.

CIDADANIA GLOBAL
UNIDADE 8

1 ERRADICAÇÃO DA POBREZA

Retomando o tema

Como você aprendeu nesta unidade, a sociedade feudal era caracterizada por uma estrutura rígida com possibilidade remota de mobilidade entre os estamentos ou ordens que a compunham.

Em nossa sociedade atual, organizada segundo o princípio da igualdade entre todos os indivíduos, não existem dispositivos jurídicos que impeçam a mobilidade social. Entretanto, a desigualdade na distribuição dos bens e nos direitos que efetivamente são assegurados cria e reforça um abismo, muitas vezes intransponível, entre as condições de vida das populações mais pobres e marginalizadas e as condições das camadas mais ricas.

1. O que você entende por desigualdade social? Como explicaria o significado dessa expressão a um amigo ou familiar?
2. Você considera que exista desigualdade social no Brasil? Por quê?

Geração da mudança

- *Slam* é uma competição de poesia falada em que os participantes apresentam composições autorais sem acompanhamento musical nem auxílio cênico. Apesar de a temática das composições apresentadas nessas competições ser livre, de uma forma geral elas costumam abordar temas relacionados às lutas e causas sociais.

- Levando isso em consideração, você e os colegas vão realizar um *slam* apresentando críticas à desigualdade social. Para isso, organizem-se em quatro grupos e, coletivamente, componham um poema denunciando os impactos causados pela desigualdade social e suas consequências. Após a elaboração do poema, elejam um dos integrantes do grupo para apresentá-lo na competição.

- Em um dia e horário previamente combinados com o professor, reúnam-se para o *slam* e a apresentação das composições dos grupos.

Autoavaliação

UNIDADE 9

TRANSFORMAÇÕES NA EUROPA MEDIEVAL

PRIMEIRAS IDEIAS

1. No período conhecido como Baixa Idade Média, a população urbana na Europa cresceu. Quais fatores podem ter ocasionado esse crescimento? Levante hipóteses.
2. Em sua opinião, quais profissões e ofícios poderiam ser exercidos por mulheres durante a Idade Média?
3. A primeira universidade da Europa foi fundada no século X, durante a Idade Média. O que você imagina que se ensinava nela?

Conhecimentos prévios

Nesta unidade, eu vou...

CAPÍTULO 1 — As mudanças no campo e a formação dos burgos

- entender como as novas tecnologias aplicadas ao campo e o consequente crescimento demográfico modificaram a sociedade na passagem da Alta Idade Média para a Baixa Idade Média.
- compreender o processo de renascimento comercial, identificando as localidades onde o comércio ocorria.
- caracterizar as Cruzadas, com a participação de diferentes grupos sociais, e suas consequências para a sociedade medieval.

CAPÍTULO 2 — A Baixa Idade Média

- caracterizar as cidades medievais e conhecer o surgimento de uma nova classe social – a burguesia.
- compreender as novas organizações, ligadas aos trabalhos artesanais, e o renascimento das transações financeiras na Baixa Idade Média.
- identificar as principais características do estilo gótico, usado na arquitetura das catedrais construídas no período.
- compreender e relacionar os diferentes aspectos da crise do século XIV: fome, doença e revoltas camponesas.

CIDADANIA GLOBAL

- refletir sobre a situação da fome no mundo e suas causas.
- analisar soluções possíveis para esse problema mundial.

Museu do Prado, Madri, Espanha. Fotografia: Album/Fotoarena

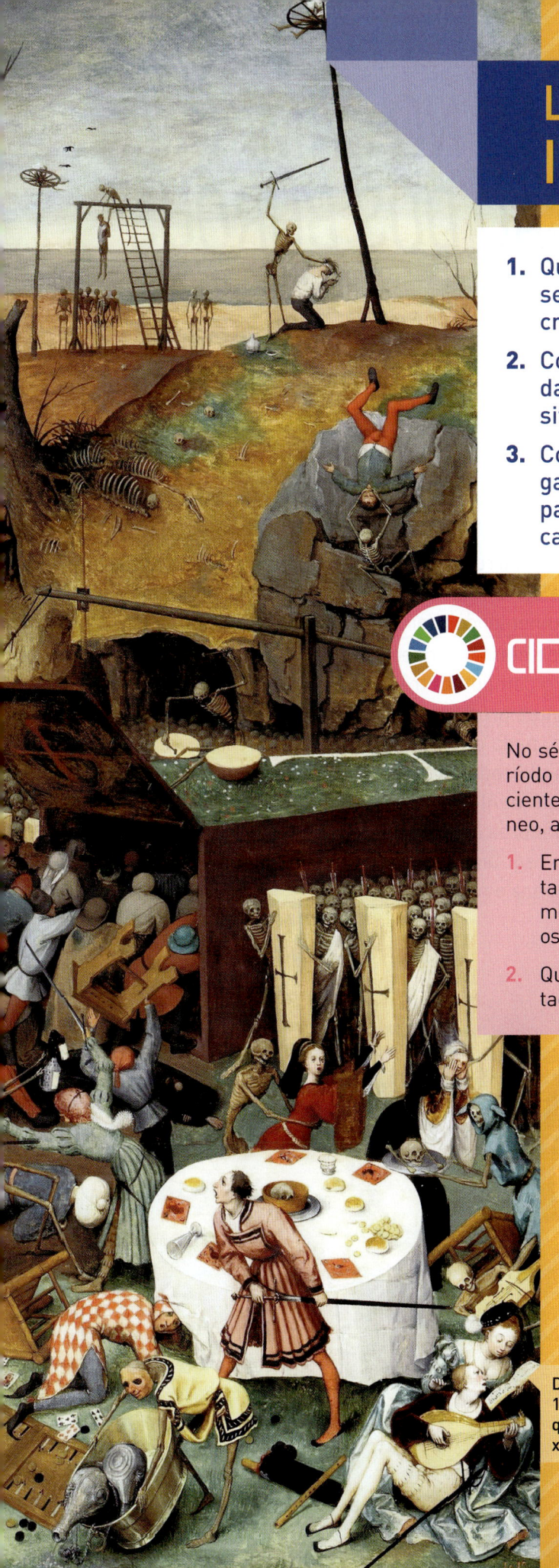

LEITURA DA IMAGEM

1. Quais elementos da pintura podem indicar que se trata da representação de um momento de crise? Liste-os com os colegas.

2. Como as pessoas de cada grupo social do feudalismo europeu foram retratadas? Em quais situações elas aparecem?

3. Com base nas percepções que você e os colegas tiveram dessa imagem, levantem hipóteses para a seguinte pergunta: Quais aspectos marcaram a crise da sociedade feudal?

CIDADANIA GLOBAL

2 FOME ZERO E AGRICULTURA SUSTENTÁVEL

No século XIV, a sociedade da Europa feudal viveu um período marcado pela fome, causada pela produção insuficiente de alimentos. Infelizmente, no mundo contemporâneo, ainda há famílias que convivem com a fome.

1. Em sua opinião, a fome que existe no mundo atual também é causada pela produção insuficiente de alimentos ou há outros motivos? Levante hipóteses com os colegas.

2. Que ações poderiam garantir o acesso a uma alimentação saudável a todos os seres humanos?

As comunidades atuais também passam por **momentos de crise**, assim como as do passado. Assista à reportagem que aborda uma situação de crise do mundo atual. Em uma folha de papel avulsa, crie uma representação artística sobre essa crise. Lembre-se de registrar os diferentes aspectos dela, como fez Pieter Bruegel na obra dele.

Detalhe da obra *Triunfo da morte*, de Pieter Bruegel, feita em 1562. Óleo sobre madeira. A pintura retrata aspectos da crise que caracteriza o período chamado pelos historiadores de Baixa Idade Média.

229

CAPÍTULO 1
AS MUDANÇAS NO CAMPO E A FORMAÇÃO DOS BURGOS

PARA COMEÇAR

A partir do século XI, uma série de inovações técnicas propiciou o aumento da produção agrícola na Europa, bem como o crescimento populacional e o desenvolvimento comercial e urbano. Você imagina que inovações técnicas foram essas?

NOVAS TÉCNICAS E INSTRUMENTOS AGRÍCOLAS

A partir do século XI, as novas técnicas de trabalho e o uso de instrumentos pelos camponeses da Europa trouxeram melhorias no aproveitamento das terras para cultivo e na criação de animais, aumentando, assim, a produção de alimentos e de gêneros agrícolas. O arado de madeira, utilizado para revolver a terra e facilitar a semeadura, costumava ser preso ao pescoço de animais. Quando foi substituído pela **charrua**, feita de ferro e mais resistente, os animais passaram a ser atrelados pelo peito, o que diminuiu o desconforto deles, aumentando a força de tração desse instrumento.

Já a técnica de plantio conhecida como **rotação trienal** consistia em dividir o campo em três partes: em duas delas, cultivavam-se diferentes produtos – aveia e centeio, por exemplo –; na terceira parte, nada era cultivado. Essa parte de terra ficava ociosa e só seria utilizada no ano seguinte, quando outra porção do campo repousaria. Além do repouso de um terço do solo, revezavam-se os gêneros cultivados nas outras duas partes. Essa técnica evitava o esgotamento de nutrientes e permitia a recuperação do solo para o novo plantio.

▼ Camponeses usando uma charrua para preparar a terra para o plantio, em detalhe de iluminura do Livro de Salmos de Luttrel, do século XIV, Inglaterra. Além da charrua, note que, entre os dois camponeses, há o desenho de uma foice estilizada, adornada com folhas. A foice também é um importante instrumento de trabalho no campo.

CRESCIMENTO DEMOGRÁFICO

Como resultado das inovações técnicas na agricultura, houve aumento das colheitas e maior produtividade das lavouras. As pessoas passaram a ter alimentação mais variada, de melhor qualidade e em maior quantidade, tornando-se mais saudáveis.

Essa prosperidade agrícola coincidiu com um período de relativa paz política no continente europeu. Todos esses fatores proporcionaram aumento na expectativa de vida e, consequentemente, crescimento populacional, como mostra o gráfico desta página.

■ **Europa: Crescimento da população (séculos X a XIII)**

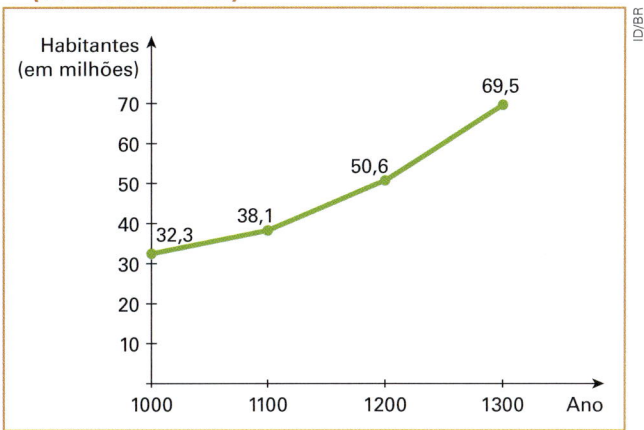

Habitantes (em milhões)
- 1000: 32,3
- 1100: 38,1
- 1200: 50,6
- 1300: 69,5

Fonte de pesquisa: PBL Netherlands Environmental Assessment Agency. Population. Disponível em: http://themasites.pbl.nl/tridion/en/themasites/hyde/basicdrivingfactors/population/index-2.html. Acesso em: 10 abr. 2023.

AUMENTO DAS ÁREAS CULTIVADAS

Com o crescimento da população, houve a necessidade de ampliar ainda mais a produção de alimentos, mas as terras que se destinavam ao cultivo já não eram suficientes.

Para compensar a escassez de terras cultiváveis, florestas foram derrubadas e, no lugar delas, foram criados campos para o plantio e a pecuária. Obedecendo às ordens dos senhores feudais, os camponeses passaram a trabalhar nessas áreas para ampliar a oferta de alimentos. No entanto, as condições de vida nessas novas áreas ainda eram precárias.

A LIGA HANSEÁTICA

No século XII, os mercadores das cidades do norte da Europa associaram-se, formando a Liga Hanseática – uma poderosa união de cidades comerciais, que chegou a aglutinar mais de cem delas.

As atividades da Liga Hanseática envolviam a comercialização de cereais, tecidos, peles, peixes, condimentos, madeiras e metais.

Conheça mais sobre as **cidades medievais** e anote suas principais características. Em seguida, faça uma tabela comparando as cidades medievais com as da atualidade, apontando diferenças e semelhanças entre elas.

Fonte de pesquisa: Cláudio Vicentino. *Atlas histórico*: geral e Brasil. São Paulo: Scipione, 2013. p. 65.

O DESENVOLVIMENTO DO COMÉRCIO

Com o aumento das terras cultivadas na Europa, houve grande expansão da produção agrícola, superando o consumo local. Os produtos excedentes começaram a ser comercializados pelos agricultores. A partir daí, surgiram numerosas rotas terrestres e marítimas que ligavam os principais pontos de comércio. Observe o mapa.

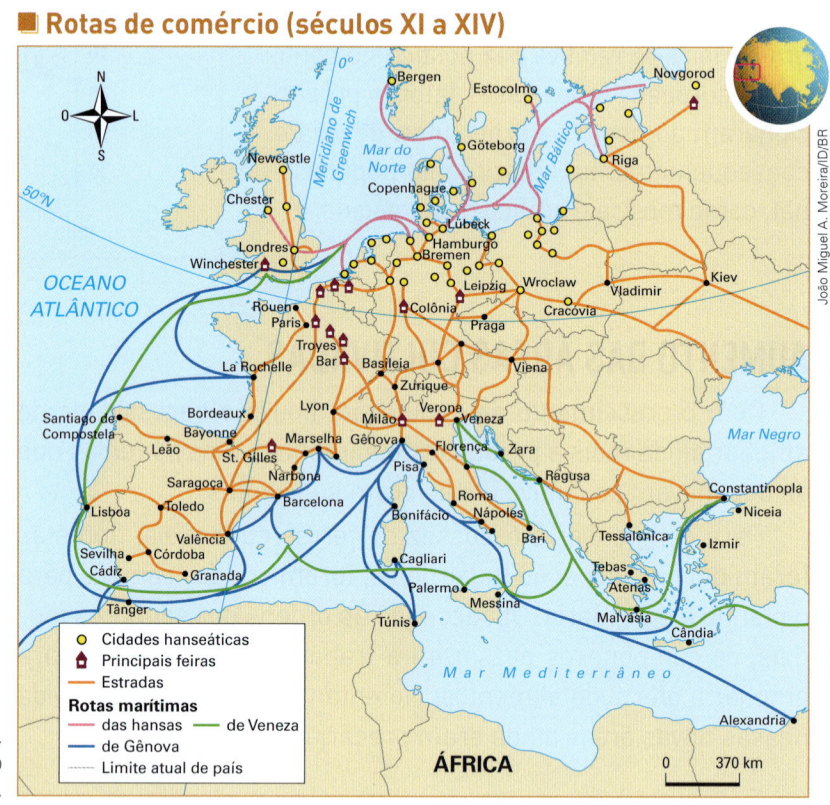

■ **Rotas de comércio (séculos XI a XIV)**

As primeiras zonas de comércio estabeleceram-se com os encontros de fiéis católicos – que se deslocavam, algumas vezes por ano, para determinada região a fim de celebrar datas festivas. Os locais escolhidos para esses encontros eram, geralmente, os entroncamentos de vias de grande circulação ou as entradas dos castelos. Assim, surgiram as **feiras medievais**. A palavra feira vem de *feria*, que, em latim, significa "dia de festa" ou "feriado". Nas feiras, os mercadores trocavam produtos e compartilhavam notícias. Também circulavam nas feiras artistas populares – os saltimbancos – e cambistas, que trocavam os diversos tipos de moeda e emprestavam dinheiro a juros.

Com o passar do tempo, comerciantes e artesãos fixaram-se em determinadas áreas, por medida de segurança e de aumento das vendas na região. Estabeleceram-se nos arredores das muralhas dos feudos, formando aglomerados denominados **burgos** – por isso, eles foram chamados de **burgueses**. A maior parte dos burgos permanecia sob a tutela do senhor feudal, que cobrava uma série de obrigações de seus habitantes.

O PODER DA IGREJA E O ADVENTO DAS CRUZADAS

Como vimos na unidade anterior, durante a Idade Média, a influência da Igreja católica na Europa Ocidental não era apenas religiosa, mas também política e econômica. Ou seja, as crenças da Igreja católica representavam o modo como essa sociedade compreendia o mundo.

Desde a conversão do rei franco Clóvis I ao catolicismo e, em especial, entre os séculos XI e XIII, as doações da nobreza europeia financiavam as obras da Igreja, que acumulava cada vez mais bens e terras. Dessa forma, firmou-se como instituição dominante na sociedade europeia medieval.

Além disso, a partir do século XI, iniciaram-se as Cruzadas, que, assim como as mudanças no campo, o crescimento populacional e o desenvolvimento das atividades comerciais, desempenharam papel fundamental nas transformações ocorridas na Europa medieval.

Jerusalém, considerada sagrada por cristãos, muçulmanos e judeus, foi conquistada pelos muçulmanos no século VII, mas isso não provocou a perseguição aos judeus e cristãos que viviam na cidade.

No entanto, por volta de 1070, os turcos de religião muçulmana (seljúcidas) tomaram Jerusalém e mostraram-se intolerantes com as demais religiões: expulsaram os cristãos e proibiram as peregrinações à cidade. Isso levou o imperador bizantino a pedir ajuda militar ao Ocidente para expulsar os invasores, considerados inimigos da fé cristã.

Em 1095, no Concílio de Clermont, na França, o papa Urbano II convocou os cristãos a tomar a cidade de Jerusalém em troca do perdão de seus pecados. As Cruzadas tiveram início em 1096, e foram organizadas oito Cruzadas oficiais entre os séculos XI e XIII.

ALGUMAS LIBERDADES FEMININAS

A sociedade medieval era patriarcal, em consonância com a Igreja católica. No entanto, houve muitos âmbitos em que as mulheres exerceram o poder e ocuparam posições de destaque. Essas situações tornaram-se mais comuns à medida que a Europa se transformava. Os **conventos** femininos foram um dos espaços em que as mulheres puderam exercer o poder e aproveitar certa liberdade. Neles, a administração e todas as outras atividades eram comumente realizadas pelas monjas e abadessas, em diferentes níveis hierárquicos. As Cruzadas contribuíram para isso, à medida que alguns cargos da Igreja esvaziavam-se nos conventos e não havia homens preparados para ocupá-los.

▼ Cena do filme sueco *Arn - O reino no fim da estrada*, de 2008, do diretor Peter Flinth. O enredo da obra baseia-se na história fictícia de cavaleiros templários pertencentes à Ordem dos Pobres Cavaleiros de Cristo e do Templo de Salomão. A ordem de fato existiu e era formada por monges guerreiros.

OS INTERESSES QUE ESTAVAM EM JOGO

Atendendo à convocação do papa Urbano II, nobres, clérigos, comerciantes, camponeses e outros membros da sociedade europeia marcharam rumo à Terra Santa, em 1096, com outras intenções além do perdão dos próprios pecados. Eles queriam, por exemplo, se apossar de terras e de riquezas no Oriente. Essa primeira campanha militar oficial ficou conhecida como Cruzada dos Nobres.

Ainda em 1096, foi organizada uma campanha não oficial que ficou conhecida como Cruzada Popular. Nela, camponeses, idosos e crianças, sob a liderança de um monge, partiram rumo a Jerusalém com o objetivo de tomar a cidade, mas foram capturados ou mortos pelos turcos antes de chegarem ao local.

Como os principais interesses das Cruzadas incluíam reconquistar a cidade de Jerusalém para os cristãos e converter os povos de outras religiões ao cristianismo, para ampliar a influência da Igreja católica, essas campanhas militares também foram chamadas de **Guerra Santa**. Aqueles que não professavam a fé cristã eram considerados infiéis e inimigos de Cristo.

Para além dos interesses religiosos, muitos nobres uniam-se às Cruzadas em busca de terras, de riqueza e de prestígio. Para os filhos não primogênitos de membros da nobreza, que não herdavam os bens dos pais, por exemplo, juntar-se às Cruzadas representava uma possibilidade de obter terras. Além disso, a figura do cavaleiro cruzado era bastante valorizada na sociedade medieval como símbolo de força e coragem.

Os comerciantes, por sua vez, viam nas Cruzadas a possibilidade de assumir o controle das rotas comerciais do mar Mediterrâneo, até então monopolizadas por muçulmanos e bizantinos.

Fontes de pesquisa: *Atlas histórico escolar*. Rio de Janeiro: FAE, 1991. p. 103; Jeremy Black (ed.). *Atlas of world history*. London: Dorling Kindersley, 1999. p. 64-65; Cláudio Vicentino. *Atlas histórico*: geral e Brasil. São Paulo: Scipione, 2013. p. 69.

As Cruzadas (séculos XI a XII)

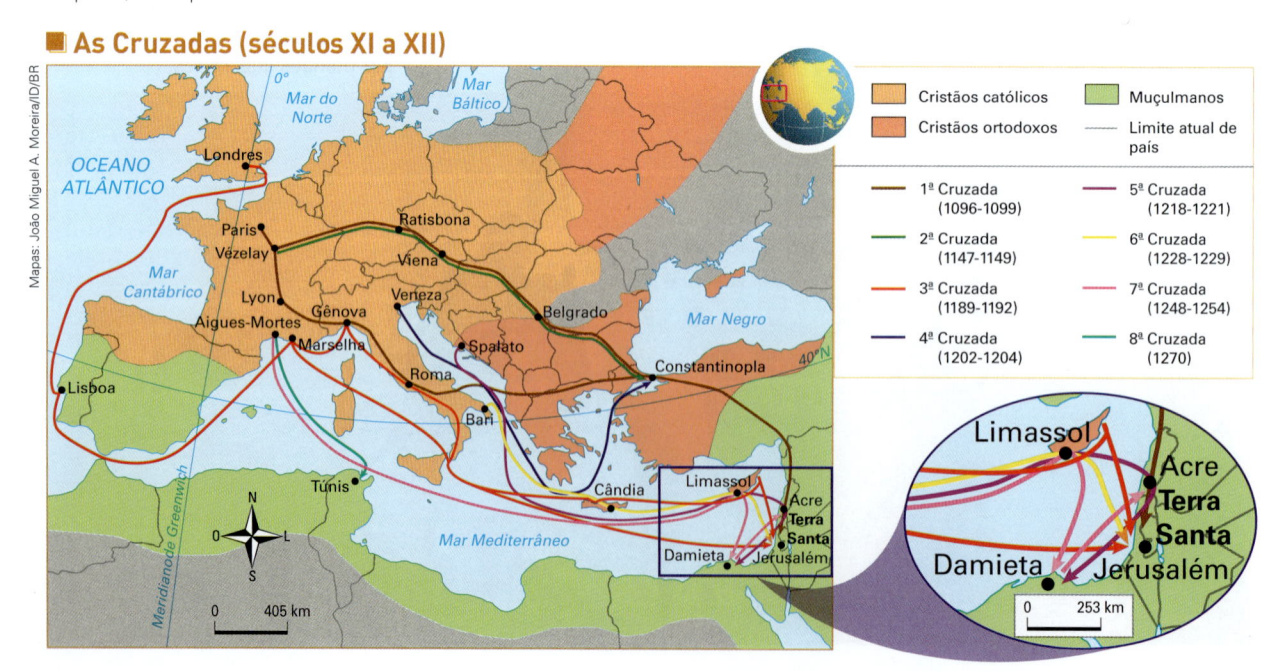

AS CONSEQUÊNCIAS DAS CRUZADAS

Embora nenhuma das oito Cruzadas oficiais tenha cumprido plenamente o objetivo principal de reconquistar definitivamente Jerusalém, essas campanhas militares mostraram aos europeus um mundo diferente daquele a que estavam habituados.

Na Ásia, os europeus tiveram contato com produtos que desconheciam, como açúcar, arroz, damasco, cetim, veludo, entre outros. Esses produtos foram comercializados na Europa e mostraram-se muito lucrativos, principalmente para os mercadores de Gênova e de Veneza, que passaram a controlar as rotas de comércio do mar Mediterrâneo a partir do século XIII.

Além do contato com produtos desconhecidos, esse controle das rotas comerciais por mercadores genoveses e venezianos possibilitou aos europeus retomar o comércio de especiarias com os mercadores do Oriente. As especiarias são produtos geralmente utilizados para o tempero e a conservação de alimentos, como é o caso do cravo, da canela, do gengibre, da pimenta e da noz-moscada. Também podem ter propriedades aromáticas e cosméticas, como o incenso e a mirra.

As especiarias eram adquiridas no Oriente pelos europeus desde a Antiguidade. No entanto, durante a Alta Idade Média, tornaram-se raras na Europa, em razão das dificuldades enfrentadas pelos comerciantes em obtê-las, o que as encarecia. Somente as pessoas muito ricas podiam comprá-las.

Com o desenvolvimento das atividades comerciais, as principais cidades portuárias enriqueceram e passaram a atrair parte da população rural.

Além de expandir as trocas comerciais, as Cruzadas proporcionaram a divulgação de muitos conhecimentos e técnicas do Oriente, transformando a maneira europeia de pensar e de viver.

PARA EXPLORAR

Robin Hood: a lenda de um foragido, de Tony Lee. São Paulo: SM, 2011.

Nessa história em quadrinhos, é possível conhecer um pouco a realidade da época e o sistema feudal por intermédio da personagem Robin Hood, um herói lendário que teria vivido no século XIII durante as Cruzadas.

▼ Atualmente o turismo é uma das principais atividades econômicas de Veneza. No passado, a partir do século XIII, a cidade tornou-se um dos principais centros de comércio da Europa. Foto de 2021.

CIDADANIA GLOBAL

AGRICULTURA SUSTENTÁVEL

Na Europa feudal, a utilização de especiarias garantia a conservação dos alimentos. Atualmente, o comércio mundial de temperos e ervas gera bilhões de dólares por ano, segundo a Organização das Nações Unidas para a Alimentação e a Agricultura (FAO), pois, assim como no passado, os benefícios dos temperos para a saúde e a culinária são de conhecimento geral.

Tendo em vista a crise alimentar mundial atual, isto é, a situação de fome vivida por um número significativo de pessoas, a qualidade nutricional dos alimentos é um fator de grande relevância, e a agricultura sustentável pode ser uma solução para os elevados preços dos alimentos.

Um dos principais objetivos da agricultura sustentável é a criação de comunidades agrícolas que forneçam alimentos a custos baixos. Para responder às questões a seguir, busque na internet as informações solicitadas.

1. Você conhece alguma ação social que apoie os agricultores que praticam a sustentabilidade e vendem seus alimentos a preço popular? De que modo esse tipo de iniciativa ajuda a combater a fome?

2. No município onde você vive, há entidades que arrecadam alimentos para doar aos necessitados? Em caso afirmativo, anote o nome dessas entidades, onde elas se localizam e como contatá-las.

ATIVIDADES

Retomar e compreender

1. Forme dupla com um colega. No caderno, escrevam um parágrafo explicando a relação entre a criação de instrumentos e de técnicas agrícolas, o aumento das áreas cultivadas e o crescimento demográfico na Europa a partir do século XI. Vocês podem usar informações do gráfico "Europa – Crescimento da população (séculos X a XIII)" no texto de vocês. Depois, leiam para os colegas o parágrafo que redigiram e ouçam a leitura dos textos das outras duplas.

Aplicar

2. Observe a imagem desta atividade e, depois, responda às questões.

▲ Iluminura do Livro de Salmos de Luttrell, do século XIV, com representação de camponeses trabalhando.

   a) Que atividade os camponeses estão realizando?
   b) Identifique uma importante inovação técnica que favoreceu o aumento da produção agrícola no período e que aparece representada nessa imagem.
   c) Explique as vantagens dessa inovação técnica em relação aos instrumentos e às técnicas agrícolas utilizados até então.

3. O texto citado foi escrito por Reginaldo de Durham, um homem que viveu na Europa no século XI e fez comentários sobre essa época.

> Quando o rapaz, depois de ter passado os anos da infância sossegadamente em casa, chegou à idade varonil, principiou a seguir meios de vida mais prudentes e a aprender com cuidado e persistência o que ensina a experiência do mundo. Para isso, decidiu não seguir a vida de lavrador, mas de estudar [...], aspirando à profissão de mercador [...].
>
> [Ele] Primeiro viveu como um mercador ambulante por quatro anos no Lincolnshire, andando a pé e carregando fardos muito pequenos; depois viajou para longe, primeiramente [...] até Saint Andrews na Escócia e depois pela primeira vez até Roma. [...] Assim navegando muitas vezes entre Escócia e a Bretanha, negociou em mercadorias variadas e no meio destas ocupações aprendeu muito da sabedoria do mundo.
>
> Reginaldo de Durham. *Libellus de vita et miraculis S. Godrici, heremitæ de Finchale*. Citado em: Maria Guadalupe Pedrero-Sánchez. *História da Idade Média*: textos e testemunhas. São Paulo: Ed. da Unesp, 2004. p. 152-153.

   a) A qual atividade econômica o texto faz referência?
   b) Onde essa atividade ocorria?

4. O trecho citado nesta atividade é parte de um texto de Jacques Duquesne, jornalista e escritor contemporâneo que escreve sobre as Cruzadas.

> As Cruzadas foram um fracasso, do ponto de vista do conjunto, em virtude dessa atitude de conversão a ferro e fogo. O sentimento de unidade do Islã contra os invasores se acentuou. As Cruzadas contribuíram mais para o desenvolvimento do islamismo, que também pretendia ser universal e que partiria, um dia, à conquista do mundo.
>
> Jacques Duquesne. Fundamentalismo cristão. Revista *História Viva*, São Paulo, Duetto, ano II, n. 15, p. 43, jan. 2005.

a) Tendo em vista o principal objetivo das Cruzadas, explique por que o autor as considera um fracasso. Justifique sua resposta com trechos do texto.

b) O que o autor quis dizer com "conversão a ferro e fogo"?

c) Em sua opinião, quais são as consequências do uso da violência para obrigar as pessoas a se converter a uma religião?

5. Os textos a seguir são trechos de duas cartas trocadas entre o rei inglês Ricardo Coração de Leão e Saladino, o sultão – imperador – do Egito e da Síria. Isso ocorreu durante a Terceira Cruzada (1189-1192). Leia-os e depois responda às questões.

Carta de Ricardo a Saladino

> Os nossos e os vossos estão mortos. [...] o país está em ruínas e o negócio nos escapou completamente, a nós todos. Não pensais que isto basta? [...]
>
> No que diz respeito a Jerusalém, é nosso local de culto e jamais aceitaremos renunciar a ele, mesmo que tenhamos que combater até o fim. [...]

Carta de Saladino a Ricardo

> A Cidade Santa é tão importante para nós quanto para vós; ela é até mais importante para nós, pois foi em sua direção que nosso profeta realizou sua viagem noturna, e é ali que nossa comunidade irá reunir-se no dia do julgamento final. Está portanto excluída a possibilidade de a abandonarmos. Jamais os muçulmanos o admitiriam. [...]

Bahaeddin. Em: Amin Maalouf. *As Cruzadas vistas pelos árabes*. São Paulo: Brasiliense, 1989. p. 94-95. Citado em: Maria Guadalupe Pedrero-Sánchez. *História da Idade Média*: textos e testemunhas. São Paulo: Ed. da Unesp, 2000. p. 89.

a) O que há em comum nas duas cartas?

b) Em sua opinião, essas declarações poderiam levar a um acordo de paz? Justifique.

c) A cidade de Jerusalém continua sendo considerada sagrada por cristãos, muçulmanos e judeus e ainda é uma das causas dos conflitos no Oriente Médio. Pesquise sobre a atual situação de Jerusalém em noticiários, jornais ou na internet. Escreva um texto com suas conclusões e, em seguida, discuta o assunto com os colegas.

6. Forme dupla com um colega. Com base no mapa "Rotas de comércio (séculos XI a XIV)", elaborem uma redação como se fossem cruzados a caminho da Terra Santa. Sigam o roteiro abaixo.

   I. Indiquem a Cruzada da qual fazem parte.
   II. Mencionem o nome da cidade de partida e das principais cidades por onde passaram antes de chegar à Terra Santa.
   III. Comentem quais foram os trechos de continente ou rota marítima por onde viajaram.
   IV. Imaginem e descrevam sua alimentação, as horas de descanso e os possíveis problemas enfrentados ao longo da jornada.

CAPÍTULO 2
A BAIXA IDADE MÉDIA

PARA COMEÇAR

Entre os séculos XI e XIV, ocorreu na Europa Ocidental um rápido crescimento urbano e comercial que provocou mudanças na sociedade medieval. Você sabe quais mudanças foram essas? De que forma elas afetaram as relações feudais vigentes?

CARACTERÍSTICAS DAS CIDADES MEDIEVAIS

O crescimento das cidades durante a Baixa Idade Média aconteceu de maneira desordenada. Muitas moradias eram construídas com madeira e ficavam bem próximas umas das outras, em ruas estreitas e tortuosas. Não havia água encanada, coleta de lixo, nem sistema de esgoto. Os resíduos domésticos e os dejetos humanos eram despejados na rua. A água era escassa e de má qualidade. Trazida de fontes ou de rios por vezes distantes das cidades, a água era vendida nas ruas em barricas de madeira transportadas no lombo de animais.

Algumas cidades medievais eram cercadas por muralhas, que serviam para protegê-las de inimigos e delimitar a fronteira com o campo. Diversas atividades eram realizadas nessas cidades, desde o comércio de diferentes produtos, como tecidos, alimentos, especiarias e rebanhos, até atividades culturais, como feiras e festas.

Durante muitos anos, como vimos, a Idade Média foi conhecida como a Idade das Trevas, pois foi construída a ideia de que não houve nenhum progresso nem criação cultural nesse período. No entanto, na Idade Média, houve desenvolvimentos técnico e cultural em várias áreas do conhecimento. Além disso, com o crescimento das cidades, surgia um rico e cada vez mais poderoso grupo social: a **burguesia**.

▼ Detalhe do afresco *Os efeitos do bom governo na vida da cidade*, feito por Ambrogio Lorenzetti, entre 1337 e 1343, no Palácio Público de Siena, Itália. Essa obra representa uma cidade medieval e o campo.

CORPORAÇÕES E ATIVIDADES FINANCEIRAS

No início da Baixa Idade Média, o comércio era uma atividade arriscada, pois as estradas eram malcuidadas e havia muitos assaltos. Além de correr riscos, os mercadores pagavam elevadas taxas – cobradas pelos senhores feudais de todos aqueles que passavam por suas terras – e enfrentavam dificuldades para calcular o valor dos produtos comercializados, pois as poucas moedas que circulavam não eram cunhadas de forma padronizada.

Diante desses obstáculos, os mercadores passaram a viajar em grupos, formando associações chamadas ligas, corporações ou **guildas**. Assim, eles aumentaram seus ganhos.

Como os mercadores, os artesãos também criaram associações, as **corporações de ofício**, compostas de artesãos que se dedicavam à mesma atividade. Cada corporação tinha regras próprias e controlava desde a formação de novos profissionais até a definição do preço final do produto.

Essas associações de artesãos também organizavam festas e procissões para o santo de devoção do grupo e ajudavam as famílias dos associados, em caso de doença ou de morte. Essas corporações eram formadas por mestres artesãos, jornaleiros e aprendizes da profissão.

Por sua vez, ourives e cambistas, que penhoravam joias e guardavam objetos de valor para seus clientes em troca de um pagamento, começaram a emprestar, para outras pessoas, as barras de ouro e as moedas que guardavam. Esse empréstimo era feito mediante a assinatura de um documento chamado nota promissória. Por meio dessa nota, o devedor se comprometia a pagar o empréstimo com acréscimo de juros e dentro de um prazo determinado.

O PECADO DA USURA

Os usurários eram pessoas que emprestavam dinheiro a juros, cobrando pelo tempo que o devedor levava para devolver o valor emprestado. Eles eram condenados pela Igreja católica, que considerava que o tempo pertencia somente a Deus.

Porém, isso não impediu que a prática de emprestar dinheiro a juros continuasse a existir, já que muitos dos ourives e cambistas eram judeus e, portanto, tinham valores religiosos diferentes dos cristãos.

jornaleiro: nesse contexto, trabalhador pago por jornada de trabalho.

ourives: artesão especializado em metais preciosos.

O TEMPO DAS CATEDRAIS

As catedrais eram construções gigantescas que abrigavam a sede do bispado. Eram os templos mais importantes das cidades medievais e demonstravam, além da prosperidade do lugar, o poder da Igreja católica.

A construção de uma catedral exigia o envolvimento de toda a comunidade, pois consumia grande volume de recursos e podia levar muito tempo para ser concluída. As corporações de ofício e as guildas participavam da arrecadação de fundos para as obras, e várias gerações de artesãos e operários trabalhavam nelas.

O estilo arquitetônico predominante nas catedrais da Baixa Idade Média foi o **gótico**, desenvolvido a partir do século XII.

A arquitetura gótica substituiu as paredes grossas das igrejas românicas por colunas altas e arcos capazes de sustentar o peso dos telhados. Os edifícios ganharam um aspecto mais leve, e as janelas, mais amplas e altas, foram decoradas com vitrais coloridos, fundamentais para iluminar o interior das catedrais.

> Conheça detalhes da construção de algumas **catedrais góticas** da França. Em seguida, com base em seus conhecimentos, escolha uma das catedrais apresentadas e registre no caderno as características do estilo gótico que você identificou nessa construção.

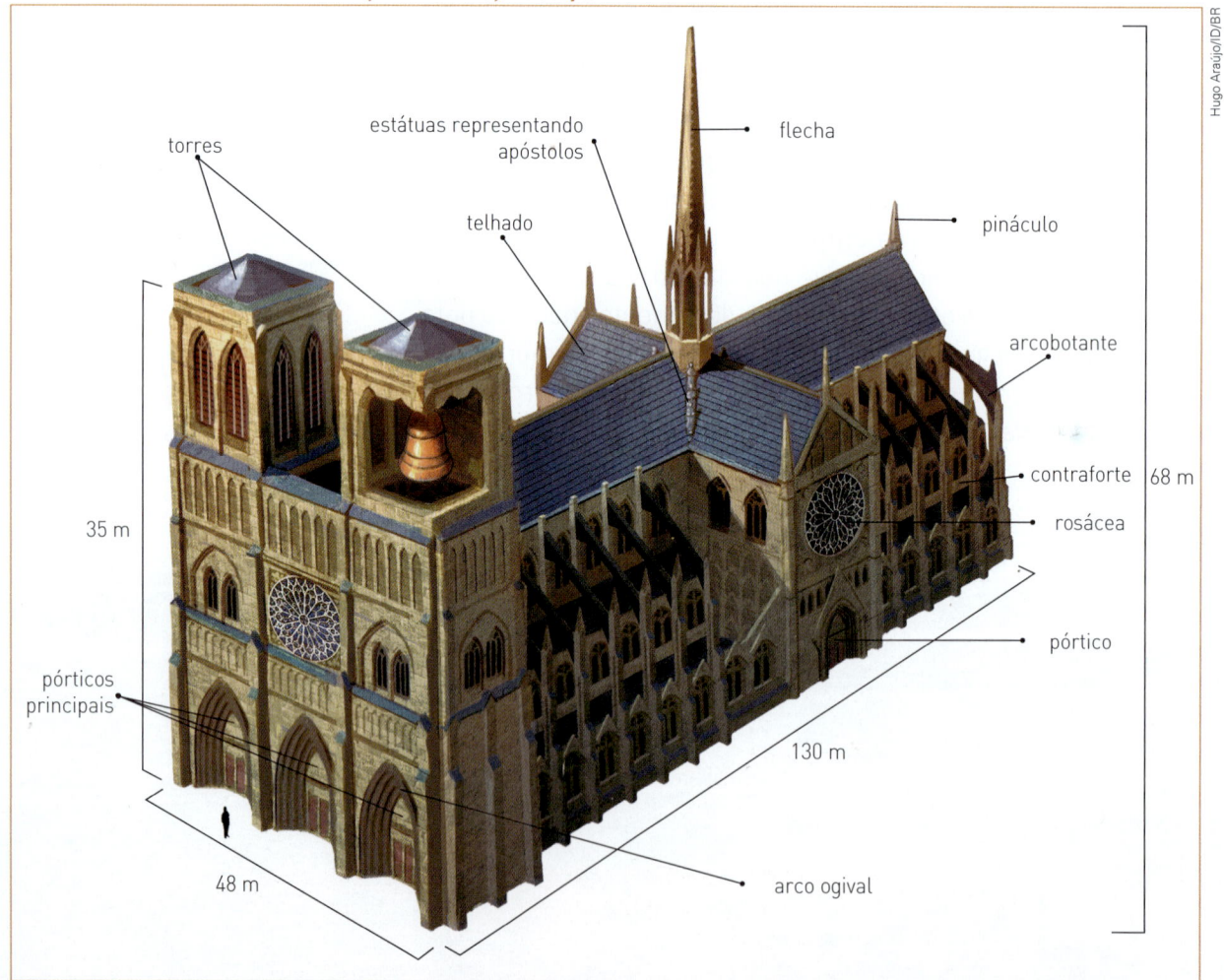

■ A catedral de Notre-Dame, em Paris, França

Elementos identificados: torres, estátuas representando apóstolos, telhado, flecha, pináculo, arcobotante, contraforte, rosácea, pórtico, arco ogival, pórticos principais.

Dimensões: 35 m, 48 m, 130 m, 68 m.

▲ Representação dos principais elementos arquitetônicos que caracterizam o estilo gótico. A catedral de Notre-Dame, em Paris, França, começou a ser construída em meados do século XII. Ilustração sem proporção de tamanho e em cores-fantasia.

A QUEDA DA PRODUÇÃO AGRÍCOLA E A FOME

Como vimos no capítulo anterior, a partir do século XI, diversas inovações técnicas, bem como a dinamização do comércio, ocasionaram um período de relativa prosperidade na Europa. Nesse período, houve crescimento da produção agrícola e também crescimento demográfico. No entanto, a oferta de alimentos, embora tenha aumentado, não era suficiente para toda a população.

Nas cidades em expansão, o crescimento populacional elevou a procura por alimentos. Para suprir essa demanda, mais áreas territoriais passaram a ser cultivadas. Porém, parte dessas áreas era pouco apropriada para o cultivo.

Aliadas a isso, mudanças climáticas provocaram fortes chuvas e geadas na Europa, prejudicando as plantações, de forma que a produção agrícola diminuiu consideravelmente no início do século XIV. Assim, os preços dos alimentos subiram, dificultando ainda mais sua distribuição. Teve início um período prolongado de fome na Europa Ocidental.

Mal alimentada, a população europeia estava mais sujeita a doenças. Foi justamente nessa época que chegou ao Ocidente a **peste bubônica**, também conhecida como **peste negra**. Levada do interior da Ásia, era uma doença altamente contagiosa, transmitida por pulgas dos ratos que infestavam os porões das embarcações.

CIDADANIA GLOBAL

A FOME NO BRASIL

Segundo o relatório *Estado da Segurança Alimentar e da Nutrição no Mundo 2021*, publicado pela Organização das Nações Unidas (ONU), 811 milhões de pessoas ao redor do mundo sofreram com a fome em 2020.

Um dos agravantes dessa situação foi a pandemia de covid-19, que levou cerca de 120 milhões de pessoas a passar fome naquele ano.

1. Em sua opinião, quais outros fatores poderiam explicar o aumento do número de pessoas que passam fome no mundo atual?

2. No Brasil atual, existem pessoas que sofrem com a fome? Como isso pode ser evitado?

▲ Miniatura encontrada em um manuscrito da região da Itália atual, feito no século XIV, representando a distribuição de alimentos para a população em um período de fome na Europa Ocidental.

Médico da Peste era o nome atribuído ao médico especial que tratava os doentes que contraíam a peste bubônica. Gravura de Paulus Fuerst, 1656.

Durante o período da pandemia de covid-19, artistas pintaram placas em frente a estabelecimentos que estavam fechados devido à quarentena na cidade de Las Vegas (USA). As imagens pintadas retratavam um médico usando roupas e máscara utilizadas durante a peste bubônica. Foto de 2020.

A MORTE EM MASSA

Os primeiros focos da peste bubônica surgiram nas cidades portuárias do mar Mediterrâneo, que recebiam os navios mercantes vindos do Oriente. Dali, a doença espalhou-se rapidamente pelo continente europeu. As péssimas condições de higiene e de habitação das cidades e vilas medievais contribuíram para seu rápido alastramento.

Como a origem da doença era desconhecida, e não havia tratamentos eficazes para ela, o medo do contágio despertava pânico na população. Para muita gente, a peste era considerada um castigo enviado por Deus por causa dos pecados cometidos pela humanidade.

As providências tomadas contra a doença eram pouco efetivas e concentravam-se na limpeza das ruas e no isolamento dos doentes. Calcula-se que, em dois anos, aproximadamente 25 milhões de pessoas, o equivalente a um terço da população europeia da época, morreram em decorrência da peste.

O impacto causado pela peste bubônica sobre o número de habitantes das cidades e do campo teve reflexo também na produção agrícola e no comércio. A oferta de alimentos diminuiu ainda mais, e os preços aumentaram.

A PESTE NA ATUALIDADE

A peste bubônica ainda causa mortes na atualidade. Surtos na África, ocorridos entre 2014 e 2015, deixaram a Organização Mundial da Saúde (OMS) em alerta. Em Madagascar, mais de 70 pessoas morreram por causa da doença nesse período. Em 2020, a China entrou em alerta após um caso de peste bubônica ser confirmado, em meio à crise da pandemia de covid-19, no norte do país. A doença, causada pela bactéria *Yersinia pestis*, atualmente é tratada com antibióticos. Quando diagnosticada no início, as chances de cura aumentam.

AS GUERRAS E AS REVOLTAS DOS CAMPONESES

Além da fome e das epidemias, o século XIV foi marcado por guerras em várias regiões da Europa, quase sempre motivadas por disputas entre a nobreza e os reis. Entre elas, destaca-se a **Guerra dos Cem Anos**, que envolveu os reis e os nobres da França e da Inglaterra e se estendeu de 1337 a 1453, culminando com a vitória dos franceses.

A situação dos camponeses franceses e ingleses foi agravada com o aumento dos impostos cobrados pelos senhores feudais, para compensar a queda na arrecadação causada pela diminuição da produção agrícola. Em reação, os camponeses promoveram violentas rebeliões, como as *jacqueries*, na França, e a **revolta de Wat Tyler**, na Inglaterra. Os levantes foram violentamente reprimidos e não trouxeram grandes benefícios aos revoltosos.

OS REIS E A BURGUESIA

A queda da produção agrícola, a fome, a epidemia de peste bubônica e as revoltas camponesas são alguns dos fatores que intensificaram a crise do sistema feudal, que já despontava desde o século XI.

A burguesia foi um dos grupos mais favorecidos nesse processo. Enriquecidos com as atividades comerciais, os burgueses compraram terras da nobreza e aproximaram-se dos reis. Isso enfraqueceu o poder dos senhores feudais e promoveu a formação das primeiras monarquias nacionais, ainda no século XI.

▼ Exposição interativa do Museu Histórico de Joana d'Arc, em Rouen, na França. Foto de 2018. Acredita-se que, durante a Guerra dos Cem Anos, a camponesa Joana d'Arc tenha sido uma das principais lideranças das tropas francesas.

ATIVIDADES

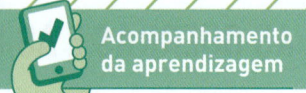

Retomar e compreender

1. Forme dupla com um colega. Juntos, elaborem uma lista dos principais fatores que contribuíram para os grandes períodos de fome na Europa no século XIV.

2. Escreva, no caderno, um parágrafo sobre a origem da peste bubônica e a forma como essa doença se disseminou pela Europa. Troque de caderno com o colega e leia o parágrafo que ele escreveu.

Aplicar

3. Leia o texto citado e observe a imagem. Em seguida, faça o que se pede.

> [...] é impossível pensar numa expansão urbana sem uma expansão comercial e vice-versa. Comércio e cidade integraram um mesmo processo, diretamente ligado ao feudalismo.
>
> As cidades medievais eram protegidas. Eram cercadas por muralhas, por *burgos*, daí o termo *burguês*, surgido para designar os habitantes das cidades, [...] voltados para o comércio, daí a associação entre comerciantes, mercadores e *burgueses*, ou *burguesia*, expressão que designou uma nova categoria social. [...]
>
> O mundo urbano medieval se integrou completamente ao mundo rural. A cidade medieval teve um caráter semirrural, a começar pelo fato de que foi povoada em grande parte por camponeses. A cidade medieval se integrou completamente ao feudalismo, do mesmo modo que o comércio fez parte dele. [...]
>
> Daniela Buono Calainho. *História medieval do Ocidente*. Petrópolis: Vozes, 2014. p. 86-87.

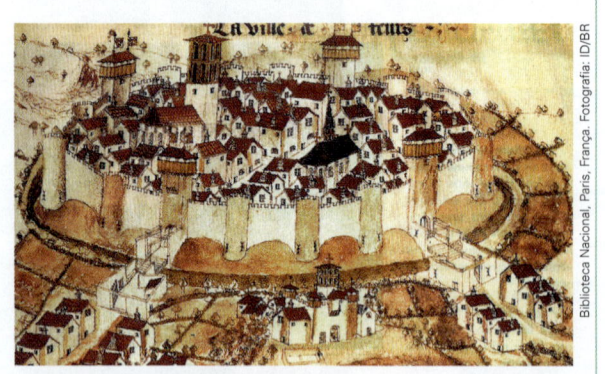

▲ Miniatura de 1455 representando a cidade de Feurs, na França. A imagem foi extraída do manuscrito *L'armorial d'Auvergne*, de Guillaume Revel.

a) O texto menciona duas características das cidades medievais que estão representadas nessa imagem do século XV. Identifique-as.

b) Com base na observação da imagem e na leitura do texto, comente as principais características de uma cidade medieval.

c) Como você explicaria a última frase do texto: "A cidade medieval se integrou completamente ao feudalismo, do mesmo modo que o comércio fez parte dele"?

4. Leia a afirmação a seguir e indique a qual conflito ela se refere, justificando sua resposta.

   - O conflito entre os reis da França e da Inglaterra é um marco para a derrocada do feudalismo e assinala o surgimento dos Estados nacionais modernos.

5. Observe a imagem a seguir.

▲ Gravura de Hans Lützelburger, de cerca de 1538.

a) Descreva a cena retratada.

b) O esqueleto personifica qual tema comum nas artes e na literatura na Europa durante os séculos XIV e XV?

c) Relacione a imagem ao contexto em que os europeus viviam nos séculos XIV e XV.

ARQUIVO VIVO

A grande fome

A partir do século XIV, diversos fatores desencadearam uma onda de fome na Europa Ocidental. Um desses fatores foi a escassez de alimentos devido a safras ruins, o que ocasionou a diminuição de oferta de alimento a todas as parcelas da população. Algumas camadas sociais, no entanto, foram mais afetadas do que outras.

O texto citado, originalmente escrito pelo cronista Enguerran de Montrelet, que viveu no século XV, descreve suas observações acerca da fome no período.

[...] neste ano de 1437, tornaram-se os trigos e cereais tão caros por todas as partes do reino de França e outros diversos lugares e países da Cristandade que aquilo que alguma vez se tinha dado por quatro soldos, moeda de França, vendia-se por 40, ou mais. Por ocasião da qual carestia houve uma tão grande fome universal que grande multidão de pobres morreu por indigência. E era coisa muito dolorosa e triste vê-los morrer de fome nas boas cidades e jazer sobre estrumeiras em grandes bandos. Havia algumas cidades que os expulsavam da sua senhoria; e houve também outras que os receberam e administraram por bastante tempo, de acordo com as suas possibilidades, cumprindo as obras de misericórdia. Entre aquelas que os receberam e administraram por bastante tempo estava a cidade de Cambrai. E durou esta pestilência até o ano de [14]39. E foram feitos por esta causa vários editos pelos senhores, tanto príncipes como outros, e também pelos das boas cidades, proibindo sob pesadas penas que nenhum trigo ou outro cereal fosse levado para fora. Da mesma maneira foi determinado na cidade de Gand que se abstivessem de fabricar cervejas e outras bebidas semelhantes, que todas as gentes pobres matassem os seus cães e que ninguém mantivesse nem alimentasse cadela, se ela não estivesse castrada. Tais semelhantes ordenanças foram feitas em muitos países, a fim de prover à comum pobreza do povo miúdo e dos mendigos.

Louis Douët D'Arc (ed.). *La chronique d'Enguerran de Montrelet*. Paris: Société de l'Histoire de France, 1961. liv. II. t. V. p. 319-320. Citado em: Maria Guadalupe Pedrero-Sánchez. *História da Idade Média*: textos e testemunhas. São Paulo: Ed. da Unesp, 2000. p. 195-196.

carestia: escassez de alimentos.
estrumeira: no texto, monte de lixo.
indigência: situação de extrema miséria.
jazer: estar ou parecer morto.
povo miúdo: modo como eram chamados os grupos sociais que não detinham poder político e econômico.

Organizar ideias

1. Quantos anos durou a grande fome mencionada no texto?
2. Segundo o texto, que camada social foi mais afetada pela fome? Em sua opinião, por que essa camada foi a mais atingida?
3. Quais medidas foram adotadas pelos senhores das cidades francesas para administrar os efeitos da fome?
4. O relato de Enguerran de Montrelet menciona as "obras de misericórdia" como ações tomadas em algumas cidades no período da fome. Você sabe o que essa expressão significa? A qual parcela da sociedade medieval essas ações eram dedicadas? Quem as praticava e por quê?

ATIVIDADES INTEGRADAS

Retomar e compreender

1. Copie o quadro no caderno e complete-o com as informações sobre as Cruzadas.

AS CRUZADAS (SÉCULOS XI A XIII)		
Grupos sociais participantes	Principais motivações	Resultados

Aplicar

2. Observe o conjunto de gráficos desta atividade e faça o que se pede.

Rotação de campos

1º ano — 2º ano — 3º ano

Aldeia — Trigo — Aveia — Repouso (terra sem cultivo)

Fonte de pesquisa: Marcel Mazoyer. *História das agriculturas no mundo*: do Neolítico à crise contemporânea. São Paulo: Ed. da Unesp; Brasília: Nead, 2010. p. 356.

a) A qual inovação técnica característica da Baixa Idade Média o conjunto de gráficos se refere?

b) Como essa técnica funcionava? Qual seria a finalidade dela?

c) Essa técnica é utilizada atualmente? Em caso afirmativo, onde? Para descobrir, busque informações em publicações impressas ou digitais ou converse com agricultores, caso façam parte da comunidade onde você vive. Depois, compartilhe suas descobertas com a turma.

3. Leia o texto citado, escrito por Raoul Glaber, um homem que viveu no século XI e fez comentários sobre essa época.

> No ano milésimo depois da Paixão do Senhor, [...] as chuvas das nuvens acalmaram-se [...]. Toda a superfície da terra cobriu-se de uma amável verdura e de uma abundância de frutos [...]. [...] neste mesmo ano, o trigo, o vinho e outros frutos da terra foram em tal abundância que se não poderia esperar uma quantidade semelhante para o conjunto dos cinco anos seguintes. [...]
>
> Raoul Glaber. Les cinq livres de ses histoires (900-1044). Citado em: Maria Guadalupe Pedrero-Sánchez. *História da Idade Média*: textos e testemunhas. São Paulo: Ed. da Unesp, 2000. p. 77-78.

a) Atualmente, como nomeamos o ano apresentado no texto como "ano milésimo depois da Paixão do Senhor"? O que seria a Paixão do Senhor?

b) De acordo com o que você estudou nesta unidade, é possível identificar o tema comentado nesse texto? Explique relacionando trechos do texto com os conteúdos analisados.

c) O autor comenta os fatos de modo positivo ou negativo? Quais expressões do texto comprovam isso?

Acompanhamento da aprendizagem

Analisar e verificar

4. Observe a foto. Ela mostra o interior de uma catedral construída no período medieval.

▲ Nave da catedral de Bristol, no Reino Unido, construída no século XII. Foto de 2019.

a) Identifique, na imagem, o estilo arquitetônico dessa construção, apontando os elementos em que você se baseou para chegar à resposta.

b) No município ou no estado em que você mora, há construções desse tipo? Se sim, quais? Se possível, traga imagens delas para mostrar aos colegas, em uma data combinada.

5. Forme dupla com um colega. Leiam o texto e, depois, respondam às questões.

> A doença era praticamente fatal em 80 a 100% dos casos, pouco tempo depois de contraída. Ironicamente, chegou à Europa por conta da grande expansão mercantil que marcou o feudalismo, vinda com os comerciantes oriundos da colônia genovesa de Caffa, na região do mar Negro, e difundindo-se pelo restante da Europa. A doença devastou a população do sul para o norte, caminhando em velocidade espantosa e atingindo indistintamente ricos e pobres, bem e mal alimentados. A salvação era estar longe dos focos [...].
>
> Daniela Buono Calainho. *História medieval do Ocidente.* Petrópolis: Vozes, 2014. p. 122-123.

a) A qual doença o texto faz referência?

b) Com base no que vocês estudaram nesta unidade, expliquem por que o texto considera irônico o fato de essa doença ter chegado à Europa por causa da expansão mercantil que marcou o feudalismo.

Criar

6. Nesta unidade, você estudou as feiras medievais. Atualmente, diferentes tipos de feira são comuns em todo o Brasil. Você e sua família costumam frequentar alguma feira? Como é essa experiência? Faça um registro sobre uma feira atual (foto, desenho, pintura, etc.). Mostre-o aos colegas e conte a eles suas experiências sobre o tema.

7. **SABER SER** A intolerância religiosa se intensificou na Europa após as Cruzadas. Apesar da distância geográfica e temporal, a intolerância religiosa também existe na sociedade brasileira da atualidade. Reúna-se com os colegas para procurar, em publicações impressas ou digitais, matérias que noticiem casos de intolerância religiosa no Brasil. Montem um painel com as principais manchetes encontradas. Observem as frases do painel de vocês e debatam sobre esta questão: O que provoca a intolerância religiosa na atualidade e como ela pode ser combatida?

CIDADANIA GLOBAL
UNIDADE 9

2 — FOME ZERO E AGRICULTURA SUSTENTÁVEL

Retomando o tema

Nesta unidade, você conheceu técnicas agrícolas empregadas em algumas das sociedades europeias entre os séculos XI e XV. O desenvolvimento e o emprego dessas técnicas possibilitaram melhorias na produção agrícola e maior abastecimento alimentar nessas sociedades.

Atualmente, o Brasil é considerado um dos maiores produtores e exportadores de gêneros agrícolas do mundo. Entretanto, na contramão do que se poderia supor, a sociedade brasileira tem vivenciado, nos últimos anos, um aumento exponencial do número de indivíduos sem acesso a alimentos, tendo até mesmo retornado ao Mapa da Fome, ferramenta desenvolvida pela ONU para indicar os países cuja população não tem acesso adequado à alimentação.

1. Em sua opinião, por que ainda há pessoas que passam fome no Brasil, apesar de o nosso país ser um dos maiores produtores e exportadores de gêneros agrícolas do mundo?

2. Reúna-se com mais dois colegas. Juntos, elaborem uma proposta para a diminuição da fome no país.

Geração da mudança

- Apesar de a fome ser considerada um problema estrutural em nosso país, isto é, um problema cujas origens remontam às próprias estruturas sociais e políticas desenvolvidas ao longo do tempo, medidas individuais e coletivas, como arrecadação e doação de alimentos, podem fazer uma grande diferença na vida de pessoas em situação de vulnerabilidade.

- Dessa forma, você e os colegas promoverão uma campanha de arrecadação de alimentos em sua escola. Com a ajuda do professor e/ou da coordenação escolar, escolham uma instituição, ou um grupo de pessoas, a ser beneficiada pela doação dos alimentos.

- Em seguida, criem cartazes para divulgar a campanha à comunidade escolar. É importante destacar o tempo de duração, os locais de arrecadação dos alimentos e a instituição que será beneficiada, bem como promover a conscientização sobre a importância desse tipo de campanha.

Autoavaliação

PREPARE-SE!

PARTE 1

Questão 1

O trecho do poema a seguir foi escrito pelo poeta brasileiro Castro Alves, em 1869.

O navio negreiro

[...]
Era um sonho dantesco... O tombadilho
Que das luzernas avermelha o brilho,
Em sangue a se banhar.
Tinir de ferros... estalar de açoite...
Legiões de homens negros como a noite,
Horrendos a dançar...
[...]
Presa nos elos de uma só cadeia,
A multidão faminta cambaleia,
E chora e dança ali!
Um de raiva delira, outro enlouquece,
Outro, que martírios embrutece,
Cantando, geme e ri!
[...]

Castro Alves. *O navio negreiro*. Disponível em: http://www.dominiopublico.gov.br/download/texto/bv000068.pdf. Acesso em: 20 abr. 2023.

Esse poema pode ser considerado uma fonte escrita sobre o período da escravidão brasileira. Além desse tipo de fonte, o historiador, em seus estudos, pode consultar outros tipos de fonte histórica, como

a) cartas, livros, diários e documentos pessoais.
b) relatos orais, apenas.
c) jornais e revistas.
d) fontes materiais, iconográficas, sonoras e orais.
e) certidões e contratos jurídicos.

Questão 2

O texto a seguir aborda o silêncio da história a respeito do papel das mulheres na sociedade ateniense.

Consoante [a historiadora francesa] Michelle Perrot [...], as mulheres são um dos silêncios da história porque geralmente estão restritas ao espaço doméstico, de modo que "são menos vistas no espaço público, o único que, por muito tempo, merecia interesse e relato". De igual modo, [a historiadora estadunidense] Sarah Pomeroy [...] alerta que as fontes a que hoje temos acesso trazem uma visão masculina, pois foram escritas por homens, e que o silêncio sobre as mulheres nessas fontes decorre do olhar que eles tinham sobre as atividades femininas, ao considerá-las assuntos de pouca importância, os quais não mereciam ser relatados. Assim sendo, os relatos que temos devem-se à intromissão de mulheres em questões masculinas, atuando na esfera pública.

Thirzá Amaral Berquó. Entre as heroínas e o silêncio: a condição feminina na Atenas Clássica. *Oficina do Historiador*, Porto Alegre, PUCRS, jun. 2014. Suplemento Especial – I Encontro de Pesquisas Históricas (Ephis), p. 3. Disponível em: http://revistaseletronicas.pucrs.br/ojs/index.php/oficinadohistoriador/article/view/19053/12112. Acesso em: 20 abr. 2023.

Com base no texto lido, é possível afirmar que esse silêncio sobre as mulheres ocorre

a) porque as mulheres atenienses geralmente estavam restritas ao espaço doméstico, de forma que não participavam diretamente dos acontecimentos históricos.
b) porque uma fonte histórica, para ser considerada como tal, precisa estar relacionada aos espaços públicos, que eram vedados às mulheres.
c) porque muitas das fontes a que temos acesso foram escritas por homens e trazem uma visão masculina sobre a sociedade ateniense, desconsiderando as experiências femininas nessa sociedade.
d) porque, em Atenas, as mulheres não eram consideradas cidadãs, logo não produziam história.
e) porque as fontes históricas que abordam o papel das mulheres na sociedade ateniense são de pouca importância e não contribuem para uma melhor compreensão sobre essa sociedade.

Questão 3

No texto a seguir, a autora descreve o período em que alguns grupos humanos já viviam em cavernas, utilizavam peles de animais para se proteger do frio e haviam desenvolvido um sistema de comunicação por meio de símbolos gráficos impressos nas paredes das cavernas ou em rochas ao ar livre.

> A primeira energia natural utilizada pelo homem de forma intencional foi o fogo. Quando um raio, que anunciava uma tempestade, incendiava uma árvore, o homem pré-histórico não conseguia ainda ter controle sobre ele. Se o fogo adquirido a partir desse episódio se apagasse, era necessário aguardar por outros incêndios para que se pudesse obter fogo novamente. Mas este fogo já o ajudou bastante a cozinhar seu alimento, a iluminar algum lugar na hora desejada, em seu aquecimento e também para se proteger de animais que não se aproximavam do fogo.
> [...]
>
> Manuela Musitano. O homem e o fogo. *Invivo*, 29 nov. 2021.
> Disponível em: http://www.invivo.fiocruz.br/cienciaetecnologia/o-homem-e-o-fogo/. Acesso em: 20 abr. 2023.

O período histórico abordado no texto é conhecido como

a) Neolítico.
b) Mesozoico.
c) Pedra Polida.
d) Cenozoico.
e) Paleolítico

Questão 4

Durante o Neolítico, podemos considerar como inovações revolucionárias

a) o sedentarismo e o cultivo de algumas espécies vegetais.
b) o sedentarismo, a construção de habitações duráveis e a criação de algumas espécies de animais.
c) a habitação durável, os utensílios em argila, a criação de algumas espécies de animais e a agricultura rudimentar.
d) o consumo de raízes, a pesca e a caça.
e) a construção de habitações duráveis e o armazenamento de alimentos.

Questão 5

Leia o trecho a seguir.

1914 [ano]

> Madeleine tinha oito anos quando a primeira guerra começou. Muitos a chamavam de a Grande Guerra, outros de "O fim do fim", por acreditarem que aquela seria a última (guerra). Vovó se lembra do barulho dos aviões alemães fazendo voos rasantes sobre a casa dela. Quando falamos sobre esse assunto, ela diz que não sentia medo. Diz apenas: "É a vida. E ponto final".
>
> Florence Noiville. *Minha avó, sua avó*. São Paulo: Cosac Naify, 2013. p. 14.

O texto trata do ano em que eclodiu a Primeira Guerra Mundial, um evento do início do século

a) XIX.
b) XX.
c) XIV.
d) XX a.C.
e) XIX a.C.

Questão 6

Observe o mapa.

■ África e Ásia: Área do Crescente Fértil

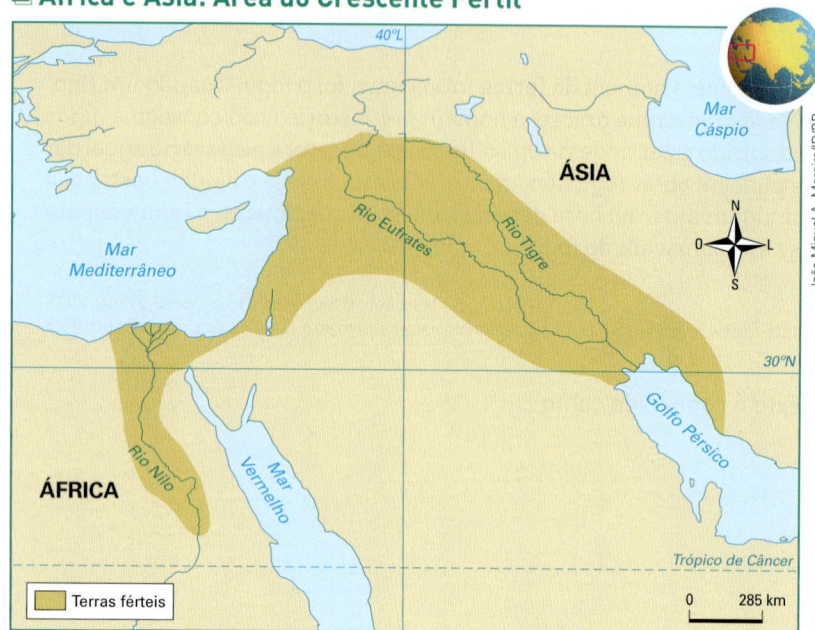

O clima desértico da região entre o norte da África e o Oriente Médio não impediu que ali florescessem algumas das principais civilizações da Antiguidade. Isso se deu em decorrência

a) do regime de cheia e vazantes do rio Nilo, fundamental para a agricultura na região da Mesopotâmia.

b) do uso de recursos dos rios Tigre e Eufrates, possibilitando aos egípcios a construção das pirâmides.

c) da fertilização do solo após as vazantes dos rios Nilo, Tigre e Eufrates, favorecendo a agricultura na região.

d) das mudanças climáticas que diminuíram a vazão dos rios Tigre e Eufrates.

e) da abundância de recursos naturais oriundos do rio Ganges.

Questão 7

De acordo com seu conhecimento sobre as sociedades da Mesopotâmia, analise as afirmações sobre o código de Hamurábi.

I. Surgiu como um sistema oral de leis.
II. Era um conjunto escrito de leis.
III. Legislava sobre religião, família, negócios, etc.
IV. Tratava das retaliações aos escravizados.
V. Foi escrito em acádio.

Assinale a alternativa que indica as afirmações corretas.

a) Todas estão corretas.
b) I, II, III e V.
c) II, IV e V.
d) II e IV.
e) I e IV.

Questão 8

Esta sociedade exerceu forte influência no mar Mediterrâneo durante a Antiguidade. Era formada por uma confederação de cidades-Estado e estava localizada onde hoje se situa o Líbano. Tornou-se conhecida, principalmente, por ter sido uma potência comercial em seu tempo. Seu legado mais importante, entretanto, foi um alfabeto de 22 caracteres, que se tornou a base do alfabeto de outros povos daquele tempo. Trata-se da sociedade dos

a) romanos.   b) gregos.   c) assírios.   d) persas.   e) fenícios.

Questão 9

O texto a seguir aborda aspectos da organização política dos persas antigos.

> Os persas são bastante reconhecidos como um governo unificado e coerente que teve seu advento no século VII a.C. [...] Seu primeiro grande unificador foi Ciro [...] [que] deu início à unificação de um poderoso reino junto de suas principais terras de fora da Mesopotâmia – a primeira na Era dos Antigos Impérios.
>
> Mark W. Graham; Eric H. Cline. *Impérios antigos*: da Mesopotâmia à origem do Islã. São Paulo: Madras, 2012. p. 124-125.

A unidade do governo persa descrita no texto deveu-se principalmente

a) à funcionalidade de um exército altamente organizado que garantiu a segurança das fronteiras.
b) à fundação de cidades-Estado que mantinham um alinhamento cultural e pagavam impostos, garantindo a manutenção da administração e da economia central, mas também apresentavam certa independência política local.
c) ao estabelecimento de unidades administrativas denominadas satrapias, que garantiam o controle do território, a coleta de impostos e a organização burocrática.
d) ao estabelecimento de unidades administradas por elites estrangeiras, garantindo a fidelidade dos povos aliados ao poder central.
e) a um exército formado por mercenários, que eram pagos com terras, nas quais eram estabelecidas colônias militares.

Questão 10

Os 300 de Esparta é uma história em quadrinhos criada pelo escritor e desenhista estadunidense Frank Miller, que faz uma interpretação da tentativa persa de avanço sobre o território grego durante a Batalha de Termópilas. Os quadrinhos deram origem ao filme *300*, que estreou em 2007. A seguir, leia um trecho da nota emitida pela Embaixada iraniana no Brasil, na estreia do filme no país, e amplamente divulgada pela imprensa nacional.

> O filme é cheio de distorções da história e da posição relevante na história da civilização da antiga Pérsia. Os produtores do filme, comprometendo e abusando da história, têm a finalidade de promover a ideia do conflito entre civilizações e vai ao encontro das políticas bélicas dos governantes neoliberais dos Estados Unidos da América, sem qualquer fundamento político, histórico ou artístico [...].
>
> Embaixada do Irã no Brasil repudia "300 de Esparta". *O Globo*, 4 abr. 2007.
> Disponível em: https://oglobo.globo.com/cultura/embaixada-do-ira-no-brasil-repudia-300-de-esparta-4203963. Acesso em: 20 abr. 2023.

Por meio dessa nota, a Embaixada do Irã procura

I. repudiar uma visão preconceituosa sobre o Império Persa.
II. reclamar da parcialidade da interpretação contida no filme.
III. ratificar a visão ocidental sobre a Batalha de Termópilas.
IV. agradecer aos produtores do filme.

a) Todas estão corretas.   b) I e II.   c) I, II e III.   d) II e III.   e) III e IV.

Questão 11

Observe a imagem.

Hieróglifos escritos no túmulo de Ramsés VI, em Luxor, no Egito, datados do século XII a.C.

A imagem foi feita no Egito durante o período

a) em que se acreditava que o Livro dos Mortos era um presente do deus Amon.

b) no qual os egípcios eram monoteístas, anterior ao processo de unificação e fundação da primeira dinastia.

c) em que a escrita representava sons e separação de palavras.

d) em que predominava a escrita de ideogramas, assim como na Fenícia e na China.

e) politeísta, quando foram adorados diversos deuses, representados na forma humana, de animais ou mesclando as duas formas.

Questão 12

Leia o trecho citado.

> A iconografia [do período] confirma o elevado *status* das rainhas-mães. Nas cenas religiosas representadas nas paredes dos templos elas ocupam posições proeminentes, subordinadas apenas ao próprio rei, enquanto nas cenas que ornam as capelas das pirâmides a rainha aparece, por trás do rei falecido, como a principal portadora de oferendas. Posteriormente, as rainhas – mães ou esposas – passaram a assumir o poder político e proclamaram-se soberanas, chegando a adotar o título real de "Filho de Rá, Senhor das Duas Terras" [...] ou "Filho de Rá e Rei" [...]
>
> Gamal Mokhtar (ed.). *História geral da África, v. II*: África Antiga. 2. ed. rev. Brasília: Unesco, 2010. p. 304.

O texto aborda o papel da dinastia das candaces, rainhas-mães que formaram uma sociedade matrilinear e que governaram o reino de(o)

a) Sudão.

b) Axum.

c) Nok.

d) Cuxe.

e) Egito.

Questão 13

Leia o trecho citado.

> As grandes pirâmides datam, efetivamente, do Antigo Império egípcio; a de Quéops deve ter sido construída por volta de 2800. Ramsés II, do Novo Império, um dos momentos de glória do Egito, reinou no século XIII, ou seja, 1 500 anos após a construção da grande pirâmide e mais de um milênio antes de Cristo!
>
> Jaime Pinsky. *As primeiras civilizações*. São Paulo: Contexto, 2001. p. 92.

O texto acima permite inferir que

a) o período de apogeu do Egito se deu no século XV a.C.

b) as pirâmides e outros monumentos foram os responsáveis por garantir a unidade política da sociedade egípcia.

c) as pirâmides foram erguidas no século XIII.

d) no que se refere à unidade política, houve permanência, o que garantiu a longa duração da sociedade egípcia.

e) a unidade política do Império só foi possível no governo de Ramsés II, período glorioso da sociedade egípcia.

Questão 14

Leia o trecho citado.

> A maior parte do país é uma dádiva do Nilo, como dizem os sacerdotes, e foi essa a minha impressão. Poucos esforços despendem os egípcios para obter frutos da terra. Aguardam simplesmente que o rio suba, transborde, inunde, fertilize os campos e torne ao seu leito normal.
>
> Heródoto. Em: Vítor de Azevedo. *História*: o relato clássico da guerra entre gregos e persas. Rio de Janeiro: Ediouro, 1994. p. 91.

Hoje, à luz do conhecimento construído a partir das escavações nos sítios arqueológicos egípcios, o pensamento do filósofo grego Heródoto demonstra subestimar a capacidade organizativa da sociedade egípcia, porque

a) rechaça as condições geográficas favoráveis desse reino.
b) despreza a herança hidráulica correspondente ao período dos nomos.
c) desconsidera a força criativa e de trabalho empregada por essa sociedade na exploração das condições favoráveis do Nilo.
d) desconsidera o apoio fundamental concedido por Napata no alargamento das margens do Nilo.
e) afirma a soberania dos egípcios sobre a Núbia.

Questão 15

O sistema de escrita egípcio, chamado de hieróglifo (escrita sagrada), ao ser comparado ao mesopotâmico e ao chinês, por exemplo, difere deles porque

a) no hieróglifo, houve a predominância dos sinais pictográficos até o desaparecimento da sociedade egípcia, diferentemente dos outros dois sistemas, que evoluíram para sinais abstratos.
b) o hieróglifo continuou sendo utilizado por outros povos, mesmo após o desaparecimento dos egípcios antigos.
c) os egípcios utilizaram o hieróglifo apenas para fins religiosos.
d) cada estamento social tinha seu próprio sistema de escrita.
e) o hieróglifo foi gravado apenas em linhas verticais.

Questão 16

Leia o texto a seguir, que dá informações sobre o Egito Antigo. De acordo com o texto, os escribas

> É necessário [...] fazer uma observação sobre a figura do escriba, da maneira como aparece em vários manuais e mesmo em obras mais ambiciosas. Sua importância na sociedade egípcia derivaria, segundo esses livros, do fato de se tratar de alguém que dominava a arte da escrita e da leitura em um local em que o analfabetismo era quase geral. Ora, esse argumento é pouco inteligente, uma vez que saber ler e escrever, em si, não remunera ninguém: depende do papel que desempenham esses "detentores do saber" numa sociedade concreta. Se dominar a escrita fosse sinônimo de bons salários e prestígio social, os professores em nosso país viveriam uma realidade muito diferente, quando, como é sabido, ganham abaixo dos limites da dignidade e, às vezes, até da simples sobrevivência.
>
> Jaime Pinsky. *As primeiras civilizações*. São Paulo: Contexto, 2001. p. 100.

I. Eram funcionários públicos.
II. Não tinham prestígio social.
III. Podiam acumular cargos.
IV. Pertenciam à plebe.
V. Podiam exercer diferentes funções.

Assinale a alternativa que indica as afirmativas corretas.

a) I, II, III e V.
b) I, II e V.
c) I, II, III e IV.
d) I, III e V.
e) Todas estão corretas.

Questão 17

Leia o texto.

> Desde o Rio de Janeiro até o litoral norte do Rio Grande do Sul, essas populações guardavam as valvas dos mariscos mais abundantes (ostras, mexilhão, berbigão), acumulando-as em plataformas sobre as quais instalavam suas residências e sepultavam seus mortos. Enquanto muitas apresentam tamanho modesto (algumas dezenas de metros de diâmetro e poucos metros de altura), outras alcançam centenas de metros de comprimento e até mais de 30 m de altura.
>
> André Prous. *O Brasil antes dos brasileiros*: a Pré-história do nosso país. Rio de Janeiro: Zahar, 2007. p. 34-35.

O texto aborda características de povos antigos que, há cerca de 8 mil anos, habitaram regiões do território que hoje corresponde ao Brasil. Esses povos são conhecidos como

a) povos ceramistas.
b) povos sambaquieiros.
c) povos ribeirinhos.
d) povos Tupi-guarani.
e) povos Umbu.

Questão 18

Leia o texto.

> É importante perceber que, com a conquista inca, a propriedade da terra deixa de ser comunal e passa a adquirir um caráter de simples posse e uso da população local. Neste contexto, novas formas de apropriação do excedente agrícola são instituídas fundamentando a exploração e subordinação estatal. A *mita*, que antes era própria da comunidade, passa a ser desviada para as terras apropriadas pelo Estado. Com a conquista, a *mita* não é mais exercida somente nas terras do kuraka e do Huaca e passa a ser também realizada nas terras do Inca e do Sol. Com isso, o camponês passava não só a ter obrigações com o líder local, mas também a manter toda a burocracia do Estado.
>
> Adriano Vieira Rolim; Larissa Lima Malafaia Carvalho. A relação entre a religião e o trabalho na sociedade inca. *Ameríndia*: História, cultura e outros combates, v. 3, n. 1, p. 3, 2007. Disponível em: http://www.periodicos.ufc.br/amerindia/article/view/1558/1411. Acesso em: 20 abr. 2023.

No contexto da conquista inca, *mita* refere-se

a) a obrigações que os camponeses mantinham com o governo do Império Inca.
b) a obrigações que os camponeses mantinham com as lideranças locais.
c) a obrigações que os governantes incas mantinham com os camponeses.
d) à forma de trabalho voluntária estabelecida entre os camponeses para garantir seu sustento.
e) à forma de trabalho voluntária estabelecida entre os camponeses e o governo do Império Inca.

Questão 19

Leia o trecho citado.

> A cidade de Axum e o reino do mesmo nome gozavam de sólida reputação no século III da Era Cristã, a crer num texto da época [...], que descreve o reino como o "terceiro no mundo". Na própria cidade, com efeito, grandes monumentos e numerosos testemunhos materiais preservam a memória de um período histórico de grande importância. Diversos elementos nos fazem entrever um passado glorioso: estelas gigantes – dentre elas, o mais alto monólito entalhado, uma enorme mesa de pedra, bases de trono maciças, fragmentos de colunas, sepulturas reais, vestígios de construções aparentemente imensas debaixo de uma basílica do século XVIII e, enfim, as lendas e tradições.
>
> Gamal Mokthar (ed.). *História geral da África, v. II*: África Antiga. 2. ed. rev. Brasília: Unesco, 2010. p. 379.

Sobre a economia de Axum, é correto afirmar:

a) A agricultura e a criação de animais foram as atividades mais importantes do Império.

b) Assim como em outras sociedades estabelecidas ao longo do Nilo, a agricultura foi a atividade mais importante de Axum, principalmente o cultivo de trigo, cujo excedente era comercializado com Roma.

c) A agricultura e a criação de animais foram atividades praticadas durante toda a existência dessa sociedade, mas o comércio longínquo (com a península Arábica, a Índia e o Mediterrâneo), principalmente o de marfim, tornou-se a atividade mais importante do Império.

d) Se no início a agricultura e a criação de animais tiveram grande importância para Axum, aos poucos o comércio de peles e de cascos de tartaruga tornou-se a atividade mais importante do Império.

e) Devido à sua localização – ponto importante de passagem para comerciantes –, a cobrança de impostos tornou-se a base das finanças do Império.

Questão 20

Ao longo de séculos, os povos mexicas desenvolveram relações políticas específicas.

> Em 1111 d.C., os astecas deixaram sua terra de origem, Aztlan, impulsionados pelas promessas do sacerdote Huitzilopochtli, por um excesso populacional que parece ter esgotado as limitadas possibilidades alimentares da região e pela condição de servidores (macehualtin) em que viviam sob o comando de outra etnia que era tratada como tlatoque (governantes) e pipiltin (nobres). Os astecas – assim se autodenominavam até então – iniciaram uma longa migração que terminaria com a fundação de Tenochtitlan em uma ilhota do Lago Texcoco, em 1325, local que lhes foi assinalado por Huitzilopochtli e onde se tornariam pipiltin e tlatoque dos habitantes da região.
>
> Eduardo Natalino dos Santos. *Deuses do México indígena*. São Paulo: Palas Athena, 2002. p. 69-70.

Ao afirmar que os astecas se tornaram *pipiltin* e *tlatoque* dos povos que habitavam a região do lago Texcoco, o texto sugere que

a) os astecas se estabeleceram como servos das elites locais.

b) os astecas coexistiram pacificamente com os povos da região.

c) os astecas ampliaram o poder de seus antigos governantes à região.

d) os astecas dominaram os povos que habitavam a região.

e) os astecas expulsaram os demais povos que habitavam a região.

PARTE 2

Questão 1

Leia o texto.

> Assim, Zeus é antes um modo do céu luminoso mostrar-se e esconder-se por uma certa forma de potência, do que o próprio céu luminoso. Qual é a natureza dessa potência? No caso de Zeus, a definição menos ruim consistiria talvez em dizer que se trata do poder de soberania. Um dos traços essenciais de Zeus é que ele se situa, entre os deuses e em todo o universo, no cume da hierarquia, detém o comando supremo e dispõe de uma força superior permitindo-lhe um total domínio sobre os outros.
>
> Jean-Pierre Vernant. *Mito e sociedade na Grécia Antiga*. Rio de Janeiro: José Olympio, 2006. p. 92.

Com base na leitura do texto acima, é possível afirmar que a religião grega caracterizava-se

a) por um sistema monoteísta que considerava Zeus o deus supremo, mas reconhecia divindades menores subordinadas a ele.
b) por um sistema monoteísta que considerava Zeus o deus supremo e negava a existência de outras divindades.
c) por um sistema politeísta que considerava Zeus divindade única e regente de todo o universo.
d) por um sistema politeísta que atribuía a regência do universo a diversos deuses, dos quais Zeus é apenas mais um deles.
e) por um sistema politeísta que atribuía a regência do universo a diversos deuses, cabendo a Zeus a liderança sobre os demais.

Questão 2

O período Homérico compreende os eventos entre 1200 a.C. e 800 a.C. na Grécia Antiga, relatados na *Ilíada* e na *Odisseia*, obras atribuídas a Homero. Durante esse período, formaram-se as primeiras comunidades gregas. Elas se caracterizavam pelo(a)

a) monopólio dos bens econômicos da comunidade.
b) individualismo, caracterizadas pela unidade de *genos* com bens econômicos privados.
c) coletivismo, caracterizadas pela unidade de *genos* com bens econômicos comunitários.
d) chefia do *pater familia*, eleito democraticamente pelos membros dos *gene*.
e) chefia do *pater familia*, que detinha o poder político e econômico dos *gene*.

Questão 3

O texto a seguir trata do conceito de Estado grego na atualidade: um espaço delimitado geograficamente, que tem fronteiras territoriais e é formado por um conjunto de instituições políticas e por uma população à qual é garantido o direito à cidadania.

> A Grécia é um país delimitado territorialmente, é banhado pelos mares Egeu e Mediterrâneo, possui muitas ilhas, sua população vive e se reconhece sob determinado regime político e compartilha determinados hábitos. Porém, aquilo que hoje identificamos como a Grécia não coincide territorialmente com o mundo grego [na Antiguidade].
>
> Flávia Maria Schlee Eyler. *História Antiga, Grécia e Roma*: a formação do Ocidente. Petrópolis: Vozes; Rio de Janeiro: Ed. da PUC-Rio, 2014. p. 25.

Na Antiguidade, a Grécia não era delimitada por fronteiras nem tinha uma instituição política que atuasse de forma homogênea em todo o seu território. Então, os gregos antigos sabiam que eram gregos porque

a) eram todos súditos de um único rei.
b) adoravam o mesmo deus.
c) tinham o mesmo sistema de escrita.
d) compartilhavam o mesmo idioma e aspectos religiosos e culturais.
e) compartilhavam o mesmo sistema político, que consistia no modelo de realeza centralizada em palácios.

Questão 4

Observe o mapa.

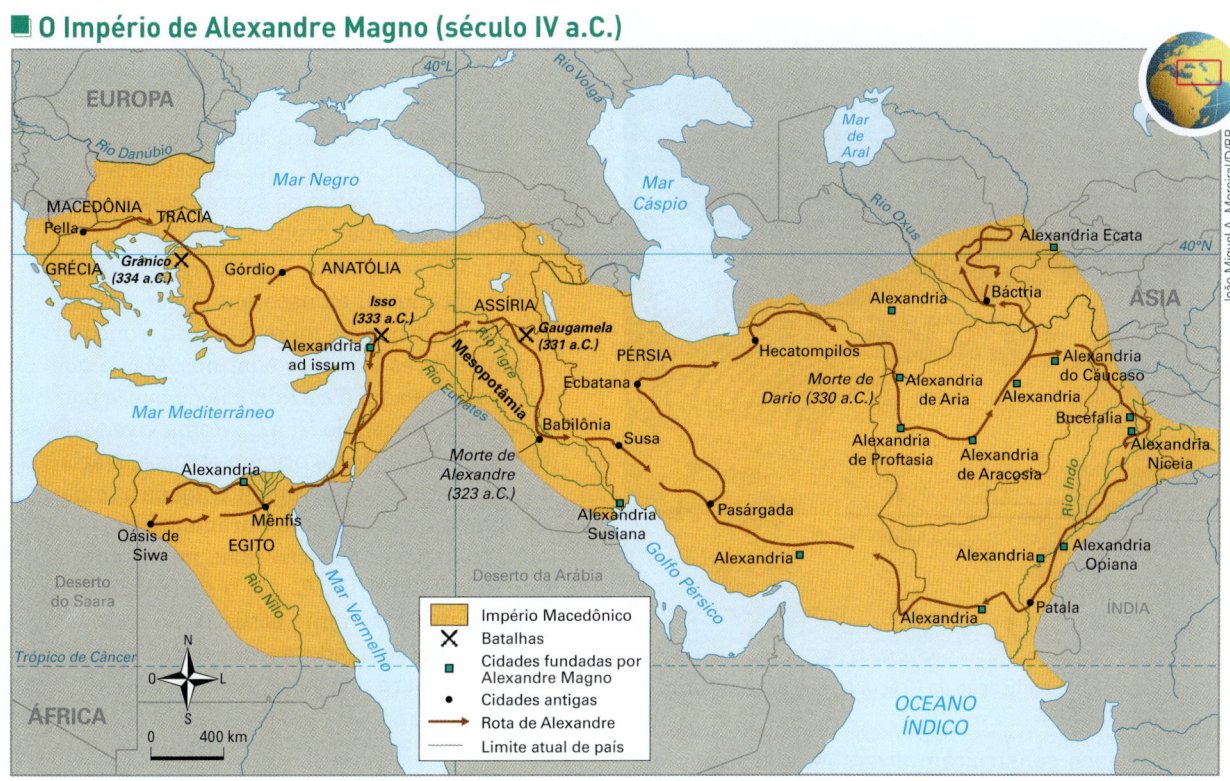

O Império de Alexandre Magno (século IV a.C.)

Fonte de pesquisa: Claudio Vicentino. *Atlas histórico*: geral e do Brasil. São Paulo: Scipione, 2015. p. 44.

A Guerra do Peloponeso esgotou militar e economicamente as cidades-Estado da Grécia Antiga, fragilizando o mundo grego. Aproveitando-se dessa condição, Felipe II, rei da Macedônia, invadiu e conquistou a Grécia em 338 a.C. Dois anos depois, Felipe II morreu e foi sucedido pelo seu filho, Alexandre Magno. Durante seu governo

a) as tentativas de revolta grega foram sufocadas, e Alexandre expandiu seu domínio por vastíssimos territórios do Egito à Índia atuais.

b) as tentativas de revolta grega foram sufocadas, e Alexandre retraiu seu domínio, que compreendia regiões do norte da África do Oriente Médio e da Ásia.

c) os gregos retomaram a soberania local, o que levou os macedônios a rumarem em direção ao Oriente, ocupando outros territórios.

d) os gregos retomaram a soberania local e expandiram o território em direção ao leste, fundindo as culturas do Ocidente e do Oriente.

e) os gregos passaram a fazer parte da estrutura militar macedônica, o que possibilitou o avanço de Alexandre em direção ao Oriente.

Questão 5

Observe a imagem.

▲ Vestígio de edificação da Grécia Antiga em Epidauro. Foto de 2022.

Os gregos construíram diversas edificações que resistiram ao tempo, e muitas delas dão indícios do cotidiano das pessoas que viviam na Grécia Antiga e da importância que tais construções tinham para a comunidade. A foto revela

a) um teatro, local onde os cidadãos gregos assistiam a encenações.
b) uma ágora, área onde os cidadãos gregos realizavam assembleias em praça pública.
c) um templo, edificação em que os cidadãos gregos realizavam celebrações e rituais religiosos.
d) um mercado público, local onde os escravizados eram vendidos.
e) uma escola, onde se formavam os filósofos.

Questão 6

Leia o texto sobre o processo de transição do regime monárquico para o republicano em Roma. Em seguida, analise as afirmativas.

> O último rei de Roma foi Tarquínio, o Soberbo, que, em 509 a.C., foi deposto. Há controvérsias sobre o fim da supremacia etrusca em Roma por uma revolta violenta.
> A tradição admite que Tarquínio tenha sido o último rei etrusco em Roma, mas há hipóteses de que ele foi retirado do trono por alguns nobres etruscos e latinos. Mas o que nos importa aqui é a evidência de que, a partir de fins do século VI a.C., Roma viveu sob uma Constituição de origem etrusca. A aristocracia vitoriosa, fortemente ligada às cidades latinas, não era nem puramente etrusca, nem romana. O aspecto mais importante é que do século VIII a.C. até o século VI. a.C., com o fim do domínio etrusco, Roma viveu um período centrado no poder real que foi destituído para dar lugar à República.
>
> Flávia Maria Schlee Flyer. *História Antiga, Grécia e Roma*: a formação do Ocidente. Petrópolis: Vozes; Rio de Janeiro: Ed. da PUC-Rio, 2014. p. 146.

I. Essa transição foi efetivada pela Assembleia aristocrática.
II. Prevaleceram os interesses da aristocracia etrusca.
III. O poder passou a ser exercido por dois cônsules, que centralizavam os poderes políticos, militares e religiosos.
IV. O Senado era composto exclusivamente de patrícios.
V. Os plebeus formavam as *patres* e os *gene*.

Assinale a alternativa que indica as afirmativas corretas.

a) Todas estão corretas.
b) II, III, IV e V.
c) I, III e IV.
d) II e IV.
e) I, II, IV e V.

Questão 7

Observe a imagem.

Vestígio de edificação dos romanos antigos, no sul da França atual. Foto de 2020.

O uso do concreto permitiu aos romanos a realização de um vasto programa de obras públicas. A edificação retratada na foto garantia aos romanos

a) proteção de ataques de estrangeiros.
b) circulação de bens e produtos.
c) via de acesso ao interior do império.
d) abastecimento de água.
e) interligação entre as margens do rio.

Questão 8

Leia o texto.

Tibério Graco dizia que os animais selvagens tinham cada um a sua toca, o seu covil, mas aqueles que combatiam e morriam pela Itália erravam com suas mulheres e filhos. Dizia também que os generais mentiam nas batalhas ao animarem os soldados a combaterem um inimigo para a defesa dos túmulos e lugares santos de cultos, pois, entre tantos romanos, não havia um que possuísse um altar familiar, uma tumba de antepassados. Guerreavam e morriam unicamente para o incremento do luxo e da opulência dos ricos; senhores do mundo para eles, os que lutavam, não sobrava uma nesga de terra.

Flávia Maria Schlee Eyler. *História Antiga, Grécia e Roma*: a formação do Ocidente. Petrópolis: Vozes; Rio de Janeiro: Ed. da PUC-Rio, 2014. p. 176-177.

Pode-se dizer que a Lei Agrária defendida pelos irmãos Graco

a) determinava o limite de posse da terra, sendo o excedente recuperado pelo Estado e redistribuído aos cidadãos empobrecidos, que não poderiam vendê-la.
b) propunha a estatização das terras pertencentes aos senadores e a posterior redistribuição para a plebe rústica.
c) consistia no fim da propriedade privada.
d) defendia a distribuição das terras situadas nas colônias africanas aos cidadãos empobrecidos.
e) decretava que a reforma agrária deveria ser um direito social assegurado pela Constituição.

Questão 9

O texto a seguir é um retrato do Império Romano na passagem do século III d.C. para o século IV d.C.

> [...] De fato, não há dúvida de que, em dois aspectos fundamentais, as províncias do Oriente agora se sobressaíam dentro do Império.
> Economicamente, a crise do modo de produção escravista desenvolvido atingira com muito mais força o Ocidente, onde tinha raízes mais profundas, e o deixara pior em termos comparativos: a região já não possuía nenhum dinamismo nativo para contrabalançar a riqueza tradicional do Oriente e começou a ficar para trás, tornando-se a metade mais pobre do Mediterrâneo. Culturalmente, seu ímpeto também estava cada vez mais gasto. A história e a filosofia gregas vinham reascendendo desde o final da época antonina [...] Ainda mais importante, de fato, foi o crescimento vagaroso da nova religião que viria a tomar o Império.
> O cristianismo nascera no Oriente [...].
>
> Perry Anderson. *Passagens da Antiguidade ao feudalismo.* São Paulo: Ed. da Unesp, 2013. p. 98.

Os acontecimentos desse período que complementam o contexto apresentado no texto são

I. a transferência da capital do Império para Milão.
II. a incorporação de estrangeiros ao exército.
III. a aceitação do cristianismo no Império, a partir do Edito de Milão.
IV. a divisão do Império em Ocidente e Oriente.

Assinale a alternativa que indica as afirmativas corretas.

a) Todas estão corretas.
b) I, II e III.
c) II, III e IV.
d) I, III e IV.
e) I e III.

Questão 10

Com relação à presença de germânicos no território do Império Romano, pode-se afirmar que

I. a partir do século IV ocorreram diversos fluxos migratórios desses povos para o interior do Império Romano.
II. as invasões romanas aos territórios germânicos enfraqueceram as organizações políticas desses povos.
III. novos estudos historiográficos sugerem que esses povos devem ser chamados de "bárbaros".
IV. novos estudos historiográficos adotam a expressão "migrações germânicas", em vez de "invasões bárbaras".

Quais afirmativas estão corretas?

a) I e IV.
b) I, II e IV.
c) I, II e III.
d) II e III.
e) Todas estão corretas.

Questão 11

Leia o texto.

> Após a guerra Greco-Gótica e os ataques lombardo e sarraceno, a Itália meridional [...] tornou-se "uma verdadeira cidade cemitério". Na Itália setentrional e central, a rede urbana foi destruída: no Vêneto e na Ístria, das 25 civitas remanescentes, desapareceram sete. [...] a persistência da estrutura urbana foi mais longa que em outras regiões.
>
> Jacques Le Goff. *La città medievale*. Milano: Giunti, 2011. p. 14-15. (Tradução nossa.)

O texto apresenta uma reflexão sobre o processo de transformação do espaço urbano na passagem da Antiguidade para a Idade Média. Os elementos relacionados ao processo descrito pelo autor são

a) o êxodo urbano, a desorganização das redes de comunicação e as migrações dos povos germânicos.

b) o êxodo rural.

c) a decadência das instituições romanas.

d) o baixo crescimento demográfico urbano.

e) a expulsão dos povos germânicos.

Questão 12

Leia o texto.

> Cientes das disparidades entre o que haviam destruído e o que podiam construir, os governantes germânicos se empenharam em restaurar o máximo possível dos edifícios romanos que haviam derrubado: o maior deles, o ostrogodo Teodorico, criou um meticuloso condomínio administrativo na Itália, embelezou a capital, patrocinou a arte e a filosofia pós-clássicas e conduziu as relações exteriores no estilo tradicional do Império [...].
>
> Perry Anderson. *Passagens da Antiguidade ao feudalismo*. São Paulo: Ed. da Unesp, 2013. p. 132-133.

O texto trata dos seguintes conceitos:

a) tempo e espaço.

b) antigo e moderno.

c) passado e presente.

d) ruptura e permanência.

e) rural e urbano.

Questão 13

Leia o texto.

> O "cume" da cadeia também era, em certos aspectos importantes, o elo mais fraco. Em princípio, o nível mais alto da hierarquia feudal em qualquer território da Europa ocidental era diferente dos senhorios subordinados apenas em grau, e não em gênero.
>
> Perry Anderson. *Passagens da Antiguidade ao feudalismo*. São Paulo: Ed. da Unesp, 2013. p. 169.

Como o texto interpreta a figura do monarca na estrutura hierárquica medieval?

a) O senhor feudal era o suserano supremo.

b) O monarca era um suserano, mas isso não significava que seus poderes eram absolutos sobre o reino.

c) O monarca representava os interesses do povo.

d) Mesmo tendo o poder espiritual, o monarca não representava a totalidade do poder político.

e) O contrato de suserania e vassalagem garantia ao monarca o controle total sobre todas as terras.

Questão 14

Durante a Idade Média na Europa, o mundo rural era a base da economia senhorial. Porém, a cidade paulatinamente constituiu uma identidade própria dentro da estrutura feudal. Assim, podemos dizer que

a) o mercado urbano representava uma parcela importante dos lucros senhoriais, especialmente pela taxação sobre a prática da usura.

b) o mercado urbano era indispensável à economia feudal, por ser ponto de escoamento do excedente senhorial e fonte de tributos.

c) o comércio era um ofício hereditário no mundo urbano medieval.

d) a cidade não tinha uma dinâmica independente do feudo e funcionava exclusivamente a partir do excedente senhorial.

e) a economia urbana já obtinha uma porcentagem de lucro superior à agrária entre os séculos XIII e XIV.

Questão 15

Leia o texto.

> A defesa das portas, pontos nevrálgicos da muralha, é um dever prioritário. [...] A cidade medieval é aqui a herdeira da ideologia urbana mais antiga, que sempre sacralizara o espaço ao redor da porta. O aspecto monumental e simbólico dessas portas teve como resultado, por outro lado, sua conservação, às vezes até os nossos dias, em lugares onde a muralha foi destruída há muito tempo.
>
> Jacques Le Goff. *O apogeu da cidade medieval.* São Paulo: Martins Fontes, 1992. p. 18.

De acordo com o texto lido, a porta que guardava a cidade medieval era um elemento

a) religioso de extrema importância para o funcionamento das igrejas medievais.

b) exclusivo de preocupação com a segurança da cidade medieval.

c) da organização social, política e econômica das muralhas na Baixa Idade Média.

d) central da vida urbana medieval.

e) imaginário, por isso não foi conservado em várias cidades europeias.

Questão 16

Leia o texto.

> Foi um acontecimento externo à história da Europa que se abateu sobre ela de maneira um tanto parecida com o que a colonização europeia viria a fazer com as sociedades americanas e africanas alguns séculos depois (o impacto das epidemias no Caribe talvez proporcione uma comparação).
>
> Perry Anderson. *Passagens da Antiguidade ao feudalismo.* São Paulo: Ed. da Unesp, 2013. p. 227.

O acontecimento ocorrido durante a Idade Média ao qual o texto se refere é

a) a Guerra dos Cem Anos.

b) a Guerra das Duas Rosas.

c) as Cruzadas.

d) a peste negra.

e) a revolta camponesa na Inglaterra.

Questão 17

Durante o período medieval, terríveis epidemias se alastraram pela Europa, matando milhares de pessoas. A pior delas foi a epidemia da peste bubônica, no século XIV, que matou cerca de um terço da população europeia. As Cruzadas também resultaram na morte de uma grande parcela da população masculina, assim como a Guerra dos Cem Anos (1337-1453), entre França e Inglaterra.

Esses episódios influenciaram o homem medieval a desenvolver a percepção sobre a curta duração da vida e as angústias e o medo em relação à morte, como evidencia a imagem a seguir.

▲ *A Noiva, a Filha da Alegria e os Mortos dela*, xilogravura publicada na obra francesa *Dança Macabra*, em 1485.

Qual é a ideia central contida nessa imagem?

a) A imagem representa elementos incomuns sobre a Idade Média, como o medo de morrer.

b) A imagem transmite valores medievais, como coragem, lealdade, heroísmo e, especialmente, a defesa da fé cristã.

c) A imagem representa a destruição dos valores medievais.

d) A imagem representa o pensamento religioso da época medieval, especialmente aquele relacionado ao pecado, que deveria ser fortemente punido, inclusive com a morte do pecador.

e) A imagem transmite a ideia de advertência e de terror diante da fragilidade da vida, que é a mesma para todos os estratos sociais.

Questão 18

Leia o texto.

> Deus quis que entre os homens uns fossem senhores e outros servos, de tal maneira que os senhores estejam obrigados a venerar e amar a Deus, e que os servos estejam obrigados a amar e venerar o seu senhor.
>
> St. Laud de Angers. Citado por: Gustavo de Freitas. *900 textos e documentos de História*. Lisboa: Plátano, 1977. p. 145. v. 1.

Com base no texto, que é um pronunciamento de um clérigo francês da Idade Média, podemos considerar que

a) a Igreja não era uma instituição importante para a sociedade feudal.
b) apesar de a Igreja ser uma instituição autônoma, sua autoridade sobre as massas era enorme, forçando a submissão dos camponeses, base da economia feudal.
c) a Igreja exercia a "justiça" em conjunto com os senhores leigos.
d) a monarquia era suserana da Igreja, o que garantia o funcionamento da sociedade feudal.
e) a imobilidade social se dava principalmente porque a Igreja era o verdadeiro poder régio.

Questão 19

Leia o texto.

> [...] Reuniam-se os militares em assembleias, em torno dos relicários. Os bispos e os príncipes diziam-lhes: "Se não quiserdes ser condenados, prestai juramento, engajai-vos, perante Deus e por vossa alma, a respeitar algumas proibições. Podeis matar-vos entre vós, mas não mais devereis, doravante, brigar nos arredores das igrejas, locais de asilo onde qualquer um pode refugiar-se. [...]".
>
> [...] Cada cavaleiro era um pequeno rei e era obrigado a ajudar Deus a manter a paz na terra com sua espada, em vez de servir-se dela para espoliar os pobres.
>
> Georges Duby. *Ano 1000, ano 2000*: na pista de nossos medos. São Paulo: Ed. da Unesp/Imprensa Oficial, 1998. p. 100 e 102.

Considerando a ideia central do texto, conclui-se que a Igreja

a) exerceu, além de um papel pacificador, uma força de controle e repressão sobre aqueles que perturbavam a estabilidade social.
b) criticou duramente as organizações militares.
c) exerceu uma influência que não chegava a afetar os nobres.
d) considerou as atividades da cavalaria pecaminosas, condenando todos os seus atos.
e) exerceu um papel pacificador durante toda a Idade Média, pregando a tolerância religiosa.

Questão 20

Leia o texto.

> [...] o crescimento do sistema escolar se dá principalmente com o ensino privado, com professores que ensinam a pagamento. Com base nas artes liberais, se desenvolve o ensino de duas disciplinas fundamentais, em duas cidades especificamente: o direito em Bologna e a teologia em Paris [...].
>
> Jacques Le Goff. *La città medievale*. Milano: Giunti, 2011. p. 63. (Tradução nossa.)

O texto descreve o desenvolvimento do sistema escolar durante a Alta Idade Média, que se caracterizou por ser

a) religioso e predominantemente urbano.
b) religioso e predominantemente rural.
c) laico e predominantemente urbano.
d) religioso e ocorrer dentro dos monastérios.
e) obrigatório e universal.

INTERAÇÃO

Os objetos e suas inovações não só influenciam o dia a dia das pessoas, como também contam histórias e experiências. Por isso, são importantes fontes de pesquisa e de conhecimento para os profissionais da área de História.

A HISTÓRIA CONTADA PELOS OBJETOS

◀ Gramofone, ou toca-discos, aparelho de reprodução de som inventado em 1887 pelo alemão Emil Berliner.

Parte das mudanças que ocorrem no cotidiano das pessoas é provocada pelas inovações tecnológicas. No decorrer desse processo, muitos objetos se transformam ou deixam de ser utilizados.

Objetivos

- Realizar entrevistas com familiares.
- Buscar, em meios impressos e digitais, imagens de equipamentos ou tecnologias, relacionados a áreas específicas, que fizeram parte do cotidiano dos familiares entrevistados e que vêm sendo gradativamente substituídos ou modificados.
- Montar um álbum com anúncios de compra e venda dos objetos mencionados.
- Conscientizar-se da importância do trabalho colaborativo, respeitando a diversidade de ideias e opiniões.

Material

- fotografias, livros e revistas de História
- uma pasta-fichário que permita a consulta do álbum de anúncios pelos leitores
- canetas ou lápis
- folhas de papel avulsas
- cola e tesoura de pontas arredondadas

Planejamento

Com a orientação do professor, organizem-se em grupos de até cinco integrantes. Cada grupo vai entrevistar dois familiares com idade acima de 50 anos. As informações, os relatos e as opiniões deles vão ajudar o grupo a buscar objetos para o álbum de anúncios.

Para isso, estabeleçam previamente qual será o tema das entrevistas, selecionando uma destas áreas: **comunicação**, **transportes**, **alimentação**, **lazer**, **medicina** e **esportes**. Atentem para que cada grupo se responsabilize por uma área, evitando, assim, repetição.

Escolham os familiares que serão entrevistados e combinem com eles a data, o horário e o local da entrevista.

Com base nos resultados das entrevistas, escolham dois objetos para confeccionar um álbum com informações e anúncios de compra e venda criados pelo grupo.

▼ Conjunto de televisores muito populares nas décadas de 1970 e 1980.

Procedimentos

Parte I – Entrevistas

1. O objetivo da entrevista é coletar informações e opiniões que permitam compreender e identificar as principais transformações ocorridas na área selecionada. Por exemplo, caso o tema seja a alimentação, o grupo deve conhecer as experiências das pessoas entrevistadas em relação a esse assunto, perguntando quem preparava as refeições delas no passado, quais equipamentos, objetos e ingredientes eram utilizados, quanto tempo levava o preparo dos alimentos, entre outras informações.
2. Por isso, antes de realizarem a entrevista, preparem, com o auxílio do professor, um roteiro de perguntas, para que nenhum detalhe fundamental seja esquecido.
3. Durante a entrevista, anotem as principais informações e relatos dados pelos entrevistados sobre o tema. Essas anotações serão utilizadas na etapa de elaboração do álbum de anúncios. Se for possível, gravem as entrevistas, em áudio ou em vídeo, para ouvi-las ou vê-las novamente, se necessário. Lembrem-se de solicitar a autorização do entrevistado para realizar esse tipo de registro.
4. Concluídas as entrevistas, reúnam-se para fazer a leitura das anotações. Com base nelas, escolham os dois objetos que farão parte do álbum de anúncios.

▲ Rádio produzido na Itália, nos anos 1950.

Parte II – Pesquisa

1. Após a escolha dos objetos, levantem informações sobre eles. Para isso, procurem saber:
   - a utilidade desses objetos;
   - os modos de utilizá-los;
   - o período em que eles foram utilizados;
   - curiosidades sobre o funcionamento deles;
   - as mudanças pelas quais eles passaram no decorrer do tempo;
   - os novos objetos que substituíram esses itens com o passar do tempo.
2. Busquem, em meios impressos e digitais, imagens desses objetos. Vocês também podem desenhá-los. A seguir, listamos algumas sugestões de fontes para o levantamento de informações.

Livros
- *A história do mundo em 100 objetos*, de Neil MacGregor. São Paulo: Intrínseca, 2010.
- *A história das coisas: da natureza ao lixo*, de Annie Leonard. Rio de Janeiro: Zahar, 2011.

▼ Televisor produzido em 1958, na Alemanha.

Sites
- Museu Aeroespacial da Força Aérea Brasileira. Disponível em: http://www2.fab.mil.br/musal/.
- Fundação Energia e Saneamento. Disponível em: https://www.energiaesaneamento.org.br/acervo/acervo-da-fundacao/.

Acessos em: 10 jan. 2023.

Parte III – Elaboração do álbum de anúncios

O álbum de anúncios deverá ter três partes:

- **Apresentação**: texto expositivo sobre como e por que o trabalho foi feito, a área a ser explorada no anúncio, o motivo da escolha dessa área e o que será apresentado no álbum.
- **Depoimentos**: seleção de alguns trechos principais das entrevistas realizadas.
- **Anúncios**: elaboração dos anúncios de compra e venda de objetos usados. Para isso, indiquem na página o nome dos objetos, insiram uma imagem deles e descrevam suas características e modos de utilizá-los. Vocês podem buscar, em jornais e revistas, impressos ou digitais, exemplos de anúncios de compra e venda de objetos usados. Eles podem servir de inspiração para a elaboração dos anúncios criados por vocês.

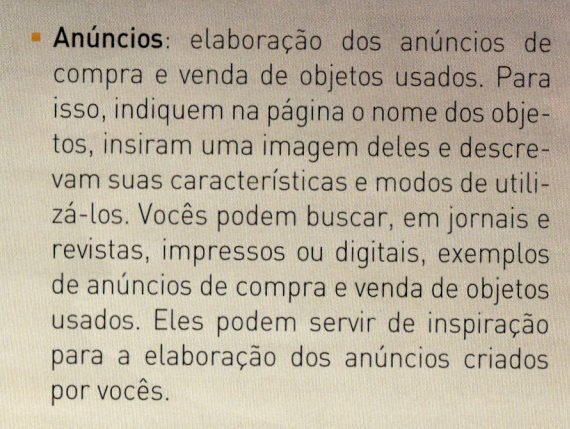

Compartilhamento

1. Com o auxílio do professor, cada grupo fará uma apresentação oral sobre o álbum produzido. O grupo deve definir, previamente, quais anúncios vai apresentar e comentar, bem como os colegas que vão realizar a apresentação, que pode ser projetada, caso a escola tenha equipamentos audiovisuais.
2. Os álbuns ficarão expostos para consulta, por tempo determinado, na sala de aula ou, se possível, definitivamente na biblioteca da escola.

Autoavaliação

1. De qual etapa do projeto você mais gostou? Por quê?
2. Qual dos objetos anunciados pelos demais grupos você achou mais interessante? Por quê?
3. Em relação ao trabalho em grupo, todos os colegas seguiram as etapas do projeto? Algum procedimento teve de ser feito de outra forma? Você faria alguma coisa diferente do que o grupo fez?
4. Escolha um dos álbuns feitos pelos outros grupos e comente o que mais lhe agradou nesse trabalho.

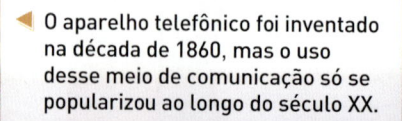

◀ O aparelho telefônico foi inventado na década de 1860, mas o uso desse meio de comunicação só se popularizou ao longo do século XX.

BIBLIOGRAFIA COMENTADA

BAINES, John; MÁLEK, Jaromír. *Deuses, templos e faraós*: atlas cultural do Antigo Egito. Barcelona: Folio, 2008.

A obra reúne imagens e textos sobre diversos vestígios culturais dos egípcios antigos, localizando-os espacial e temporalmente. Nela, são apresentados costumes, saberes, técnicas e tecnologias de diferentes comunidades do Egito Antigo.

BLOCH, Marc. *Apologia da história*: ou o ofício de historiador. Rio de Janeiro: Jorge Zahar, 2001.

Nesse livro, o historiador Marc Bloch expõe elementos de metodologia de pesquisa em História. Para isso, ele parte da indagação de uma criança sobre a serventia da história e busca um diálogo com as Ciências Sociais, não se restringindo apenas aos fatos, mas, também, ao saber racional e científico e à sua problematização.

BOUZON, Emanuel. *Ensaios babilônicos*: sociedade, economia e cultura na Babilônia pré-cristã. Porto Alegre: Ed. da PUC-RS, 1998.

Os ensaios registrados nessa obra evidenciam que diferentes personagens históricas simbolizam a grandiosidade da extensa história da Mesopotâmia, possibilitando a reflexão sobre os processos históricos que abarcam as sociedades antigas e as implicações de seu legado para a nossa sociedade, o que pressupõe mudanças e permanências na dinâmica político-cultural, nas relações de gênero e na construção de identidades religiosas.

BRASIL. Ministério da Educação. Secretaria de Educação Básica. *Base nacional comum curricular*: educação é a base. Brasília: MEC/SEB, 2018. Disponível em: http://basenacionalcomum.mec.gov.br/. Acesso em: 10 jan. 2023.

A Base Nacional Comum Curricular (BNCC) é um documento normativo que se propõe a equalizar o aprendizado, criando parâmetros para a aferição da qualidade da educação em todo o Brasil e padronizando os patamares de aprendizagem ao longo das etapas da Educação Básica em todas as modalidades de conhecimento. Para isso, a BNCC estabelece competências e habilidades que devem ser desenvolvidas por todos os estudantes.

CARDOSO, Ciro F. *Sete olhares sobre a Antiguidade*. Brasília: Ed. da UnB, 1994.

A obra reúne sete ensaios do historiador brasileiro Ciro Flamarion Cardoso, que revelam os intercâmbios complexos entre as diversas sociedades da Antiguidade. Um dos principais objetivos dessa obra é demonstrar como práticas culturais arraigadas – por exemplo, o modo de preparar, servir e consumir alimentos – são difíceis de serem modificadas e conservam resistências culturais diante da imposição autoritária de outros costumes.

CARVALHO, Margarida Maria de et al. (org.). *História militar do mundo antigo*: guerra e representações. São Paulo: Annablume, 2012. v. 2.

Os textos desse volume apresentam uma renovação do campo da história da guerra. Eles são amparados por novos documentos de modo que possibilitam identificar, com base em diferentes percepções, a importância que os conflitos bélicos tinham para os povos do mundo antigo.

CHEVITARESE, André L. *O espaço rural da pólis grega*: o caso ateniense no período clássico. Rio de Janeiro: Fábrica de Livros/Senai, 2001.

Nesse livro, o autor analisa o conceito de camponês no espaço rural ático nos períodos arcaico e clássico da história grega, tendo como contraponto as figuras do pastor e do trabalhador agrícola.

CHUMBINHO, Sérgio de Abreu. *Análise do conflito entre ciência e religião durante o ensino de evolução*: propondo estratégias de mediação. 2016. Dissertação (Mestrado em Ensino de Ciências e Matemática) – Pontifícia Universidade Católica de Minas Gerais, Belo Horizonte, 2016.

O autor propõe um olhar crítico sobre o ensino da evolução humana e expõe as possíveis controvérsias geradas durante o estudo do tema devido a fatores ligados à religiosidade e ao antropocentrismo. Visando à divulgação científica da história evolutiva de nossa espécie, a obra apresenta uma proposta de apoio ao ensino da evolução humana.

CUNHA, Manuela Carneiro da. *Índios no Brasil*: história, direitos e cidadania. São Paulo: Claro Enigma, 2013 (Coleção Agenda Brasileira).

Esse livro, composto de cinco ensaios, aborda a temática indígena utilizando tanto a história quanto a antropologia para refletir sobre o desconhecimento do passado, do presente e do futuro dos povos nativos do Brasil.

DUBY, Georges. *Atlas historique mondial*. Paris: Larousse, 2011.

O historiador Georges Duby apresenta as principais etapas da história da humanidade, destaca os conflitos significativos e os períodos conturbados, bem como o desenvolvimento de processos econômicos e movimentos artísticos.

FINLEY, M. I. *Economia e sociedade na Grécia antiga*. Lisboa: Dom Quixote, 1993.

Esse livro reúne artigos escritos por Finley, considerados significativos tanto pelas abordagens metodológicas como pelo enfoque analítico em três áreas especiais de estudo: a comunidade da *pólis*, o problema da escravidão no mundo antigo e os períodos micênico e homérico na Grécia Antiga.

FUNARI, Pedro P. (org.). *Repensando o mundo antigo*. Campinas: IFCH da Unicamp, 2005 (Textos didáticos n. 49).

Essa publicação, organizada pelo arqueólogo e professor da Unicamp Pedro Paulo Funari, traz um panorama das novas perspectivas de estudo da História Antiga, com destaque para o mito na Antiguidade, as novas concepções sobre a Roma Antiga e o papel do herói na Grécia Antiga.

GUARINELLO, Norberto L. *Os primeiros habitantes do Brasil*. 15. ed. São Paulo: Atual, 2013.

Baseada nas mais recentes pesquisas arqueológicas, a obra analisa como viviam os povos que ocupavam o território brasileiro antes da chegada dos portugueses. São apresentados com destaque a diversidade cultural desses povos, seus hábitos e suas tradições.

HARARI, Yuval Noah. *Sapiens*: uma breve história da humanidade. Porto Alegre: L&PM, 2017.

Nesse livro, um clássico contemporâneo, o autor israelense apresenta uma narrativa histórica sob a perspectiva de três grandes revoluções: a revolução cognitiva, a revolução agrícola e a revolução científica. Trata-se de uma abordagem multidisciplinar que abrange conceitos de história, biologia, filosofia e economia e que analisa não apenas os grandes acontecimentos, mas também as mudanças mais sutis dos indivíduos.

KI-ZERBO, Joseph (ed.). *História geral da África, I*: metodologia e pré-história da África. 2. ed. rev. Brasília: Unesco, 2010.

Esse volume da coleção História Geral da África traz artigos acadêmicos de referência sobre a antiguidade africana. Editado por pesquisadores de diversas nacionalidades e etnias africanas, a obra analisa aspectos materiais e imateriais de comunidades que se desenvolveram no continente considerado o berço da humanidade.

LEFÈVRE, François. *História do mundo grego antigo*. São Paulo: WMF Martins Fontes, 2012.

A obra analisa o mundo grego antigo apresentando uma atualização sobre fontes, métodos, problemas e desafios da história grega. Na parte iconográfica, o livro traz ilustrações diversas e um conjunto de mapas originais.

LE GOFF, Jacques. *O Deus da Idade Média*: conversas com Jean-Luc Pouthier. 6. ed. Rio de Janeiro: Civilização Brasileira, 2006.

A obra, desenvolvida com base em uma entrevista com o jornalista e historiador Jean-Luc Pouthier, apresenta uma análise historiográfica da figura de Deus no cristianismo, compreendido como elemento central na configuração das relações e instituições da Europa medieval.

LE GOFF, Jacques; SCHMITT, Jean-Claude (org.). *Dicionário temático do Ocidente medieval*. Bauru: Edusc, 2017. v. 1 e 2.

Organizado sob a perspectiva característica da Escola dos Annales, que privilegia a construção do conhecimento histórico em diálogo com as Ciências Sociais, esse dicionário tematiza diferentes aspectos do Ocidente medieval e do imaginário a respeito do período conhecido como Idade Média.

LEICK, Gwendolyn. *Mesopotâmia*: a invenção da cidade. Rio de Janeiro: Imago, 2003.

A Mesopotâmia, que corresponde ao território do atual Iraque, abrigou grandes sociedades antigas, como babilônicos, sumérios, acádios e assírios. Diferentemente do que é comum imaginar, não se tratava de uma cidade, mas de dezenas delas, e cada uma controlava seu próprio território rural e sua própria rede de irrigação. A proposta dessa obra é contar a história, e algumas especificidades, de dez dessas cidades que compunham as sociedades mesopotâmicas.

LIVERANI, Mario. *Antigo Oriente*: história, sociedade e economia. São Paulo: Edusp, 2016.

A obra apresenta uma importante análise de três milênios de história, entre os anos 3 500 a.C. e 500 a.C., mostrando a influência de povos como os sumérios, os hititas, os assírios, os babilônicos, os judeus, os fenícios, entre outros, na cultura ocidental. O estudo privilegia o ponto de vista histórico, partindo de recortes cronológicos, temáticos e geográficos.

LOPES, Nei. *Dicionário da antiguidade africana*. Rio de Janeiro: Civilização Brasileira, 2011.

Por meio de verbetes, a obra apresenta conceitos fundamentais para a compreensão das culturas da África na Antiguidade, tomando como referência os próprios conceitos africanos. Cada verbete é um ensaio, no qual são mobilizadas diferentes áreas das Ciências Humanas, sempre de modo afrorreferenciado.

PEDRERO-SÁNCHEZ, Maria G. *História da Idade Média*: textos e testemunhas. São Paulo: Ed. da Unesp, 2004.

Nesse livro, são apresentadas traduções para o português de diversas fontes primárias relacionadas a processos históricos, como a formação e organização da sociedade feudal, as Cruzadas, as manifestações artísticas e culturais do medievo, bem como a produção de conhecimento nesse período.

PERROT, Michelle. *Minha história das mulheres*. 2. ed. São Paulo: Contexto, 2007.

Considerada um dos grandes referenciais para a história das mulheres, essa obra combate o silenciamento de vozes e representações femininas nos estudos históricos ao abordar e analisar concepções e representações acerca do corpo, da alma e do trabalho das mulheres em diferentes temporalidades.

RIVER, Charles (ed.). *Evolução humana*: a história dos processos de evolução e seleção natural que deram origem aos humanos modernos. Michigan: Charles River Editors, 2018.

Nessa obra, o autor investiga os processos da escala evolutiva humana e as muitas linhagens dos ancestrais humanos, já que a maior parte dos processos evolutivos carece de adaptações, às quais somente poucas linhagens sobrevivem.

SANTOS, Eduardo N. dos. *Histórias e cosmologias indígenas da Mesoamérica e Andes Centrais em tempos pré-hispânicos e coloniais*. 2019. 227 p. Tese (Livre-docência) – Faculdade de Filosofia, Letras e Ciências Humanas da Universidade de São Paulo (FFLCH-USP), 2019.

Essa tese investiga, sistematiza e analisa as principais diferenças e semelhanças culturais entre os povos antigos da América, especialmente aqueles que integram as macrorregiões andina e mesoamericana, importantes matrizes culturais do nosso continente.

SILVA, Alberto da Costa e. *A enxada e a lança*: a África antes dos portugueses. 7. ed. rev. Rio de Janeiro: Nova Fronteira, 2022.

Nessa obra, o historiador e diplomata brasileiro Alberto da Costa e Silva analisa fontes materiais e imateriais da antiguidade africana, abordando etnias e matrizes culturais do continente africano em diferentes temporalidades.

SILVA, Gilvan Ventura da; MENDES, Norma Musco (org.). *Repensando o Império Romano*: perspectiva socioeconômica, política e cultural. 1. ed. Rio de Janeiro: Mauad, 2006.

A obra apresenta textos de diversos especialistas em História Antiga, com reflexões bastante diversificadas sobre o Império Romano, com destaque para a economia, a política e a cultura romanas. A diversidade de pesquisadores convidados para compor a obra favorece o contato com diferentes correntes historiográficas.

TODOROV, Tzvetan. *A conquista da América*: a questão do outro. São Paulo: Martins Fontes, 1991.

O livro faz uma importante reflexão sobre a complexa relação entre o choque de culturas e o encontro com o "outro". Em vista disso, uma questão é apresentada ao leitor: "Como se comportar em relação ao outro?". Todorov retoma a história da conquista da América, considerando esse fato um dos mais importantes da história ocidental.

VERNANT, Jean-Pierre. *Mito e religião na Grécia antiga*. São Paulo: WMF Martins Fontes, 2009.

O livro investiga a religiosidade grega e a formação do cidadão ao participar das instituições da *pólis*. Sem uma crença na imortalidade, a religiosidade mostra-se orientada para a vida cotidiana e integrada à sociedade.

VEYNE, Paul. *O Império Greco-Romano*. Rio de Janeiro: Elsevier: Campus, 2008.

Nesse livro, o arqueólogo e historiador francês apresenta uma visão ampla sobre Grécia e Roma, rompendo com essa dicotomia do mundo antigo mediante uma série de semelhanças que considera gregos e romanos antigos parte de um mesmo império.

VIDAL-NAQUET, Pierre; BERTIN, Jacques. *Atlas histórico*: da Pré-história aos nossos dias. Lisboa: Círculo de Leitores, 1990.

A obra, organizada em diferentes períodos da história da humanidade, contempla informações geográficas, cartográficas e estatísticas de diversas sociedades em todos os continentes.